Nicht hassen, aber schlagen,
Den Feind, der uns bedroht,
Nicht prahlen, doch nicht zagen,
Treu bis zum schweren Tod.

7. Februar 1918

© 2017 Kurt Grogger
Mitwirkende: OAR Johann Madl sen., Johannes Madl jun.
Satz: Mag. Stephan Fuchs

Herstellung und Verlag:
BoD - Books on Demand, Norderstedt

ISBN: 9783744815970

Inhaltsverzeichnis

Vorwort

Ich gehöre zu jener glücklichen Generation, die seit dem 2. Weltkrieg bis zum heutigen Tag, ein so friedvolles Europa erleben darf, wie keine Generation zuvor. Ich bin der Sohn eines Vaters, der den 2. Weltkrieg und der Enkel eines Großvaters der den 1. Weltkrieg in vollem Ausmaß aktiv erleben musste. Das Kriegstrauma meines Vaters habe ich in seinen immer wiederkehrenden Erzählungen kaum mehr emotionell empfunden. Das Erzählte klang für mich abenteuerlich, die gelebte Kameradschaft ein Bündnis das in der heutigen Zeit nicht mehr diesen Stellenwert finden kann.

Die furchtbaren Ausmaße dieses so grausamen Krieges aber wurden mir mit zunehmenden Alter erst begreiflich. So entstanden aus dem Erzählten oft heftige Diskussionen, ja manches mal auch Streit, über Wissen oder Unwissen. Erst nach dem Tod meines geliebten Vaters, habe ich die Tagebücher meines Großvaters Gottfried Lederhaas erhalten. Anfangs wollte ich daraus gar nichts wissen, da mich all diese Kriegsgeschichten auch sehr belasteten.

Des öfteren zog es mich zum Fliegenfischen an den Isonzo, ein wunderschöner Fluss des heutigen Slowenien. In der Ortschaft Kobarid sah ich mir ein Museum des 1. Weltkrieges genauer an. Ich wusste von einer Auszeichnung, die mein Großvater anlässlich einer Schlacht am Isonzo gegen Italien erhalten hatte. Einige Reisen rund um Rovereto und an den Gardasee, die vielen Zeitzeugen der Stellungen, die in schwindelnder Höhe in den Fels geschlagen wurden, lösten in mir dann doch das Verlangen, die Kriegstagebücher meines Großvaters, den ich leider nicht mehr erleben durfte zu studieren.

Nun sehe ich es als Auftrag meines Großvaters, diese Tagebücher auch allen Geschichtsinteressierten in Form eines Buches zu fassen.

Diese Tagebücher sind in Wort und Schrift, genauso wiedergegeben. Als einzige Veränderung, wurde die damals angewandte Kurrentschrift in unsere heutige Schreibweise übersetzt. Ich möchte mich für diese mühsame Arbeit bei Herrn OAR. Johann Madl sen. und seinem Sohn Hannes sehr herzlich dafür bedanken. Mein besonderer Dank gilt meinem Schwiegersohn Mag. Stephan Fuchs, für die Gestaltung und Erstellung dieses Werkes.

Kurt Grogger, geb. 1956

1

Am 28. November 1912, rücke ich als Einjährigfreiwilliger zum k.u.k. Inf. Regiment N° 27 nach Laibach ein. Nach kurzer Ausbildung im Kompagnierlinge, gibt mich mein Komp. Amts. Gebe frei Messe in die 8 ... Manipulantenkanzl, nach Ablegierung des Kurses, bleibe ich in der Komp. Kanzlei. Nach Beförderung zum Gefreiten und später zum Korporal, komme ich mit Kps. Kmdo. Gesuch zur 12. Feldkompagnie nach Graz, melde mich bei vorgenanntem Komp. als frontdiensttaug...

Nicht lange dauert die herrliche Friedenszeit in der Grazer-Garnison.

Am 28. Juni 1914 wird durch ruchlose Mörderhand das Thronfolgerpaar in Sarajevo ermordet. Düstere Wolken ziehen sich über die Monarchie. Überall die Rufe, — Rache! Krieg.

Scan vom originalen Kriegstagebuch

11

Der Krieg beginnt

Am 28. November 1912 rückte ich als Berufsfreiwilliger zum k. u. k. Inf. Regiment Nr. 27 nach Laibach ein. Nach kurzer Ausbildung im Kompaniedienst gibt mich mein Komp. Komdt. Hptm Erich Muse in den 8 wöchentlichen Manipulantenkurs, nach Absolvierung des Kurses bleibe ich in der Komp. Kanzlei. Nach Beförderung zum Gefreiten und später zum Korporal komme ich mit Kps. Kmdos. Gesuch zur 12. Feldkompanie nach Graz, melde mich bei vorhergenannter Komp. als Frontunteroffz.

Nicht lange dauert die herrliche Friedenszeit in der Grazer-Garnison. Am 28. Juni 1914 wird durch ruchlose Mörderhand das Thronfolgerpaar in Sarajevo ermordet. Düstere Wolken zogen sich über die Monarchie. Überall die Rufe – Rache! Krieg!

26. Juli 1914

Der unglücklichste Tag der Geschichte Österreich-Ungarn, der Tag wo sich die Pforten allen Unglücks und Jammers öffneten.

Von 25. auf 26. Juli 1914 halte ich Thorordnungsdienst in der Dreihackenkaserne, noch am 25. um 10 h Nachmittag kommt das erste Telegramm von der Kriegserklärung Serbiens an Österreich -Ungarn. Am 26. 3 h Vormittag laufe ich in die Wohnung meiner Eltern, als Erstes gratuliere ich meiner Mutter zum Namensfest (Anna) gleich darauf sage ich ihr vom Kriegszustand, gar nicht im Einklang kommen die Namenstagswünsche mit der erschütternden Nachricht vom Kriege.

Noch denselben Tag fassen wir unsere grauen Feldmonturen, geben die Bajonette in die Schleiferei, zuletzt werden noch scharfe Munition und die Reserve Portionen an jeden Mann verteilt. Vor dem Kasernentor stehen Tag und Nacht Gruppen von Neugierigen, Angehörige von Soldaten.

27. Juli 1914, II. Mobtag
Werde ich als Präsentierungs Unteroffz. für die bereits einberufenen Reservisten in den großen Hof der Dominikanerkaserne kommandiert. Tausende von jungen Männern zogen beim Kasernentor heran, geben ihre Militärpässe zur Präs. an den mit Jahrgängen bezeichneten Tischen ab, ich habe vollauf zu tun und kann mir kaum einige Minuten der Ruhe gönnen. Ziel- und planlos irrten die Reservisten herum, bis man sie in ihre betreffenden Unterabtlgn. einteilt. Bis zum 30. 7. dauert die Präsentierung hernach rückte ich wieder zu meiner Komp. ein.

31. Juli 1914
Werden noch die Tornister vorschriftsmäßig gepackt, das Verbandspäckchen in die linke Hosentasche genäht und das Legitimationsblatt mit Kapsel in die rechte Hosentasche befestigt. Mit Ungeduld harren wir schon der Abreise ins Feindesland.

1. August 1914
Tagwache um 5 h vorm. Um 10 Uhr 30 vorm. tritt das III. /27 Feldbaon in voller Marschadjustierung zur Inspizierung vor dem Baonskmdtn. Obstlt. Walland an. Nach einer begeisternden Ansprache treten wir ab.

2. August 1914
Stehe ich im Dienst als Korp. v. Tag um 8 Uhr vorm. findet unter Beteiligung der ganzen Garnison Graz eine Feldmesse statt. Nachm. freier Ausgang ich verbringe meine freie Zeit bei den Eltern zu, ordne meine Habseligkeiten und sonstig. Angelegenheiten vor dem Abgange ins Feld.

14

3. August 1914

Um 6 h vorm. Antreten im Hofe in Marschadjust. Züge und Schwärme werden eingeteilt, ich werde im 1. Zug als Schwarmkomdt. des II. Schwarmes bestimmt. Hernach werden vier Chargen zu unserem Zugskmdtn. Lt Schuppanzig gerufen und über das Verhalten vor dem Feinde belehrt. Gleich nach der Mittagsmenage werde ich mit 3 Mann zur Verkehrsbank am Bismarckplatz befohlen bekomme den Auftrag etwaige demonstrative Ansammlungen gewalttätige Andränge zur Bank mit der Waffe zu vereiteln. Auf dem Marsche zum Bankgeschäft ereignete sich ein kleiner Zwischenfall, auf der Albrechtsbrücke stehen 2 Männer in bessseren Civil, im Anmarschieren bemerke ich dass uns einer der Männer mit einem kleinen Fotoapparat fotographiert, ich hege sofort Verdacht und vermute in den beiden Männeren Spione. Kurz entschlossen verhafte ich beide Männer, was nicht ohne Menschenauflauf abgeht und bringe sie ins Grazer Rathaus am Hauptplatz. Eingedenk meines anzutretenden Dienstes in der Bank verhör ich sofort den verhafteten Fotographen. Nachdem sich der Mann als Musiklehrer einer hiesigen Musikschule legitimert und er seine Unwissenheit über das Verbot des Fotographierens von Militär in Felduniform nachweist, lasse ich die beiden Männer wieder laufen.

4. August 1914

Von 6 h früh bis 12 h mittag halte ich mit meinen 6 Mann Wache, der Dienst ist sehr angenehm. Den ganzen Tag über kommen Leute, besichtigen unsere feldmäßige Ausrüstung fragen um dies und jenes, fortwährend bringen uns gute Leute Cigretten, Mehlspeisen und Geld welches ich als Wachkommandant unter meinen Leuten aufteile. Die enorme Augusthitze zwingt uns in dienstfreien Stunden, in den kühlen Hofraum zu flüchten. Vom 3. Stockwerk lassen uns Bewohner mit Stricken Flaschenbier und Pakete mit Cigarren und Cigretten herunter, sogar Kopfpölster und gepolsterte Möbel bringt man uns; ich kann den guten Leuten nicht genug danken.

5. August 1914
Habe meinen letzten Dienst bei der Bank, unerträglich die Hitze, wohl sitz ich gemütlich im Bankgewölbe bei einigen Flaschen Bier, vor mir steht eine Schachtel Damen-Cigretten, liehs soeben die Sonderausgabe „Kriegserklärung-England an Deutschland. "

6. August 1914
Um 5 h 30 vorm. Ausrücken auf das Exerzierfeld (Göstinger Au) dort bis 11 h vorm. Übung im Zeltaufschlagen und im Entwickeln zum Angriff. Nachmittag bis 5 h Schule über Kriegsartikel. Abends besuch ich meinen Freund Glatz.

7. August 1914
Im Rgmtsverband Marschübung nach Liebenau, Petersbergen und Waltendorf.

8. August 1914
Vorm. Schule über Palamentäre, Feldwachen etc. nachm. Schießübung am Feliferhof, ich bin Zieler…

9. August 1914
Vorm. am Lazarettfelde feierlicher Fahneneid des ganzen Rgmts.

10. August 1914
Bin ich im Dienst als Kpl. vom Tag.

11. August 1914
Treffen die letzten Vorkehrungen für die Abreise ins Feld. Das I. /27. Feldbaon zog bereits in der früh unter klingenden Spiel und unter Jubel der Bevölkerung zum Bahnhof, nachm. folgten der Stab und das IV. /27. Feldbaon.

12. August 1914
Mein Baon hat bereits den Abmarschbefehl erhalten, in aller früh beginnen wir schon zu packen, die Gewehre und den Tornister mit Blumen dekorieren. Die Stunde des Abschieds aus der Heimat rückt immer näher, um 6 h nachm. sammeln sich die Kompanien des III. /27. Feldbaons im Hofe, dichtgedrängt stehen Civilleute, Frauen und Kinder im Kasernhofe, auch meine Mutter mit Schwester Greti stehen an meiner Seite. Um 8 h abends erschallt das Signal „habt acht" unser Baon Komm. Obstlt Wallana hält uns vor dem Abmarsche eine Ansprache mit den Schlußworten „Wir wollen nicht erobern, wir wollen uns nur verdeitigen." Dann wird zum Gebet geblasen und mit Hurra! geht's unter klingendem Spiel zum Kasernentor hinaus, wohl halt mich meine Mutter fest an der Hand und weint - leider es muss geschieden sein. Bis zum Bahnhof begleitet mich mein Bruder Hans. Um 11 h 30 nachts dampfen wir unter Hurrarufen aus der Bahnhofshalle Graz – hinaus ins blutige Feld.

13. August 1914
Bei Tagesanbruch gelangen wir in die ungarische Tiefebene, auf jeden Bahnhof empfing uns die Bevölkerung mit Elysenrufen, bekommen Cigaretten, Brot und Getränk.

14. August 1914
Um 3h 30 vorm. fahren wir langsam in die Bahnhofhalle von Budapest ein. Leider kann man infolge des dichten Nebels nichts sehen von der Stadt Budapest. Um 4 h früh

passieren wir die große Donaubrücke und fort geht es hinein ins tiefe Ungarland, unübersehbar Tabak, Zuckerrüben und Getreidefelder lagen beiderseits der Strecke, in den Waggons mit 30 Mann war eine unausstehliche Hitze auf jeder Station bitten wir die Leute um Wasser einige meiner Kameraden platzieren sich auf dem Dache des Waggons, ich setze mich an die Waggonrampe und lasse meine Füße hinunterhängen nicht achtend welche böse Folgen dies bringen könnte. Um 8 Uhr abends erreichen wir Debrecen. Der ganze Bahnhof ist mit Neugierigen und Labepersonal überfüllt wir haben eine Stunde Rast, dies nützen unsere sangeslustigen Steirer aus und gaben einige Heimatlieder zum Besten, wir werden reichlich bewirtet – leider kann ich nicht so lustig sein wie meine Kameraden. Durch die lange Fahrt und das ständige sitzen an der Waggonrampe sind meine Füße so dick angeschwollen, das ich bei jeden Schritt schreien möchte. Zum Glück entdecke ich am Bahnhof einen Eiswaggon und mache mir Eisumschläge, um 9 h nachts geht die Fahrt weiter gegen Galizien.

15. August 1914
Bei herrlichen Wetter seh ich schon die grünen Föhren der Karpathen, pustend und schnaubend arbeiten unsere Lokomotiven die schwere Zugsgarnitur über die Höhe hinauf. Passieren 4 Tunelle dann geht's bergab sind bereits auf galizischen Boden. Herrlich angenehm wirkt auf unseren matten Körper die gute Waldluft. Von allen Seiten strömten die Leute herbei und begrüßten uns in ihrer landesüblichen Sprache. Zum 4ten und zum letztenmal sinkt die Nacht während unserer Eisenbahnfahrt nieder, den soeben erhalten wir Befehl alles zum auswaggonieren bereit halten. Der Zug hält wir sind in Syjdacof und werden dort auswaggoniert.

Nach 2 Stunden steht das Baon geordnet zum Abmarsch
bereit vor dem Bahnhof. Meine Füße sind noch dick geschwollen, doch was nützt alles jammern, ich kann nicht
zurückbleiben, bald darauf setzt sich die ganze Collonne in
Bewegung auf grundlosen schlechten Straßen marschieren
wir bis zum Stryfluß sollten eine Brücke übersetzen, doch
ist die Brücke so baufällig, das wir im Umwege eine andere Bücke übersetzen mussten; nach 6 Stunden mühsamen
Marsch gelangten wir in das uns zugewiesene Dorf Wolciniov. Wie glücklich sind wir, endlich mal auf Retablierung
zu kommen.

16. August 1914
Bekomme den Dienst als Korpl. vom Tag nachm. geben alle
Kompanien leere Cementsäcke an die Mannschaft aus, die
uns später als Kopfschutz dienen sollen.

17. August 1914
Göttlich schlief ich in einer Streuhütte die mir als Schlaf-
stätte dient, nachm. gehe ich mit einigen Kameraden zum
nahen Stry baden herrlich wohl tut uns das frische Bad,
leider forderte dieses heimtückische Fluß mit seinen vielen
Wirbeln das erste Opfer unseres Regiments. Inftrst. Steiner
der 11. Feldkompanie kommt auf eine reißende Stelle des
Flusses und verschwindet lautlos in die Tiefe, erst nach langen Suchen konnte man den Leichnam aus der Tiefe holen.

18. August 1914
Geburtstag Sr. Majestät K. F. Josef: Außerhalb des Dorfes
versammeln sich die Feldbaone mit einer Eskadron der
Dragoner, vor dem errichteten Feldaltar Feldkurat Almer
hält den Festgottesdienst.

Um 1ʰ 30. nachm. können wir die Großschiffartstra...

... Nach einem Marsch von 5 St.
fallen wir auf einem Feld in 2 stündige Rast.
...

22. August 1914.

...

Scan vom originalen Kriegstagebuch

19. *August 1914*

Ausrücken auf eine nahegelegene Wiese dort Übung im Aufmarsche bei feindlichen Artill. feuer und im Benehmen bei Verwundungen.

20. *August 1914*

Sanitätsdienstübung unter Inspizierung unseres Divisionärs Kralicek. Nachm. kommt plötzlich Abmarschbefehl, marschieren um 5 h nachm. von Wolciniov ab. Nach 10 km langen Marsch gelangen wir in die Judenstadt Sydaco bekomme dort im Schulgebäude als Quartier zugewiesen. Trotzdem ich sehr müde bin, gehe ich mit einigen Kameraden in die Stadt hinein und kaufen uns weißes Brot, Sardinen, Chocolade etc. Leider muss ich konstatieren, dass mein Portmanei von Schwindsucht befallen wird.

21. *August 1914*

Nach einen erquickenden Schlaf wird rasch angekleidet, Kaffee getrunken, nachher muss ich erst zum 15 I. weit entfernten Fluß gehen und dort meine Toilette erledigen. Ein interessanter Anblick am Fluß, dessen Wasser für alle Zwecke verwendet wird, zum kochen, waschen, baden etc. nur muss man sich im Krieg allen Ekel abgewöhnen.

Vorm. besuche ich mit Kameraden einen Judentempel wo soeben Gottesdienst ist, muss mich nur zurückhalten um nicht in ein schallendes Gelächter auszubrechen über die komische Zeremonie der Juden. – Soeben kommt Telegramm, die Russen sind bei Brody eingedrungen, auf galizisch. Boden wird bereits gekämpft. In aller Eile nehmen wir unsere Menage ein, bald darauf kommt der Abmarschbefehl, endlos ist die ganze marschierende Collone des III. Korps unerbittlich heiß brannten die Sonnenstrahlen auf uns nieder, eine endlose Ebene vor uns –

Riesenstaubwolken wirbelten auf. Der Aufmarsch beginnt.

Um 1 h 30 nachm. können wir die prophezeihte Sonnenfinsternis beobachten. Nach einem Marsch von 5 Std. halten wir auf einem Feld eine 2 stündige Rast. Im Schweiße gebadet, fielen wir wie tot in die Ackerfurchen hin. Nach Ablauf der 2 Stunden heißt es wieder umhängen, nochmal so schwer kommt mir jetzt meine Rüstung und das Gewehr mit der vielen Munition vor. In der furchtbarsten Hitze schleppen wir uns fort über endlose Felder, Sümpfe, passieren einzelne Gehöfte, große Windmühlen, endlich um 12 h nachts gelangen wir in ein galic. Dorf wo wir in Scheunen und Stallungen übernachten.

22. August 1914

Um 4 h früh werden wir aus dem bestenSchlafe geweckt „Alarm" wohl stand die Fahrküche mit den dampfenden Kaffeekesseln bereit, doch darf sich niemand wagen, seine Eßschale herunterzuschnallen, den Eile tut not! Der Feind ist ins Land gedrungen, bald sollten wir ins Gefecht kommen. Unerträglich ist die Hitze, nach beiden Seiten fallen die Leute infolge Ermattung hin. Wohl werden wir von an der Straße wohnenden Bauern mit Essiggurken, saurer Milch und Brot gelabt.

Gott sei Dank, endlich sinkt der glühende Sonnenball nieder, wir erreichen Hügelland herrliche Birkenhaine. Die Abendluft ist göttlich schon längst haben wir die Straße verlassen, marschieren lustig plaudernd durch den Birkenwald, auf der Höhe bleib ich auf Befehl meines Komp. Kmdtn. Hptm. Megiska, mit 5 Mann als Wegweiserpatrouille für die Fahrküchen zurück. Nach Durchführung des Befehles rückte ich mit meiner Patrouille zum Baon ein, welches in einen Wäldchen lagerte; nach den Abmenagieren komme ich in den Dienst als Korpl. vom Tag und gleich wird zum Weitermarsche aufgebrochen. Endlich nach Zurücklegung von 45 km, gelangen wir um 10 Uhr in ein Dorf, wo sofort Quartier bezogen wird, nur ich im Dienste durfte nicht schlafen, setzte mich hinaus ins Freie und erwarte dort den jungen Tag.

Blutigrot der Horizont im Osten – die Sonne geht auf – mit Sonnenaufgang erschallt das Signal „Tagwache". Nun bin ich erst froh, dass ich auf und wach bin; nach Verteilung des schwarzen Kaffees heißt es wieder umhängen und abmarschieren.

23. August 1914
Bei sengender Hitze geht es wieder weiter über Berg und Tal, werden in jeden größeren Dorf mit Milch und Wasser gelabt.

Bald sollen wir mit dem Feinde in Fühlung kommen. Von unseren Vortrupp wurden Kosakenpatrouillen gesehen.

Abends kann ich auf Feldwache bleiben, die ganze Nacht unter freien Himmel. Die Nacht verläuft ohne Störung.

24. August 1914
Im gesicherten Marsch geht es weiter durch lange, dichte Wälder, auf miserablen versumpften Wegen bleiern wird der Schritt, man wankt wie betäubt dahin, ohne zu wissen wohin, von Zeit zu Zeit verschwinden unsere Meldereiter hinein in den Urwald. Meine Komp. ist Nachhut sind nun die letzten des Baons. Durch ein surren in den Lüften aufmerksam gemacht, entdecken wir einen russischen Aeroplan der genau in unserer Marschrichtung fliegt. Der erste Feind den wir sehen.

Endlich das Signal „Rast" vor eine Straßenkreuzung lassen wir uns ins staubige Gras fallen, bald darauf zogen lange Collonen von flüchtigen Bewohner meist Juden, aus der Gegend von Brody die Straße daher. Auf kleinen Wägen haben sie ihre Habseligkeiten die vor Plünderung der Russen noch rechtzeitig gerettet werden konnten, verladen und erzählen uns unter weinen und schreien, von den Greueltaten der Russen.

Mittlerweile reiten aus der Richtung Glyniani ein Zug 15er Dragoner daher, die bereits im Gefecht mit Kosaken waren, viele von den Dragonern hatten ihre Helme und ihr Pferd im Kampf verloren, circ. 30 verwundete Pferde mit entsetzlichen Lanzenstichen oder Schussverletzungen schleppten sich hinter nach. Die armen Tiere hatten furchtbar zu leiden. Nach Erzählen der Dragoner tobt der Kampf 3 Stund. von uns entfernt. Nun in Gottes Namen!

25. August 1914
Nach Nächtigung in einen Dorf, lagern wir außerhalb des Dorfes auf einer großen Wiese, sind jederzeit marschbereit, bald lodern hohe Feuer im Lager dass echte Kriegerleben beginnt, wir braten uns Maiskolben, und lassen mitunter ein Ganserl oder eine Ente von den vielen hundert, welche im Dorfe herumschnatterten – rasch verschwinden und gönnen uns ein feines Bratl.

Wohl ist es so manch guten Kameraden ein letzter guter Bissen. Mein Hptm. kommt und sagt zu uns: „Jetzt meine Burschen gehen wir an die Russen." Endlich um 3 Uhr nachm. kommt der endgiltige Abmarschbefehl. Kampfesfreudig und mit Begeisterung marschieren wir bis 10 Uhr abends und nächtigen wieder in ein Dorf.

Meine Feuertaufe

26. August 1914

Im Gefechtsmarsch verlassen wir frühmorgens das Dorf, passieren um 9 Uhr vorm. die Stadt Glyniany. Gute Leute bringen uns Sodawasser mit Himbeer, Taback und Cigretten, neu gestärkt und frohen Muts verlassen wir die Stadt Glyniany.

10 h vorm. hör ich den ersten Geschützdonner, „ja feindliche Artillerie ist schon in Tätigkeit" sagt unser Hptm. Schon galoppieren Meldereiter hin und her, Kommandorufe erschallen – die Kompanien gehen in Staffeln – rechts vorwärts! Unsere Komp. bleibt Baons. -Reserver; plötzlich geht eine Mordsschießerei los; - feindl. Inf. Geschoße sausten über unsere Köpfe. ffff-sss-frfr geht es unaufhörlich fort. Die russische Infanterie nimmt uns unter heftigen Feuer! Alles wirft sich zu Boden und deckt sich vor den todbringenden Blei so gut es geht; wir kcuchen, graben den Kopf in die Ackerfurchcn – halten das Gewehr mit Bajonett auf schußbereit in der Hand! Vor uns liegen haushohe Heu und Strohschober und ein einzeln gelegenes Haus (ein Maierhof) der uns später als Verbandplatz dienen soll. Weiter hinten liegt der Bahndamm des Strecke Wien-Lemberg. Fortwährend prasselt das fürchterliche Gewehrfeuer des Feindes über unseren Köpfen hinweg, - zischend fahren Inf. Geschoße vor unseren Köpfen in die Erde. Kein Wort wird gesprochen – Alles blickt starr in die Richtung des Feindes – endlich erschallt der Befehl „vorwärts!" mit einen Ruck steht die ganze Linie und wie rasend stürmen wir gegen den Bahndamm. Schon hat uns die feindl. Artillerie entdeckt und beschoss uns mit Granaten und Schrapnell! Der grausame Krieg! Das Männermorden beginnt! – höre schon das schreien und stöhnen der ersten Verwundeten, sehe das

erste Blut! Mein Kamerad liegt schwerverwundet in einen Kartoffelfeld mich packt die Wut und vorwärts stürm ich mit acht Mann den besten Schützen meines Schwarmes, gelange glücklich bis über den Bahndamm zu einen Bahnwächterhäuschen, mein Hptm. kommt mir nach ruft: „Wo sind die Russen eingegraben?" Ich werfe mich mit meinen Leuten ins Gras und beginne lebhaft zu feuern.

Der Schweiß rinnt uns über die Stirn, eine furchtbare Hitze – 2 feindl. Tragtiere laufen vor uns herum, ein gutgezielter Schuss und ein Pferd stürzt getroffen ins Gras. Wo stand das zweite Pferd? Neben den getroffenen und senkt traurig den Kopf zu seinen toten Kameraden.

Nehme das Glas zur Hand und beobachte das Vorterain, - plötzlich entdecke ich den ersten Russen in kniender Stellung mit angeschlagenen Gewehr auf mich gerichtet; rasch gehandelt Aufsatz 400 x Jetzt gilt es den Russen oder mir. Ruhig Blut – kurz gezielt – ein Kracher und mein erster Russ stürzt kopfüber zu tote getroffen ins Gras.

Mir wird schwarz vor den Augen, Hunger und ein rasender Durst plagt mich, tausende von Geschoßen sausen über unsere Köpfe, ich achte diese nicht, stürze mich aufs Bahnwächterhaus mit Aufbietung meiner ganzen Kräfte trete ich 3 Türen ein und gelange ins Innere. Gott sei Dank! Wasser, Preiselbeer, Obst, Eier und Brot waren vorhanden! Fasse als erstes ein großes Glas mit eingekochten Preiselbeer und trinke gierig, hernach nehme ich die 2 Leibe Brot und die Eier für meinen Hptm. Habe mich gelabt und gesättigt, kaum habe ich die Hütte verlassen – schlugen schon zischend und krachend 2 schwere feindl. Granaten in das Bahnwächterhäuschen hinein. Im Hofraum lag ein Hund mit durchschossenen Ohren, draußen im Stall lag noch eine schöne Sau die ich leider dem Flammen preisgeben musste. Endlich komm ich zu meinen Kameraden gib ihnen das requirierte Brot und Obst die Kameraden stürzen sich wie wilde Tiere auf das Obst und Brot. – ungeschwächt tobt der heiße Kampf weiter, meine Nachbarkompanie geht bereits im Sturme vor, bei uns lautet der Befehl „lebhaft feuern!" links von uns attak. Dragoner auf Kosaken! Eine Schlacht im warsten Sinne des Wortes! 9 h abends, gespensterhaft wirft der aufgehende Mond seine Schatten auf das Schlachtfeld. Pötzlich erschallt der Rgmts. Ruf und Vergatterung! 27er marschieren direktion der Wand! Geht es von Mund zu Mund also Rückzug, der Gegner ist zu stark wir können ihn nicht heben. Die M. G. A. (Anm. Maschinengewehrabteilung) unseres Baons feuert auf den Feind deckt uns den Rückzug. Greulich der Anblick Todverwundete liegen herum, einzelne Gehöfte überfüllt mit Verwundeten stehen in Flammen.

27. August 1914

Matt und elend gelangen wir in der früh um 6 h auf eine Hochfläche unweit der Stadt Gliniani. wir müssen uns dort abermals eingraben. Wie tot liegen wir dort in den frischaufgeworfenen Erddeckungen und erwarten nachfolgende Kosaken. Furchtbar ist die Hitze, weit und breit kein Wasser! Bei Eintritt der Dämmerung brechen wir auf und marschieren durch die total demolierte und ausplünderte Stadt Gliniany – zurück nach der Ortschaft wo wir am 25. August nächtigten.

28. August 1914

Wie im Himmel fühlten wir uns in den Scheunen wo wir uns aus Stroh und Heu die Lager bereiteten. Leider sind uns die paar Stunden der Nachtruhe nicht gegönnt, Unsere Feldwachen und Patrouillen werden fortwährend von einzelnen Kosakenpatrouillen belästigt. Noch in der Nacht werden wir alarmiert und schlaftrunken marschieren wir in der Richtung Lemberg, besetzen noch bei Morgengrauen die Höhen östlich des Dorfes Kolovica, Patrouillen unserer Kompanie stellen mit den Nachbarkomp. die Verbindung her endlich bringt man uns Wasser und Zwieback.

29. August 1914

Rasch greifen wir zu Spaten und Krampen und beginnen mit den Ausheben der Schützengraben, bei den lockern Erdboden fällt uns das Graben nicht so schwer, müssen uns beeilen dass wir bei Tagesanbruch sicheren Schutz vor den feindl. Geschoßen haben.

Hallo! Schon kommen die ersten ehernen Grüße von der russischen Artillerie den Tornister über den Kopf haltend, hocken wir den ganzen Tag in den Erdlöchern, die feindl. Artillerie schießt sich auf unsere Stellungen ein, bis zum Abend zähle ich 178 Schrapnell und noch mehr Granaten, die im Bereiche unserer Kompanie einschlugen. Gott sei Dank haben wir trotz der heftigen Beschießung keine Verluste zu beklagen: bis zum Abend verstummt die feindl. Atillierie wir kriechen aus unseren Erdlöchern, vorsichtig spühren wir das Terain ab. Neugierig begucken wir die Sprengstücke und Zünder der feindl. Geschoße. In den vor uns liegenden Dorfe welches von den Bewohnern bereits verlassen war, huschen feindl. Patrouillen durch die Häuser welche später durch unsrige Patrouillen vertrieben werden.

Auf Befehl musste das Dorf in Brand gesteckt werden, schon in 10 Minuten brennt das Dorf lichterloh prasselnd und polternd fielen die brennenden Balken zu Boden.

Ein schauriger Anblick! Weithin sieht man himmelhohe Feuergarben von den brennenden Dörfern auflodern. Leute meiner Kompanie laufen ins brennende Dorf und befreien das Vieh aus den Ställen, Fett, Zucker, eingekochtes Obst, Brot und noch verschiedene Genußartikel schleppen unsere Leute vom Dorf herauf.

30. August 1914

Abwechselnd schlafend und im Dienste wachend vollbringen wir die Nacht im Schützengraben. Allen Anschein nach sind die Russen keine Liebhaber für Nachtangriffe; der junge Tag bricht an, eigene Haubitzen hinter unserer Stellung schießen sich auf die feindl. Linien ein, wir sind schon ganz taub von der furchtbaren Schießerei. Mittlerweile requirieren Kameraden aus einem Dorf einige Schweine, stehlen sie gleich und so konnten wir alsbald unseren Riessenhunger mit gebratenen Schweinefleisch und gerösteten Kartoffeln stillen; obwohl unser Hptm. zuerst gepoltert und geschimpft greift er dann durch den würzigen Bratengeruch angeregt tapfer zu uns und isst mit Appetit mit uns mit.

Endlich am Abend bringt man uns in Inf. Mun. Verschlägen die dickeingekochte Reissuppe mit etwas Fleisch. Gott möge uns die kommende Nacht vor Angriffen schützen, wir sind totenmatt und benötigen Ruhe.

31. August 1914

Bei Morgengrauen verlassen wir unsere Rückzugsstellung und beziehen bei der Ortschaft Nicolei auf einer Höhe unsere neue Stellung. Viel Verräter gibt es hier in Galizien wir wurden von unseren Vorgesetzten gewarnt Civilisten, jeden Bauern haben wir zu mustern und scharf zu beobachten, denn größte Vorsicht tut not.

Ein Offizier unseres Rgmts. entdeckte in der Dorfkirche hinter dem Altar eine Telephonstation, von welcher aus ein russischer Pope mit der feindl. Artillerie in Verbindung

steht, dieses Individuum treibt schon seit Beginn sein Un-
wesen und verrät der feindl. Artillerie all unsere Stellungen.
Der Pfarrer wird an Ort und Stelle erschossen. Um nun die
feindl. Artillerie Irre zu führen, telephoniert ein Offizier
der russische Sprache beherrscht, zur feindl. Artillerie und
avisiert ihnen den Anmarsch der Österreicher auf einen
Berg; tatsächlich pulvert die feindl. Artillerie den ganzen
Tag auf den angegebenen Berg, ohne einen Österreicher zu
schaden.

Endlich sind wir mit dem ausheben unserer Schützengrä-
ber fertig, wollen uns gemütlich im Graben eine Cigrette
anrauchen, doch hören wir das uns schon bekannte summen und heulen der feindl. Granaten und dicht vor unserer
Stellung schlugen schwere Granaten, große Erdschollen
emporschleudernd ein. Abermals ist es aus mit der Ruhe,
ausgehungert und abgemattet gruben wir mit Anspannung
aller Kräfte tiefer hinein um uns von den umhersausenden
Sprengstücken zu schützen. Abermals kommt Abmarschbefehl werden von Ort zu Ort gehetzt. Bei Einbruch der
Dämmerung verlassen wir die Stellung und marschieren
weiter gegen Lemberg. Seit 7 Tagen bietet sich wieder mal
Gelegenheit zum Waschen.

1. September 1914
Nach Nächtigung unter freien Himmel in Ackerfurchen,
marschieren wir unter den schwirigsten Verhältnissen auf
grundlosen Wegen den ganzen Tag, - kommen abends bis
zu den Befest. Anlagen der Stadt Lemberg, nach zweistündiger Rast werden wir im Dorfe – Socolnici bei Lemberg in
schöne Quartiere untergebracht. Gott sei Dank endlich mal
ein ordentliches Dach und Lager.

2. September 1914

Um 5 h vorm. steht unser Rmgt. am Dorfplatze zum Abmarsch bereit, um 6 h vorm. Abmarsch mit der nötigen Sicherung, mein Zug stellt die Verbindung mit dem Nachbarregiment 47 her. Der Magen knurrt, großer Hunger stellt sich ein, endlich kommt Brot! Für je 12 Mann werden 3 Wecken Brot gefasst; kam auf jeden Mann ein Mundvoll Brot. Zum größeren Leid setzte ein eisigkalter Steppenwind ein dass uns vor Kälte die Zähne klapperten. Eifrig arbeiten wir an den Schützengrabenbau müssen uns beeilen, nach Meldungen verfolgt uns der Feind mit Artillerie, Infant. und Kavallerie; schon kreisen feindl. Aeroplane ober uns und nach kurzer Zeit sind wir wieder das Ziel der feindl. Artillerie. Bis in die Nacht hinein durften wir den Graben nicht verlassen, fröstelnd vor Kälte in den Erdlöchern. Um 9 h abends verlassen wir die Stellung und marschieren wir die ganze Nacht hindurch über Stock und Stein bei Wind oder Regen. Fühlbare Mattigkeit befiel uns, bei jeder kürzcren Rast fallen wir hin ungeachtet des nassen Grases und des Straßenkotes – wir sind kaum mehr im Stande weiter zu marschieren. Doch der grausame Krieg kennt kein Erbarmen „Auf" heißt es und schlaftrunken taumeln wir weiter.

3. September 1914

In der früh um 7 h erreichen wir eine kleine Bahnstation der Lemberger Strecke, halten dort eine Stunde Rast; mittlerweilen kommt die Meldung dass Lemberg vom Feinde besetzt ist. Beim Abmarsche von unseren Rastplatz wird uns „Feind in Sicht" gemeldet, aufgelöst in Schwarmlinien steuern wir einem Dorfe zu, Weiber und Kinder laufen uns entgegen und schreien „Kosaki! Kosaki!" Tatsächlich sieht man weit draußen einige Kosaken dahinsprengen die aber Reißaus machten nachdem sie uns sehen. Um 7 h abends marschieren wir in die Stadt Grodek ein. Bis auf arme Judenfamilien war alles ausgewandert und geflüchtet. Im Moment als wir den Hauptplatz der Stadt Grodek passieren, schlugen aus einem großen Gebäude hohe Flammen auf man hörte kleine Detonationen und in nu ist alles in Rauch gehüllt. Die Stadt ist überfüllt mit Militär, Weiber, Kinder schreien gottjämmerlich, als der letzte Mann die Brandstätte passiert, - stürzt das brennende Gebäude zusammen und verlegt gleichzeitig die Hauptstraße mit Balken und Schutt.

2 Soldaten dringen unerlaubt in das Gebäude welches abbrannte und hantieren im Brandweinkeller wo auch Spiritus eingelagert war. Mit offenen Licht so unvorsichtig dass alles in Brand geriet die beiden Brandstifter werden standrechtlich verurteilt. Mehr hinkend als gehend gelangen wir um 10 h nachts in einen großer Maierhof, erhalten dort nach langer Zeit mal eine warme Menage, hernach richten wir aus Stroh unser Nachtlager im Hofe her und legen uns gleich zur Ruhe.

4. September 1914

Die erste Nacht konnten wir ruhig und ungestört schlafen, wohl sind wir in Folge des Nachtregens bis die auf die Haut naß, doch entgeltet dies der heutige angesagte Rasttag; mit Behagen schlürfen wir unseren Frühstückkaffee und waschen uns hernach beim nahegelegenen Teich. – Große Freude überall! Die erste Post aus der lieben Heimat ist angekommen. Ich bekomme ein Schreiben von meinen Bruder Richard; auf Strohbündeln Mauern und Wägen sitzen wir und lesen. 2 – 3 Mal unsere Post durch. Im Lager herrscht allgemein guter Humor, man lacht, scherzt und singt wieder. Im Laufe des Weges machen wir den Obstgärten und Kartoffelfelder einen Besuch. Füllen uns Taschen und Brotsack mit Äpfel und Birnen! Man lebt wieder; einige Russen und Spione erzählen uns dass sie besonders vor unserer guten und zielsicheren Artillerie Angst haben und durchaus keine Kriegslust haben.

5. September 1914

Liegen bereits den 2ten Tag im Maierhof im Quartier, leider tritt ein ekelhaftes Wetter mit eisigkalten Wind und Regen ein; uns friert besonders in der Nacht. Um 9 h vorm. verlassen wir unser gutes Quartier der Marsch geht über grundlose Feldwege sodass wir bis über die Knöchel in Kot stecken und können uns nur schwer fortbewegen. Ganz durchnässt auf und auf voll Kot gelangen wir in der Nacht auf einen Höhenzug, machen dort Halt. Sind seit 3 Tagen mit den Feind außer Fühlung niemand weiß wo die nächste Fühlungsnahme mit den Feind stattfinden wird.

6. September 1914

Noch ehe der Tag anbrach sind wir mit den Aushebeln der Deckung fertig, man erwartet einen feindl. Angriff. „Vom Feind nichts zu sehen" kam die Meldung so verbleiben wir dem Regenwetter ausgesetzt unter freien Himmel in unserer neuen Kampfstellung. Bald machten sich einige Kameraden auf und gehen ins nächste Dorf, requirieren dort einige Sau und Gänse; so konnten wir uns bis zum Abend bei gekochten Schweinernen und Gänsebraten gemütlich tun.

7. September 1914

An allen Gliedern steif vor Kälte kriechen wir aus unseren Erdbau, sind noch glücklich, dass man uns soeben den Kaffee bringt - der Schwarze, unentbehrlich für den Feldgrauen. Mittags holen wir uns vom im Dorfe stehenden Train Fleischkonserven, Zwieback und Brot; dies war uns ein sicheres Zeichen, dass wir in nächster Zeit in eine längere Gefechtstätigkeit treten werden; noch mittags erfolgt der Abmarsch, aus der Ferne hören wir bereits schweren Geschützdonner, nun Gott mit uns! Schon geht es in Eilmarsch eine Höhe hinunter und gelangen vor die Ortschaft „Weissenbach". wir werden bereits von russ. Artillerie und Inf. beschossen. Tiroler Landesschützen stehen im großen Kampf mit den zurückweichenden russischen Vorhuttruppen; eine Menge Tote und Verwundete liegen umher, wir greifen ins Gefecht und im zweistündigen Ringen werfen wir den Feind zurück und säuberten vollkommen die Ortschaft. wir lösen die Tiroler Landesschützen ab und bleiben die Nacht über in Zeltblätter eingehüllt in den Ackerfurchen liegen.

Schlaf können wir keinen finden, sondern rauchen verstohlen unter den Zeltblättern unsere Cigretten, Feuer dürfen wegen Feindesnähe keine gemacht werden.

Geheimnisvolle Stille ringsumher!

8. September 1914, Schlacht bei Grodek
2:30 vorm. Alarm! Schnell vergattern sich die Komp. alles nimmt Bajonett auf, der Verfolgungsmarsch beginnt. In streng gesicherten Marsch und in völliger Finsternis gehen wir mit aus dem Orte. Um 3 h früh bestimmt mich mein Hptm. mit 3 rüstigen und geschickten Leuten als Aufklärungspatrouille. Eile meiner Komp. ca. 300 x voraus entwickle mich in breiter Front und beginne in Gottes Namen meinen gefährlichen Dienst. Wie Indianer schleichen wir vorsichtig nach allen Seiten spähend und horchend durch kniehohes Gras, winde mich durch Hirsefelder und gelangen beim Morgengrauen in die Nähe des Dorfes Oppenhausen. Mit meiner nachfolgenden Komp. bin ich durch Sicht verbunden; lege mich mit meinen 3 Männern in eine

Ackerfurche und instruiere sie im Verhalten bei einen Zusammenstoß mit feindl. Patrouillen.

Doch was ist dies?! Pf pf pf geht's auf einmal dicht neben mir schlagen Inf. Geschoße ein, es sind aber Einzelschüsse was kann dies sein, sofort signalisiere ich nach rückwärts zu meiner nachfolgenden Kompanie geb zum wiederholtenmal das Zeichen „Feind" die Komp. folgt rasch in Schwarmlinien und legt sich in meiner Höhe nieder. Plötzlich neben mir ein kurzer Aufschrei eines Getroffenen rechts von mir ebenfalls ein Mann meiner Patrouille im Gesäß von einer Gewehrkugel getroffen, nun bin ich im Klaren wir werden von rückwärts anGeschoßen. Ohne weitere Befehle von meinen Komp. Kmdo. einzuholen, kommandiere ich meinen Schwarm: „Auf! Mir nach!" Ich stürze mich voll Wut auf das hinter uns stehende Gebäude und sehe eben wie ein baumlanger galiz. Bauer flüchten wollte; schon versetze ich diesen Schuft der auf uns geschoßen hat einen Hicb mit meinen Gewehrkolben „Boga pane" fing dicscr Schuft zu jammern an. Doch half ihm nichts in kurzer Zeit habe ich mit Hilfe meiner Leute 60 solche Gauner und Verräter beisammen, Weiber stehen mit russ. Heiligenbilder und jammern und heulen über ihre Männer, doch rasch gehandelt, die Russen die sich vor dem Dorfe eingegraben hatten, werden durch den Lärm im Dorfe aufmerksam und überschütten uns mit einen rasenden Infant. und M. G. Feuer. Die Verräter werden gefeßelt und unter starker Bedeckung zum Brigadegericht geführt und noch den selben Tag zum Tode durch den Strang verurteilt.

Draußen vor dem Dorfe wogt bereits das blutige Gefecht nun in Gottes Namen! Gehe ich mit meinen braven Leuten ins Gefecht – wohl hat jeder von uns seine Seele Gott empfohlen! Rasch eil ich in gebückter Stellung bis zu einem leerstehenden Schuppen und entdecke durch einen Mauerspalt die russische Schwarmlinie. Wir sind 50 m von den Russen entfernt, doch gedeckt gegen Sicht und Schuss.

Im Moment bemerke ich einen Russen in der ganzen Größe aus dem Graben steigen nimmt ein Strohbündel, zündet es an und langt auf ein Strohdach eines nebenstehenden Bauernhauses. Kamerad Zgsf. Bucher wird durch ein Dum-Dum Geschoß am Arm schwer verwundet und nimmt von mir Abschied. Ich errate gleich die Absicht der Russen, dass sie das Dorf in Brand stecken wollen, um uns aus den Schlupfwinkeln zu treiben; den Russen der das Haus in Brand steckte, holte ich mit einen wohlgeziehlten Schuss herunter, bald darauf kriecht ein zweiter und dritter aus dem Graben die ihren toten Kameraden hereinholen wollen. Auch diese schieße ich weg. So hatte ich Gelegenheit innerhalb einiger Min. 3 Russen zu erschießen; gleich darauf geben wir auf die russische Linie ein lebhaftes Gewehrfeuer ab. Ein Korp. meiner Komp. steigt auf die Dachsparren und reißt sich trotz meiner Warnung ein Loch in das Strohdach um von oben auf die Russen zu schießen, kaum steckt er den Gewehrlauf bei der Scharte hinaus, als er schon in der Fußsohle getroffen mit einem Aufschrei herunterstürzt, rasend schießen die Russen auf unser Blockhaus zum Glück ging durch die dicken Holzpfosten kein Inf. Geschoss durch.

Während wir 5 Mann uns schon seit 4 Stunden verteidigen gehen unsere Kompanien in Schwarmlinie gegen die feindl. Stellungen vor. Eine Inf. Welle nach der anderen geht im Laufschritt vor, - bis sie wieder mit einem Ruck in eine schützende Erdfurche verschwunden und lebhaft feuern; viele unserer Kameraden liegen bereits sterbend in ihrem Blute, immer weniger standen auf, bis zum Schluss nur mehr wenige kampffähig am Platze waren; endlich beginnt unsere Artillerie lebhaft zu feuern, schon die ersten Batteriesalven waren Treffer, furchtbar fetzt unsere Artillerie in die russischen Ref. Stellung hinein. Ich bin schon ganz taub, ein furchtbares Getöse ein schreien und pfeifen. Unerträglich furchtbar ist die Hitze noch dazu brennt schon das ganze Dorf, es ist zum verschmachten kein Wasser, nichts! Womit wir unseren Durst stillen können. Endlich kommt unser Zgs. Kommd. Lt. Schupancigg und befreit uns von dieser qualvollen Lage, ich muss ihm noch genau Bericht erstatten über meine Beobachtungen. Ich bin mit meinen 5 Mann für einige Stunden kampfunfähig, der Lt. führt uns außer den Gefechtsbereich hinter den Reserven. Gott sei Dank können wir uns bald mit Cisternenwasser laben. Furchtbar viel Reserven rücken an; nachdem wir uns etwas erholt haben, werden wir der I. /27. M. G. A. als Bedeckung zugeteilt; Wir sind arg den feindl. Artilleriefeuer ausgesetzt, nachm. um 3 h Vorrückung; der Feind erreicht! Erst im weiteren Vorrücken sehen wir den Greuel und die Verwüstung des 8stündigen heißen Kampfes, soweit das Auge reicht sieht man Tote und Verwundete liegen. Unter ihnen im wilden Caos Ausrüstunggegenstände, Gewehre, blutige Fetzen von Monturen, so mancher guter Kamerad liegt bleich in seinem Blute am Feld. Es fallen nurmehr einzelne Gewehrschüsse. Bei einem großen Maierhof sammelt sich das Rgmt. Der Maierhof ist überfüllt mit Verwundeten, viele sterben bereits während des Verbindens. –

4000 Gefangene Russen bringt man zurück zum Div. Kmdo. die Gefangenen sind recht heiter und rufen uns zu „Servus Kamerad. "

Endlich ist aller Schlachtenlärm verstummt, die Sonne geht blutigrot unter. Pioniere beerdigen die Toten. 80-100 Tote mussten in ein Massengrab gelegt werden. Ein schauderhafter Anblick!

Bei völliger Dunkelheit endlich kommt die Fahrküche, nach dem abmenagieren legen wir uns in Zeltblätter gehüllt auf freies Feld zur Nachtruhe, den Ruhe tut uns allen not.

9. September 1914

Um 5 h vorm. beginnt der Verfolgungsmarsch erst jetzt sehen wir die Verwüstung unter den Russen, ein ganzes russisches Bataillon liegt von unserer Artillerie vernichtet, in einen Hohlweg. Unter heftigen Artilleriefeuer gelangen wir über einen Bahndamm, bald sausen schwere feindl. Granaten an unsere Collonne heran, abermals Tote und Verwundete. Aus dem Bojannerwalde wo sich der Feind neuerdings verschanzt, hört man bereits heftiges Gewehrfeuer! Die zweite Schlacht ist im Gange. Gott mit uns! wir sind im Vorrücken, aus der vordersten Linie kommen ganze Komp. des Triestiner Hausregmts. J. R. 97, alles Drückeberger winselnd und jammernd wollen Sie sich aus dem Gefechte ziehen, doch Offze. unseresRegmts. Hptm. Moay und Hptm. Megiska jagen diese Feiglinge mit der Pistole zurück und erschossen einige am Platze als abschreckendes Beispiel.

Feindl. Artillerie schießt auf uns wie rasend, im Laufschritt gelangen wir in den Bojannerwald. Dortselbst werden wir in der dritten Linie eingesetzt; die Russen haben sich am Bahndamm außerordentlich gut verschanzt und ihr Feuer lichtet unsere Reihen ganz gewaltig! Zum größten Unglück schießt unsere Atilerie zu kurz und feuert Lage um Lage in den eigenen Schützenlinien hinein, von vorne schießt die feindl. Artillerie ziemlich genau in unsere Reihen, entsetzlich verstümmelte Leichen sind im Walde, nicht ein ganzer

Baum ist mehr zu sehen, krachend und sausend flogen Äste und Sprengstücke über unseren Köpfen hinweg; der Tod muss uns sicher sein, ich gebe nichts mehr auf ein glückliches Entkommen, ein Kamerad liegt neben mir den Spaten in der Hand mit dem Gesichte am Boden und rührt sich nicht, ich halt ihn für schlafend, nach einiger Zeit rüttle ich ihn und sage, schlaf doch nicht grab dich ein. Er reagiert aber nicht, ich drehe ihn um und sehe zu meinen Entsetzen das der arme mit einen Kopfschuß tot da liegt. Kaum beginn ich mich einzugraben, sausen unzählige Infan. Geschoße vor unseren Kopf in die Erde, ein Geschoß geht mir in meine vor dem Kopfe liegende Patrontasche zerreißt mir die darin befindlichen Patronen und bleibt wie durch ein Wunder darinnenstecken, ansonsten würde ich einen Kopfschuß erlegen sein. Mein Schutzpatron beschützte mich abermals vor dem sicheren Tode. Hunger und noch mehr der Durst plagen uns fürchterlich, danke Gott das der blutige Tag seinen Ende zugeht. In der Nacht um 11 h sammeln sich in aller Stille die einzelnen Kompanien. Die Schießerei läßt nach, wir stehen geordnet im Walde und warten auf weitere Befehle, plötzlich werden wir mit Kartätschen beschossen, grelle Blitze im Walde, ein Donnern, ein Krachen. Der Feind unternimmt einen Gegenangriff an unserer rechten Flanke.

Schon glauben wir uns alle verloren, werden mit einen fürchterlichen Gewehrfeuer überschüttet – bald erfahren wir dass uns die brave 3 er Ldw. vor einem ungeahnten Überfall bewahrte. Endlich haben die braven 3 er den Ansturm der Russen abgewehrt und uns von dieser entsetzl. Lage befreit, haufenweise lagen die Russenleichen an der Waldlisere.

12. September 1914

Bei Morgengrauen verlassen wir den blutigen Kampfplatz mit unseren wenigen Kameraden die durch Wunder wie ich am Leben blieben. Von 250 Mann Stand verblieben im Ganzen nur mehr 30 Mann bei meiner Komp. Ein schauerlicher Anblick bietet sich unseren Blicken, haufenweise liegen Leichen von Russen und Unsrigen auf den Feldern, einige Hundert erschossene Pferde liegen in den Wassergräben mit aufgeblähten Leibern, unerträglich der Leichengeruch, rasend macht uns der Durst, heimlich nehmen wir aus Pfützen und Sumpfwasser mit den Trinkbecher Wasser und stillen uns mit dem schnutziggelben Wasser den Durst. Die große Schlacht die durch 3 Tage und 3 Nächte tobte ist beendet.

Matt und elend schleppen wir uns fort. Kein Baum oder Strauch bietet uns Schutz gegen die brennenden Strahlen der Mittagssonne, eine öde von Leichengeruch verpestete Steppe vor uns. Wir passieren den Bahndamm den wir gestern im Laufschritt übersetzten.

An den Eisenbahnbrücken warten bereits Pionierabteilungen, welche beim Gerüst und den Pfeilern bereits Dynamit und Zündschnüre zum sprengen bereit halten. Der letzte Mann hat die Brücke passiert und mit fürchterlichen Detonationen fliegen die Brücken in die Luft.

Meine Komp. bekommt den Befehl die Ortslisere zu besetzen bis die Haupttruppe gesichert ist, ohne weiterer feindl. Beunruhigung verlassen wir die Rückhaltstellung und folgen im Rückzug dem Regimente.

12. bis 19. September 1914

Große Rückzugsmärsche ohne besondere Zwischenfälle, so weit das Auge reicht, sieht man nur die furchtbaren Ver-

wüstungen der blut. Kämpfe. Massenhaft liegen die Pferde-
kadaver herum.

20. September 1914
Unter furchtbaren Strapazen, bei den denkbar schlechtesten Wegverhältnissen haben wir zu marschieren. Bis zum
Hals mit Straßenkot belegt, gelangen wir in ein Dorf, ganz
durchnäßt und hungrig zittern wir vor Kälte in den un-
freundlichen Hütten des Dorfes. Noch in der Nacht werde
ich mit meinem Zug dem Gefechtstrain als Bedeckung
zugeteilt. Bald darauf erfolgt wieder Abmarsch in finsterer
Nacht bis ins Knie in Kot watend marschieren wir 20 km.

21. September 1914
Bei schönen Wetter den Marsch fortgesetzt.

22. September 1914
Gelangen wir eine Stunde außer der Stadt Bcrocon, fahren
mit den Train auf einen Parkplatz an den Sannfluß. Feiner
Regen rieselt wieder, wir schlagen uns Zelte auf. Hallo die
Post kommt! Liebe Nachrichten aus der Heimat! Mein
Bruder Richard sendet mir Taschenlampen Batterien, von
meiner lieben Freundin Milly.

23. September 1914
Weiter geht der Marsch durchs Sannetal die Höhen entlang,
von weiten erblicken wir die hohen Petroleumbohrtürme
der Raffinerien bei Bcrocon und Jasli; des öfteren treten wir
aus Reih und Glied und besichtigen uns die Erdölbohranla-
gen.

24. September 1914
Nach 30 km ununterbrochenen Marsche gelangen wir um
10 h nachts in die Judenstadt Jemigrod, freuen uns schon
auf ein trockenes Quartier; sehr mißtrauisch und furchtsam

ist die Bevölkerung alle Türen sind fest versperrt, man will uns keine Quartiere geben. wir werden ungeduldig und gewaltsam öffnen wir uns die verschlossenen Haustüren, kommen den Bewohnern freundlich entgegen wie es einem Steirer geziemt und bald hat uns die Judenfamilie lieb, Milch, Eier, Butter Mais, Zucker und verschiedene Leckerbissen bringen uns die Leute, wir nehmen alles gegen gute Bezahlung an. Frauen bringen uns Stroh in die Zimmer und voll Lust und Wonne legen wir uns aufs weiche Lager.

25. September 1914

Lagerwache um 6 h vorm. Rasch kleid ich mich an reinige mich vom allermeisten Kot und koche mir dann mit meinen Kameraden Milch und Polenta. Ausgeruht frisch und munter gehe ich mit Kameraden in die Stadt hinein, wollten uns Brot kaufen doch vergebens alle Mühe. Jedes Geschäft ist überfüllt mit Militär, die Juden machen ein Bombengeschäft, auf Plätzen standen Buden wo Tee (Tschei) feilgeboten wird.

Um 8 h vorm. Weitermarsch auf einer schönen breiten Straße, nach 4 Stunden Marsch gelangen wir in ein größeres Dorf welches nur von ruthenischen Bauern bewohnt wird. Beziehen dort Quartier. Mit vorgehaltener Pistole müssen wir uns von den Bauern das Quartier erzwingen, ich nimm mit meinen Schwarm in der Küche eines Bauernhauses Quartier. Während der ganzen Nacht hatten wir mit dem Herrn des Hauses ein Mordstheater, die Angst dass ihm nicht sein Haus angezunden wird, trieb ihn so weit dass er die ganze Nacht mit einer Laterne ins Haus herein ging, und des öftern beim Fenster aus und einstieg, so konnten wir die ganze Nacht vor Lachen und Gaude keine Ruhe finden.

26. September 1914

Um 1 h nachm. verlassen wir das ruthenische Dorf, gelangen in 1 ½ Stunden in eine gebirgige Gegend, meine Kompanie erhält den Befehl, die Höhen mit einer Feldwachenkette zu besetzen, so bleiben wir als Sicherung für eventuelle feindl. Verfolgungslitachement. Ein eisigkalter Wind bläst über die Höhen, mein Zug steht außer Dienst, wir richten uns zwischen Wacholdersträuchen unser Nachtlager her. Dürfen uns kleine Lagerfeuer machen, Kameraden schaffen aus dem nächstgelegenen Dorf Kartoffel her die wir uns hernach kochen. Hoch droben auf dem Berge stehen unsere Feldwachen, die von Zeit zu Zeit signalisieren.

27. September 1914

Ein herrlicher Sonntagsmorgen, holen uns in der früh von der in einen Wäldchen stehenden Fahrküche den Frühstückskaffee. Hernach Einziehung der Feldwachen dann Weitermarsch übers Gebirge durch schöne Birkenwälder und über weichen Moosboden, wir fühlen uns wie in der Heimat auf unseren grünen Bergen. Nach einem zweistündigen Marsch gelangen wir in das erste reine Dörfchen Potaggi in einen Gebirgskessel der Karpathenausläufer gelegen. Dortselbst beziehen wir Quartier. Nach Ablegen der Rüstungen haben wir nichts eiligeres zu tun, als mit Brotsack sämtliche Bauern abhausieren, was nur genießbar ist, kaufen wir, wie Butter (Marsla) Brot (Hleba) Eier (Jeizre) u. f. ev. Obst ist genug vorhanden besonders Pflaumen, ich kaufe um 20 heller einen ganzen Brotsack voll Pflaumen, suche mir einen Kameraden welcher Zucker hat und sofort lodern am Bächlein Feuerl auf, an welchen wir den ganzen lieben Tag Pflaumenmuß kochen nicht weniger als 10 Menageschalen voll solchen Pflaumenmuß laß ich meinen bedürftigen Magen zukommen. Du armer Magen, hast heute mal einen Festtag. Den Abschluß dieses Festtages bildet noch ein echter Kaiserschmarrn mit Pflaumen.

Noch in der Nacht setzt ein strömender Regen ein, ich freue mich mit meinen Kameraden unter Dach zu sein, während der Regen an die Fensterscheiben schlagt und peitscht. O weh! Plötzlich kommt die Tagchange mit den Befehl „Kpl. Lederhaas mit 3 Mann sofort abmarschieren und Quartier machen" hilft mir kein jammern und lamentieren trotz des Unwetters muss ich Gewehr und Rüstung nehmen, das Zeltblatt übern Kopf geworfen, gehe ich mit meinen 3 Mann ab. Nach einem Marsch von 5 km gelange ich in das Dorf Malastur.

28. September 1914
Ganz durchnäßt suche ich mir den erstbesten Heuboden und grabe mich ins Heu ein, gleich um 6 h vorm. stehe ich auf und requiriere nach langen Hin und Her mit einer Bäuerin ein passendes Quartier für meine Komp.

29. September 1914
Um 11 h vorm. kommen unsere Kompanien des III/27. Baons in Walastov an, meine Komp. bezieht sogleich das Ihnen zugewiesene Quartier ich werde vom Komp. Kmdo aus zum Rgmts. Komdo als Ordonanz bestimmt, die heutige Post brachte mir Schreiben von meiner Schwester Fini und meiner lbn. Freundin Milly, Aller Schmerz und alle Strapazen sind wieder vergessen, 8 – 10 mal lese ich die lbn. Nachrichten aus der teuren Heimat durch.

30. September 1914
Kaltes, abscheuliches Regenwetter. Ich bin ganz krank, kann mich vor Magenkrämpfe kaum rühren; habe mich nach den Strapazen ordentlich verkühlt.

1. Oktober 1914

Mein krankhafter Zustand hat sich Gott sei Dank etwas gebessert, frühmorgens kommen Feldpostpakete an, auch ich kann mich zu den glücklichen zählen, die Pakete bekommen. Bekomme von meinen Eltern ein Paket mit Cigaretten, Mehlspeisen, beiliegend ein schönes langes Schreiben mit vielen Neuigkeiten aus der lieben teuren Heimat. Um 9 Uhr vorm. tritt die ganze Kompanie mit blank geputzten Waffen auf einer sumpfigen Wiese an, wir müssen über eine Stunde im Nassen stehn, so dass uns schon gehörig in den Füßen friert. Ein paar so lumpige Kerl der Komp. hatten ihre Waffen total versauen lassen und dies gibt unseren sonst guten Hptm. Anlaß mit uns allen furchtbar zu schimpfen mit allen schönen Namen wie Räuber, Banditen, Vandalen, Schweine etc. werden wir betitelt. Nun dies ist alles wieder zu ertragen, Hauptsache das es zu Mittag wieder eine gute Menage gibt! Nachm. ereignet sich leider ein tötlicher Unglücksfall, ein Waffenmeister zieht im Scherz eine geladene Pistole dem Rechnungs U. O. Wieland vor, der Schuss geht los und dringt den Bedauernswerten in den Bauch; nach furchtbaren Schmerzen stirbt der Arme.

Am Abend kochen wir uns Kartoffeln die wir nur um teures Geld bei den Bauern erstehen können.

2. Oktober 1914

Um ½ 7 vorm. Tagwache, um 8 h marschiert das II. u. III. Baoan in Marschadjustierung auf eine große Wiese zur Dekorierung.

In Anwesenheit des Divisionärs Kralicek werden einzelne Leute für Taten vom 8. Sept. mit T. . M. dekoriert. Wohl hoffte ich mir auch meine mir zugesprochene Auszeichnung zu erhalten, doch leider muss ich mit vielen meiner

Kameraden leer ausgehen; vielleicht ein andermal das Glück?

3. Oktober 1914

Die Nacht über im Heulager recht gut geschlafen, tut unseren müden Gliedern recht wohl, leider sollen wir unser gutes Quartier bald verlassen.

4. Oktober 1914

Um 4 h vorm. Tagwache, um 6 h Abmarsch von Malastuv mit total defekten Schuhen legen wir einen Marsch von 30 km zurück, todmüde langen wir in ein Dorf wo wir nächtigen.

5. Oktober 1914

Um 9 h vorm. geht der Marsch wieder weiter den gleichen Weg zurück über Tennigrod wo wir herkamen. Unbeschreiblich der Schmerz und die Qualen die wir alle während des Marsches zu erleiden haben. Der Weg grundlos, bis über die Knöchel waten wir im Kot, die Schuhe total zerrissen, so dass uns arme Teufel der Kot zwischen den Zehen quitschte. „Gott im Himmel erlöse uns von dieser Qual" diese Folter verdient nicht der ärgste Verbrecher, wir sind zum umfallen matt, noch dazu sagt unser Hauptm. dass die Gegend hier mit Cholera verseucht ist und wir auf keinen Fall ungekochtes Wasser trinken dürfen.

Endlich erreichen wir wie ein verwundet kriechender Wurm das Dorf „Sesava" Bewohner des Dorfes erzählen uns, dass am Vortage 5 unsrige Dragoner eine 20 Mann starke Kosakenpatruille niedermachten.

6. Oktober 1914

Nach 6 stündigen totähnlichen Schlaf erwacht um 6 h früh kommt die Fahrküche nach, welche bereits den 2ten Tag die gekochte Menage herumführt, doch mit Heißhunger würgen wir den dicken Brei hinunter.

Um 10 h 30 vorm. Abmarsch mit furchtbaren Strapazen verbunden, gelangen wir im Regen und Sturm über ein hohes Gebirge.

7. Oktober 1914

Um ½ 2 h vorm. gelangen wir in ein Quartier (2 Mann hatten sich während des Marsches erschossen). Am liebsten wollte ich auf den Frühstückskaffee verzichten und in meinem warmen Heulager liegen bleiben, doch etwas warmes muss ich mal zu mir nehmen. Infolge der zunehmenden Cholera Epedemie ward uns das Trinken von ungekochten Wasser auf das strengste verboten. Noch am Nachmittag wird uns in Anwesenheit des Baonskmdt vom Feldkurat ein Wassereid abgenommen, so mussten wir schwören, kein ungekochtes Wasser mehr zu trinken, eine harte Buße, die uns nun neuerdings auferlegt wird. Hallo die Post bringt mir ein Brieferl von Milly.

8. Oktober 1914

Um 4 h früh „Alarm" um 6 h früh erfolgt der Abmarsch nach einem 6 km langen Marsch hören wir plötzlich aus der Ferne Kanonendonner und eine Stunde später hört man ganz deutlich heftiges Gewehrfeuer, wir hoffen uns bald in ein neues Gefecht einzugreifen, freudiger denn je ward uns nun das marschieren, uns ist das Sterben schon lieber wie diese entsetzlichen langen Qualen durch Wochen und Monate mitzumachen. Endlich von 7 h nachm. bis ½ 10 nachts. Rast und Menage.

Nach Weitermarsch gelangen wir um 11 h in die Stadt „Tinov". Die Bewohner der Stadt voll Freude das Österreicher kommen, beleuchten sämtliche Fenster mit Kerzen und jubelnd eilen uns Frauen und Kinder entgegen und erzählen uns unter Weinen wie furchtbar die Russen in der Stadt gehaust hatten. Kosaken hatten junge Mädchen grausam vergewaltigt, den Vater und Mutter des Mädchens mit Stricke gebunden, die das Entsetzliche mitansehen mussten, viele Mädchen und junge Frauen sind an den Mißhandlungen gestorben. Eine andere Mutter mit 10 Kinder wurde von Kosaken erschossen, weil sie die Türe versperrte und den Einlaßbegehrenden Kosaken nicht aufmachte. Einen Bauern hatten Kosaken 1 Paar neue Stiefel und 600 K Bargeld vor seinen Augen geraubt. Nach all diesen Schilderungen der armen Bewohner sind wir entsetzt und schwören den Russenbanden furchtbare Revanche. Das Haus eines jüdischen Eierhändler wird uns als Alarmquartier zugewiesen. Der Jud bringt uns sofort Holzwolle in die Zimmer und bereitet uns ein weiches Lager, später bietet uns der Jud schöne Eier Stück um 6 h zum Verkauf an. So hatte ich mir noch denselben Tag eine Eierspeis mit 15 Eiern und extra eine Schale Reis zubereitet und mit einen wahren Wolfshunger vertilgt, mein armer Magen hatte nach langer Zeit wieder mal Festtag.

9. Oktober 1914
Um 3 h früh nach einem göttlichen Schlaf erwacht, Kaffee getrunken und Brotfassung.

10. Oktober 1914
Verlassen um 12 h mittags unser schönes Quartier und marschieren bei Wind und Regen auf kotigen Straßen weiter, es ist bereits 8 h abends, stockfinster die Nacht, auf und auf voll Kot stehen wir total durchnäßt, fröstelnd auf der Straße und hoffen baldigst in Quartiere zu kommen. Wieder unseren Erwarten kommen wir anstatt in Quartiere, - auf Feldwache! Besetzen die Straße mit Doppelposten

während es in Strömen regnet mehr tot wie lebendig kauern
wir vor Frost und Kälte zitternd, im Straßengraben, endlich
kommt die erlösende Befehl zum Weitermarsch in Eilmarsch marschieren wir in der Richtung gegen „Jaroslaw".

Über Stock und Stein stolpernd gelangen wir auf eine
bewaldete Anhöhe wo Halt gemacht wird, bald darauf
schließt sich ein Baonvon I. R. 47 unseren III/27. Baon an.

Geheimnisvolle Stille! Kein Licht durfte gemacht werden;
wir erhalten den Befehl „Bajonett auf" nachher unterrichtet
uns unser Hptm., dass wir mit dem Baon 47. die im Tale
lagernden Russen überfallen müssen. Wir warten nur auf
das Signal der aufsteigenden Raketen von der Festung Przemysl. Ich sehe mich schon im Geiste auf die schlafenden
Russen stürzen und mit dem Bajonett niedermachen, nachdem wir schon eine Stunde lang warten, kommt der Befehl
zum Weitermarsch. Die Russen haben Lunte gerochen und
fluchtartig ihr Lager verlassen.

11. Oktober 1914
Im Verfolgungsmarsch gelangen wir in ein Dorf, durchaus
von röm. kath. Bauern bewohnt. Wie in Thiaur liefen uns
auch hier die Leute entgegen, bringen uns Brot, erzählen
uns wie die Russen noch vor zwei Stunden im Dorfe haus-
ten. In Patrouillen aufgelöst, durchstreifen wir das Dorf.
Eine Patrouille hatte das Glück und konnte 4 Russen die
gemütlich in einer Bauernstube bei gekochten Kartoffeln
hockten, fangen. Weiber und Kinder laufen neben den
gefangenen Russen schimpfend und mit Fäusten drohend
mit. Am Ende des Dorfes steht ein schönes Schloss, das
Innere im Schlosse war von den Russen total verwüstet und
versaut. Die schönsten Möbel liegen zertrümmert Diwans
und Sofas ihres Stoffes beraubt, die Zimmer beschmutzt.

Im weiteren Vormarsch werden wir von der feindl. Artillerie heftig unter Feuer genommen. Stundenlang ducken wir uns in großen Strohhäufen vor den feindl. Schrapnellkugeln, bald beginnt die feindl. Infanterie aus weiter Distanz auf uns zu feuern, mit wenigen Verlusten gelangen wir bis zu einem Bahndamm und eröffnen ein mörderisches Feuer auf die zurückgehenden Russen.

Die feindl. Haupttruppe übersetzt auf eine Kriegsbrücke den Sann und sprengt nachher die Brücke in die Luft. Nicht achtend, dass noch ein russisches Baon in der Ortschaft liegt. Im kurzen Ringen nehmen wir das ganze feindl. Baon gefangen und erbeuten noch eine Unmenge Munition und über 1000 Inf. Gewehre. Unsere Pioniere konnten infolge des heftigen Artilleriefeuers unmöglich eine neue Brücke über den Sann schlagen. Müssen nun von der Verfolgung absehen. Nachdem das Gelände vom Feind gesäubert war, bezogen wir im Dorfe unsere Quartiere.

12. Oktober 1914
Infolge der Eilmärsche kann uns der Proviant-Train nicht folgen. Haben schon 4 Tage keinen Bissen Brot, ernähren uns von Feldrüben und rohen Krautstingeln. Die Folgen davon waren, dass wir alle den Durchfall zu leiden hatten.

13. Oktober 1914
Verbleiben noch im Quartier, verschlafen unseren entsetzlichen Hunger im Heu. Vom jenseitigen Sann-Ufer Artilleriefeuer hörbar.

14. Oktober 1914 bis 16. Oktober
Um 10 h vorm. Abmarsch bei den schlechtesten Wegverhältnissen. Furchtbar schwirig gestaltet sich der Marsch, wir kommen vom Wege ab und irren in finsterer Nacht knietief im Kot herum zum umfallen matt werden wir not-

dürftig in Stallungen untergebracht. Scheinwerfer aus der
Festung Przemysl leuchten auf unsere Kolonnen.

17. Oktober 1914

Bei schönem Wetter durchschreiten wir den Ostgürtel der
Festung Przemysl passieren die Stadt Przemysl und gelangen in später Nacht in ein größeres Dorf; trotzdem wir der
Ruhe bedürften eilten wir auf die Kartoffelfelder hinaus
graben uns Kartoffel und kochen die ganze Nacht hindurch
Kons. Kaffee und Kartoffel. Nach dem Abmarsch wird mein
Zug dem Gef. Train als Bedeckung zugeteilt. Ein Teil unseres Rgmts. steht auf den Höhen bei Novi-Miasto bereits im
Feuer. Nach schwirigem Marsche gelangen wir nachm. um
3 h vor die Stadt. Novi-Miasto. Nachdem die schöne Stein-
brücke über den Sann von Russen gesprengt war überqueren wir auf einer Notbrücke den Sann. Feindliche Granaten
und Schrapnelle krepieren bereits in nächster Nähe der
Stadt, die Höhen ober Novi-Miasto sind dicht besetzt von
eigener Artillerie. Wir beziehen mit den Gefechtstrain
einen Parkplatz.

18. Oktober 1914

Wird uns eine schwirige Aufgabe zuteil, infolge der schlechten Wegverhältnisse kann der Train unmöglich den im Feuer stehenden Regimente folgen; so müssen sämtliche Leute
der Trainbedeckung mit Fleisch und Brot beladen, den Berg
hinan durch große Wälder im Artilleriefeuer die einzelnen
Kompanien des Rgmts. aufsuchen. Wir gelangen auf freies
Feld werden von der feindl. Artillerie heftig beschossen.

19. Oktober 1914

Um 7 h früh war ich schon wieder reisefertig mit 30 kg
Fleisch im Sack, hatte ich den gleichen Weg wie am Vortage
zurückzulegen. Das Wetter ist günstig und so gelange ich

rasch bis zu den ersten Inf. Linien mein Rmgt. liegt noch weiter rechts, schleppe mich mit meinem Sack fort, komme in stockfinsterer Nacht vom Wege ab während die Russen ein rasendes Gewehrfeuer auf unsere Linien abgeben, ich habe noch Zeit mich rechtzeitig aus dem Feuerbereich in einen Graben zu retten. Wie ein gehetztes Wild gelange ich keuchend und schnaubend in ein Dorf hinter der Front. Dort übernachte ich in einem Bauernhaus, trotzdem die ganze Nacht hindurch die Inf. Geschoße an die Mauern prasseln fühle ich mich sicher und ruhig.

20. Oktober 1914
Gelange noch in den Vormittagstunden glücklich zum Parkplatze meines Trains doch groß meine Bestürzung als ich meine Rüstung suche und spurlos verschwunden ist; sehr hart trifft mich der Verlust. Die wenigen Artikel die man sich mitschleppt waren mir unentbehrlich. Blank wie ich fortging stand ich da keinen Mantel, keinen Brotsack, noch dazu meine Taschenuhr alles ward mir gestohlen worden. So wandere ich ganz betäubt meinem Zug nach.

21. Oktober 1914
Unser Zug befindet sich noch beim Train als Bedeckung, wogegen der andere Teil unserer Komp. seit Tagen im Feuer steht, gerne wäre ich bei meinen Kameraden und möchte mit ihnen das Los teilen. Mit Freuden begrüßen wir die Nachricht, dass am Bahnhof Novi-Miasto 2 Motorgeschütze angekommen sind, schon nach einigen Stunden hören wir das Winseln und Heulen der ersten dreißig 30, 5 cm Geschoße, welche mit verheerender Wirkung in den feindl. Lagern hineinsausen.

Bis 2. November beim Train.
Furchtbar wütet indessen die Cholera in der Gegend.
Hunderte sterben im Tage unter entsetzlichen Qualen;
bald darauf erhalten wir Befehl zur Kompanie an die Front
einzurücken.

Nach einem 4stündigen Marsch mit Lt. Krampl erreichen
wir die Stellungen unserer Kompanie. Als Interims-Komp.
Kmdt haben wir Oberleut. v. Claricini als Beinamen
„Tschin-Bum" der ewig besoffene.

3. November 1914
Haben herrl Wetter, eifrig arbeiten wir an der Vertiefung
unseres Schützengrabens. Konnten genau feststellen, wann
die Russen ihre Menage bekommen, denn da war immer
ein Mordsspektakel, uns macht dies eine Mordshetz.

4. November 1914
Rückzug: bei Einbruch der Dämmerung verlassen wir
geräuschlos unsere Stellung marschieren über Stock und
Stein stolpernd bis zum 5. November 2 h früh, in hart
gefrorenen Ackerfurchen, schlafen wir trotz der grimmigen Kälte und träumen von einer guten Menage. Um 10 h
vorm. Abmarsch über hohe Gebirge geht der Marsch eisig
kalt bläst der Nordwind her, endlich nach einem 20 km
langen Marsch gelangen wir ins Sanntal auf die Straße. In
guter Hoffnung bald in ein ordentliches Quartier zu kommen marschieren wir abermals eine steile Bergstraße hinan
und gelangen in der Nacht an eine Straßenkreuzung. Dort
bekomme ich von meinem Komp. Kmdt. Oblt. Claricini
den Befehl mit 6 Mann als Feldwache eine 1000 m weit entfernte Anhöhe zu besetzen. lt Mldg seien uns 2000 Kosaken
am Fuße. Zu gern wäre ich in ein Gebüsch gekrochen um
mich auszuruhen, doch Befehl ist Befehl mit Bajonett auf

marschiere ich mit meinen 6 Mann zur angewiesenen Höhe postier dort 2 Vedetten und ich suche mich mit der übrigen Wache ein windstilles Plätzchen im Wald. Feuer dürfen keine gemacht werden, so hockten wir zusammengekauert in einer Erdhöhle.

6. November 1914

Bei Morgengrauen rücke ich mit meiner Feldwache zur Kompanie ein; bei herrlich schönem Wetter marschieren wir durch schöne Tannenwälder und über schöne Almwiesen gehen um 9 abends in ein Dörfchen wo wir endlich mal gutes Quartier bekommen.

7. bis 11. November. 1914

Schöne Märsche über das Karpathengebiet ohne besondere Zwischenfälle.

12. November 1914

Nach einem zurückgelegten Marsch von 30 km gelangen wir in die Stadt „Dukla" und weiter ging es durch romantisch schöne Gebirgsgegend und über den Duklapass. wir haben das Land Galizien hinter uns und sind nun in „Ungarn" endlich geht es wie ein Lauffeuer durch die Reihen, wir werden im ersten ung. Dorfe einquartiert, wohl war es an der Zeit sonst würden alle marschunfähig, niemand hatte mehr eine ganze Sohle an den Schuhen, spüre jedes Steinchen beim Auftreten. Gott sei Dank! Gelangen endlich an unser Ziel „Dorf Komamik" in Ungarn. Mein erstes Werk war für mich und meinen „Schwarm" ein schönes Quartier im Heuboden eines Bauernhauses zu requirieren. Noch vor dem endgültigen Schlafengehen, wird in uns die Kochlust rege unter zurücklassen einiger Quartierposten, gehe ich ins Dorf und kaufe mir um meine letzte Barmittel 1 Sacktuch, Rum, Zucker, Mehl und Brot. Noch in später

Nacht sitzen wir in der Bauernküche und kochen uns Kartoffeln und Kaffee den Abschluss des Tages bildet noch der Rum, v. Palinka (Wutki) hernach verkriechen wir uns ins duftende Heu. Gute Nacht!

16. November 1914

Verlassen zeitlich in der Früh unser Quartier und wandern von der Straße abweichend durch ein Bachbett größtenteils im Wasser watend, gelangen wir nach 3. Stdn auf die Staße, nach einem Marsch von 10 km längs der Straße kommen wir in die Ortschaft „Margotsch" das Dorf strotzt vor vor Schmutz und Kot; bleiben bis 16. November dort im Quartier; im tiefen Schlaf um 10 h nachts haben wir plötzlich Alarm! Schlaftrunken taumeln wir auf die Straße wo das III/27. Baon bereits marschbereit steht. Wir alle glaubten anfangs es sei ein Übungsalarm, doch als sich die Kolonne in Bewegung setzte mussten wir doch glauben, dass es mit dem Abmarsch ernst ist. Schlaftrunken torkeln wir dahin, ein jeder war mißgestimmt über diesen Nachtmarsch. Es graut bereits der Morgen, niemand weiß das Ziel.

17. November 1914

Nach Überschreiten einer Passhöhe passieren wir eine Choleraverseuchte Gegend und gelangen dann an die Mözelaborjetalbahn. Die Neugier welche Marschdirektion wir haben trieb uns, unseren Lt. zu fragen dieser sagte uns er habe auch nur vom Offi. gehört, dass wir am Bahnhof Mözelaborje einwaggoniert werden. Tatsächlich marschieren wir dem Stationsgebäude zu und sehen bereits I. R. 47 einwaggoniert. wir erhalten am Bahnhof Menage und Brot; haushoch waren die Lebensmittelvorräte aufgestapelt; bald darauf dampfen wir ab – fahren 12 km werden auswaggoniert und sofort beginnt der Aufstieg auf einen hohen Berg. Es ist bereits ½ 4 h nachm. im Schweiße gebadet erreichen wir die Höhen. (Tanevarhöhen) doch plötzlich hören wir dass uns gut bekannte Heulen und Sausen von feindl. Granaten; nun wissen wir alles! Die Höhen sind von den Russen besetzt und unsere Aufgabe ist nun, den Feind von den Höhen zu vertreiben. Nach längerem Marsch über den Gebirgskamm wird uns fürchterlich kalt, vorher hatten wir geschwitzt und jetzt friert uns furchtbar; schon beginnt der erste Schnee zu fallen. In Gefechtsformation dringen wir durch den dichten Karpathenurwald und gelangen nach einem mühsamen Marsch zu Deckungen die ung. Regimenter besetzt halten; vor uns stehen eigene Feldwachen wir dürfen unsere Decken und Zeltblätter abnehmen und in den Stellungen schlafen.

18. November 1914

Welch erschreckende Überraschung in der früh. Eine schwere Last von Neuschnee liegt auf uns. Ich sehe kaum heraus und bin am ganzen Körper steif; meine Kameraden müssen mich vom Schnee befreien und herausziehen; sobald ich aufstand, verspüre ich in der rechten Ferse einen stechenden Schmerz, doch vom Ausziehen der Schuhe keine Rede, konnte mir schon 14 Tage die Schuhe nicht ausziehen. Eine furchtbare Kälte, wir sind nicht im Stande im Weitermarsch gelangen wir zum Ldw. Rgmt. 27 werden mit dem Ldw. R. vereinigt und bald darauf kommt der Feldkurat und hält eine Ansprache an uns; Wir bekommen den Befehl ein russ. Rgmt. im Sturme aus ihren Stellungen zu vertreiben. Geheimnissvolle Stille rings umher. Lautlos schleichen wir uns an den ersten feindlichen Schützengraben heran. Doch zu unserem Staunen war der Graben leer. Rechts von uns hören wir bereits „Hurra". Die Russen verlassen ohne sich in einem Kampf einzulassen, fluchtartig ihre Stellungen; ich folge mit einer Gefechtspatrouille, russische Nachhutkompanien mit Kosaken decken die zurückgehende russische Haupttruppe. Ich eröffne mit meiner Patrouille ein lebhaftes Gewehrfeuer auf die Russen. Ein Mann meine Patrouille wird verwundet; einige hundert tote und sterbende Russen liegen tot im Schnee. Zwei sterbende alte Russen liegen mit dem Kopf gegen eine Schlucht, ich bette sie in eine angenehmere Lage wo sie bald darauf ihren Geist aufgeben. Die Nacht bricht an, wir sind total entkräftet, sind den dritten Tag ohne Nahrung. Ich habe in meinem Brotsack noch ein Stück hartgefrorenes, rohes Rindfleisch. Hunger tut weh, und so esse ich das rohe Fleisch mit Salz. In der Nacht verbleiben wir in Schneedeckungen. An einen Schlaf ist gar nicht zu denken. Müssen uns stets wachhalten um den Erfrierungstod zu entgehen.

19. November 1914
Vormittags endlich erhalten wir Brot und Selchfleisch. Mittags schießt feindl. Artillerie mit schweren Ecrasitgranaten auf unsere Stellung. Alles beobachtet mit Spannung die Einschläge der Ecrasitgranaten. Schnee, Erdknollen und Bäume überschütten unsere Deckungen. 3 Offiziere mitsamt ihren Burschen werden von einer einschlagenden Granate zerissen.

Mit aller Gemütsruhe röste ich mir vor meiner Deckung Speck und Brot; Plötzlich heult eine schwere Granate daher, und schon bin ich in Pulverrauch gehüllt, der gute Speck liegt im Feuer ich komme noch mit dem bloßen Schrecken davon; von meiner Schneedeckung ist aber nichts mehr zu sehen. Die Granate schlug gerade in die Deckung ein.

Um 6 h abends haben wir Alarm, in allen Gliedern steif marschieren wir über eisige Hänge, viele stürzen und brechen sich den Fuß. Ich verliere ebenfalls den Halt und gleite sausend in die Tiefe. Wie durch ein Wunder Gottes bleibe ich von allen Unheil verschont.

20. November 1914

Um 2 h vorm. gelangen wir in ein Dorf, der größte Teil meiner Kompanie geht auf Feldwache. Ich bleibe mit meinem Schwarm im Quartier. Um 6 h vorm. marschieren wir weiter durch dichte Wälder, stundenlang warten durch kniehohen Schnee, ersteigen unter furchtbaren Hindernissen einen hohen Bergrücken, am Ziel angelangt erscheint unser Brigadier Gmjr. Tirnengel. Auf höheren Befehl müssen wir diesen Bergrücken bis aufs äußerste verteidigen. Die Russen verfolgen uns; schon sieht man im Tale unten einzelne Kosakenpatrouillen ein unsriges M. G. schießt 2 Kosaken vom Pferde. Ich grabe mich mit meinem Schwarm in die Erde ein. Stehe am linken Flügel meines Baons; alles nimmt Bajonett auf wir erwarten die nachfolgenden Russen. 9 h nachmittag. Stockfinstere Nacht eine Patrouille meldet uns den Anmarsch eines russischen Rmgts; wir sind mäuschenstill krampfhaft halten wir unsere Gewehr mit gefälltem Bajonett plötzlich ein Heulen und Lärmen im Walde, die Russen stimmen an – total besoffen – schreien sie Ura Ura! Doch nicht ein Russe kommt lebend den Hang herauf. Wohl gelingt es den Russen (lies Zeitungsbericht) trotz ihres Rausches mithilfe der Finsternis in den Stellungen der 47er einzudringen und durch einen unglücklichen Zufall 2 Komp. 47er zu fangen; Kein Russe war nüchtern ein jeder von ihne hatte einige Flaschen mit Rum bei sich, den sich die Russen in Merolaborje am Bahnhof erbeutet hatten (3 beladene Eisenbahnzüge erbeuteten die Russen nach der Einnahme von Merolaborce. Infolge der Kälte und des Hungers sind wir total erschöpft. 3 Mann des Regiments sind am Platze erfroren.

24. November 1914

Um 8 h Nachmittag löst uns das IV/27. Baon ab. Wir gehen zirka 500 m hinter die Linie in Brigadereserve. Wir sind in einer schönen großen Buchenwald in windgeschützter Lage. Einige hundert Meter geschnittenes Buchenholz stehen uns zur Verfügung. Bald lodern mächtige Lagerfeuer auf, wir kochen uns Kaffee und Tee. Die Nacht ist ruhig hülle mich in Decken ein und kann einige Stunden ruhig schlafen.

25. November 1914

Die Russen werden auf unser Lager durch die großen Lagerfeuer aufmerksam und überschütten unseren Wald mit Inf. Feuer. unaufhörlich prasselt es im Wald unzählige Inf. Geschoße sausten durch die Bäume ohne jemand zu treffen; während meines Beobachtungsdienstes bemerke ich am jenseitigen Berge wie Russen mit einem Ochsengespann ein Geschütz in Stellung bringen, ich melde dies sofort leider half alles nichts, wir haben keine Artillerie bei uns. – In der Nacht geht ein neuerlicher Wirbel los. Die Russen stürmen nochmals direkt auf unsere IV. Baon los; die Russen gelangen bis an die Stellung der unsrigen und stechen mit dem Bajonett in den Graben hinein. Unsere wehren sich heftig und machen 400 Russen nieder.

26. November 1914

Um 7 h früh werden wir alarmiert, schnell umhängen und in einigen Minuten stehen wir marschbereit im Walde, plötzlich ein Rauschen und mit fürchterlicher Detonation krepiert 200 m hinter uns eine schwere feindl. Granate; krachend und polternd stürzen die Äste von den Buchen. Sausend fliegen die Sprengstücke herum. Nun haben wir Eile. Die russische Artillerie hat uns im Ziel. Während des Abstieges ins Tal stehen wir im heftigsten Schrapnellfeuer.

Glücklich entkommen wir dem feindl. Artilleriefeuer, nach einem langen Marsch gelangen wir in später Nachtstunde in ein Dorf, wo wir über nacht in Quartier bleiben; leider musste ich mit einer Patrouille außerhalb des Dorfes eine Kantonierungswache beziehen, eiskalt bläst der Schneewind über die Steppe wir suchen in einer Kirche Schutz während draußen abwechselnd 2 Posten Lugaus halten. Wegen Holzmangel sind wir bemüssigt die Kirchenbänke zu zerkleinern um während der ganzen Nacht ein Feuer mitten in der Kirche zu unterhalten; mit Schnee kochen wir uns einen Konserv. Kaffee.

27. November 1914

In aller Früh verlassen wir unser Quartier und erreichen mittags die meist von Juden bewohnte Stadt „Stropko" kurze Rast dann Weitermarsch bis in die Ortschaft „Köbec" (5 h nachm.) nach langer Zeit das erste gute Quartier wo wir uns von allen Strapazen erholen können. Ich litt schon jämmerlich am ganzen Körper. Bald habe ich mich im Heu ein Lager zurechtgemacht ; nun werde ich es wagen und nach 3 Wochen meine Schuhe ausziehen. Zuerst den rechten Schuh, nachdem mir der rechte Fuß am meisten schmerzte; schon beim Ausziehen des Schuhes geht mit Schuhlappen und Haut mit. Die ganze Ferse ist dick geschwollen und am Fersenbein fließt das Eiter mit gefrorenem schwarzem Blut heraus.

29. November 1914

Mittags gehe ich mit erfrorenen Füßen ins Spital ab. Erst jetzt verspüre ich fürchterliche Schmerzen in den Füßen, hinke mit einem Stock die Straße fort bis zum ersten Feldspital. Liege im Feldspital 2 Tage

Am 3. Dezember 1914 komme ich per Sanitätswagen nach Varanno ins Abschubspital.

4. Dezember 1914

Endlich werde ich mit noch 800 Verwundeten in einem Güterzug einwaggoniert. Die Fahrt geht über Budapest, dicht gedrängt liegen wir vor Kälte zitternd in den Viehwaggons. Das Ungeziefer steigt mir bis zum Halse hinauf. Bin am ganzen Körper blutig.

6. Dezember 1914

Um 1/2 3 h früh in „Papa" Kom. Vesprin angekommen, werde gleich auswaggoniert und ins Spital geführt.

Nach gründlicher Körperreinigung kommen wir ins Krankenzimmer herrlich wohl tut mir das reine Bett.

7. Dezember 1914

Gehe ich zur ersten ärztl. Visite. 2 Schwestern halten mich, während mir der Arzt von der Ferse das gefrorene Fleisch abnimmt. Im Bett wird mir furchtbar unwohl. Infolge der fürchterlichen Schmerzen kann ich 8 Nächte keinen Schlaf finden. Behandlung und Kost sehr gut; täglich besuchen uns gute Leute und bringen uns Lesestoff und Esswaren.

Am 13. Februar 1915 ging ich geheilt in meine Heimat ab.

Kriegsjahr 1915

Im Kriege gegen Italien vom 23. /V. 1915 bis 22. /V. 1916

Am 19. Mai 1915 melde ich mich mit 40 Mann freiwillig zur Besetzung der italienischen Grenze; noch in der Nacht marschieren wir in voller Feldausrüstung und 4 neuen Maschinengewehren zum Grazer Hbnf.

20. Mai 1915

Werden um 1 h früh im Schnellzug einwaggoniert und kommen um 6 h vorm. in Laibach an. Dortselbst treffen wir Marschabtgn. verschiedener Regimenter, die bereits auf Weiter-Instradierung warteten. Hptm. Kratochwill meines Rgmts. rangierte uns zu Partien mit je einem U. Offz. und 8 Mann; meine Bestimmung ist nach Görz, Abtlg. 15, Lt. Hoschek, noch den selben Tag um 6 h nachm. dampfe ich mit meinen 8 Mann von Laibach ab. Herrliche Fahrt über Zwischenwässern Krainburg, Radmannsa, Assling durch lange Tunelle, über schöne Viadukte - saftgrüne Berghänge, schäumende Wildbäche waren dem Auge eine stehte, wohltuende Abwechslung.

21. Mai 1915

Bei herrlichem Wetter um 6 h in Görz (Kärntnerbahnhof) angekommen; eine furchtbare Schwüle lagert über der ganzen Stadt. wir sind das Klima noch nicht gewöhnt. Nach langen Suchen gelange ich zum Lt. Hoschek im Hotel Post. Nach Übernahme der Befehle gehe ich ins Quartier der M. G. A. (Kavalleriekaserne) großer Hunger und Mattigkeit stellt sich ein. wir legen uns ins Strohlager. Um 7 h abends werden wir aus dem besten Schlaf geweckt und müssen uns marschbereit machen. Auf 2 großen Truppenwagen verpacken wir unser M. G. -Material, marschieren dann durch

die Stadt Görz gelangen um 11 h nachts in eine Hanfseilerei
wo das X. /47 Marschbaon einquartiert ist. Nach Zuteilung
zu I. R. 47 beziehen wir unser Quartier.

22. Mai 1915

Um 6 h früh sind wir mit X/47. Baon zum Abmarsche
bestellt. Eine beklemmende Schwüle lagert im Tale. Der
Marsch geht über herrliche Gelände, herrlich blühende
Kirschbäume, Lorbeersträuche und Feigenbäume schmü-
cken die Ufer des blauen „Isonzo" in der Ortschaft Peuma
am Fuße des Mte. Sabatino wird Halt gemacht. Die beiden
M. G. und ein Teil Munit. wird abgepackt und in die zu
besetzende Stellung am Mte. Sabotin getragen. Ich verbleibe mit der übrigen Munition und den Wagen bei einem
Bauernhause (siehe Zeichnung No. I.) Schöne ausgereift
Kirschen im nahegelegenen Garten stillen mir Durst und
Hunger. Nach Verwahrung der M. G. Munition mache
ich mich auf und gehe meiner Abtlg. in die Stellung nach,
unbarmherzig brennen die sengenden Sonnenstrahlen auf
uns arme Menschen herunter. Bei einer Steigung von 65°
gelange ich nach 2stündigem Klettern auf den Gipfel des
Mte. Sabatino. Meine Abtlg. arbeitet fleißig an den Aus-
bau der Stellung, auf den höchsten Gipfel wie auf einen
Adlerhorst stellen wir unsere beiden Maschinen-Gewehre
auf. Auf den ganzen Bergrücken wimmelt es von Leuten,
Militär und Civilarbeiter sind im Stellungsbau beschäftigt.
Ich habe bereits mein Zelt aufgestellt und für die Nacht ein
Dach gesichert. Unsere Stellung gleicht einer Festung. Alles
in Stein gehauen. Herrlich ist die Aussicht auf die blaue
Adria den Isonzo westlich die Dolomitengruppe und das
Kerngebiet; vor uns liegt Gradiska und im Hintergrund die
ital. Ebene mit der Stadt Udine sichtbar.

In der Nacht himmlische Ruhe rings umher ich halte Wachdienst, die Nachtluft tut mir recht wohl - Gefahr ist noch keine vorhanden, Wir sind noch stark im Zweifel an einem Krieg mit Italien.

23. Mai 1915 am Mte. Sabotino bei Görz
(Pfingstsonntag)

21. Mai 1915.

Bei herrlichem Wetter um 6 $\frac{3}{4}$ vorm. in Görz (Staatsbahnhof) angekommen; ein furchtbarer Schrecken lagert über der ganzen Stadt, wir sind also Blinde noch nicht gewöhnt. Nach langem Suchen gelang es zum Lt. Hoschek (im Hotel Post) nach Übernahme der Befehle, gehe ich ins Quartier der M. G. A. (Kavallerie kaserne) große Hunger und Müdigkeit stellt sich ein, wir legen uns ins Stroh lager. Um 7 abends werden wir aus dem besten Schlaf geweckt und müssen uns marschbereit machen; auf 2 großen Troßwagen packten wir unser M. G. Material; marschieren dann durch die Stadt Görz gelangen um 11ᵉ nach ... in ein Buchweiland wo das F. 147 Marschbaon einquartiert ist; nach Zuteilung zu I. R. 47 beziehen wir unser Quartier.

22. Mai 1915.

Um 6ʰ früh sind wir mit F. 147 Baon zum Ab marsch gestellt, ein beklemmender Schrecken lagert im Tale. Der Marsch geht über herrliches Gelände

Scan vom originalen Kriegstagebuch

Kriegserklärung – Italiens

Herrlicher Tag, vom Tale herauf hört man feierl. Glockengeläute; wir fühlen uns wie im tiefsten Frieden, ; leider dürfen wir den heutigen Feiertag nicht rasten, noch ruhen, auf höheren Befehl müssen wir noch heute mir dem Ausbau unserer Stellung fertig werden; so arbeiten wir rastlos an unserer Burgstellung; die Hitze wird unerträglich, einige Mann gehen mit Eimer aus „Peurna" Wasser holen, leider bekommen wir nicht viel davon – am Rückweg wurden die Wasserträger schon umringt und ihnen Wasser abgenommen.

Nach zweistündiger Mittagspause gehen wir wieder an den Bau, - um 7 h nachm. endlich sind wir fertig, majestätisch trohnen unsere 2 Maschinen-Gewehre schußbereit auf dem Steinsockel. Nun Gott mit uns! Die kühle Abendluft tut mir herrlich wohl gehe vor unsere Stellung und rauche mit Behagen eine gute Cigarette – plötzlich höre ich von Telefon – Aufruf – mit angehaltenem Atem horche ich am Telefon der spannend. Meldung: „Standort: 8 h nachm. Österreich-Ungarn befindet sich mit Italien in Kriegszustand!". Nach einigen Sätzen aus der Telephondoline, stehe ich vor meinem Kmdtn. Lt. Hoschek. und überbringe die Meldung.

Sofort werden vor dem Drahthindernis Doppelposten aufgestellt, Drahthindernisse werden mit elektrischen Strom geladen, Maschinengewehre frisch geölt, - geladen und auf die gegenüberliegende Waldliser einvisiert. Alle Mann verschwinden von der Oberfläche und warten mit Ungeduld das Anrücken des Erbfeindes! An einen Schlaf ist nicht zu denken. Alles beobachtet scharf das Gelände gegen St. Florian und die Straßen gegen „Udine"

24. Mai 1915 Mte. *Sabotino bei Görz*
Schon am frühen Morgen hört man längs des Isonzo
schwere Detonationen, man sprengt bereits die Brücken
um den Feind das Überschreiten des Flusses zu erschweren;
auch hören wir bereits Geschützdonner aus der Kärntner
Front. Durch das klare Wetter begünstigt, sehen wir weit in
die ital. Ebene, hohe Staubwolken wirbeln auf, sehen Autos,
Train und feindl. Inf. Der feindl. Aufmarsch beginnt: durch
Fliegermeldung erfahren wir, dass ital. Truppen bereits 7
km unsere Grenze überschritten haben. wir halten streng
Lugaus; durch ein schweres niedergehendes Gewitter wird
uns der Ausblick auf die Ebene für 2 Stunden entzogen.

Nach Aufstellung von verlässlichen Posten legen wir uns in
einer Feldnische zur Ruhe.

25. Mai 15 Mte. *Sabotin*
Erster Anprall der Italiener!

Nach einem guten Schlaf erwacht, holen wir uns in aller
Eile Kaffee und Brot, beobachten scharf Richtung S. W.
Plötzlich entsteht ein Gedränge, man rauft sich um die
Feldstecher einige haben in der Waldlichtung bei St. Flori-
an bereits feindl. Patrouillen gesehen nehme das Glas zur
Hand! Hallo! Italiener kommen massenhaft! Auf der Straße
vor der Ortschaft St. Florian fahren bereits 7 feindl. Train-
wägen auf, hochspannend wirkt die ganze Bewegung des
Feindes auf uns!

Mein Leutnant sagt: „Burschen aufgepasst! Finger am Zün-
gel! Bald wird's losgehen!"

8 h nachm. die Sonne ist im Untergehen, wir sind kampf-
bereit! – Plötzlich hören wir ein Rauschen und Knistern aus
den Zweigen. Ganz schwarz tauchen die ersten Reihen der

Alpine auf, immer dichter dringen die feind. Inf. Massen
hervor, wir lassen sie bis an die Drahtverau heran, die Italiener nicht ahnend dass wir uns dicht hinter den Drahthindernissen gut verschanzt haben. (der Tod lauert) liegen nun
dicht vor uns und beobachten mit neugierigen Blicken das
Terrain – Endlich der erlösende Befehl zum Feuern! – unbarmherzig lassen wir Gurte um Gurte durchs Masching.
Tod und Verderben feuerten unsere M. G. und die braven
47er in den Reihen des Feindes! Zirc. 400 tote Ital. Liegen
vor unseren Stellungen, Verwundete rufen Madonna! Madonna! Mio dio! Mio dio! Wir brachten den Treubrüchigen
furchtbare Verluste bei, einzelne Alpinis laufen Ziel und
planlos umher tragen große Steine zu Deckungen zusammen; wohl ahnte der Feind nicht die blutige Abwehr an den
steilen Hängen des Mte. Sabotino. Unter den Toten seh ich
einige „Schwarze" jeden falls aus ital. Collonien angeworbe-
ne Soldaten mit fleischig aufgeworfenen Lippen, schwarz-
gekraustem Haar und roten Turbans mit grünen Quasten
liegen sie hingestreckt vor dem Drahtverhau.

Nach 2stündiger Feuerpause kommen ital. Reserven nach
und erneuern ihren Angriff. wir werden mit einem Hagel
von Inf. Geschoßen überschüttet, doch unsere guten Felsni-
schen bieten uns sicheren Schutz.

26. Mai 1915 Mte. Sabotino
Bei strengster Wachsamkeit hatten wir die Nacht durch-
bracht, die Finsternis der Nach kam dem Feinde zugute,
gut verschanzt hinter Steinmauern liegt uns der Feind
gegenüber 9 h. vorm. feindl. Artillerie schließt sich mit
Schrapnell auf uns ein, bald folgen heulend, und sausend
ital. 21cm Granaten und krepieren mit verheerender
Wirkung in den Gräben unserer braven 47er. (wie Russen
keine Artillerie); bald konzentriert sich das schwere feindl.

Artilleriefeuer auf unsere M. G. Stände, mit furchtbarer Detonation und 10fachen Echo im Salcanotal bersten schwere Granaten an den Felsblöcken unsere Burgstellungen, dicht in Pulverrauch gefüllt kauern wir beisammen; furchtbar der Durst wie im Wahn starren wir hin, unsere Nerven sind aufs äußerste angespannt, – immer näher kommen uns die schweren Granaten – wir empfehlen unsere armen Kriegerseele – Gott! Endlich bei einbrechender Dunkelheit hört das Artilleriefeuer auf; so überlebten wir unter furchtbarster Qual dies 12stündige Trommelfeuer. Das X. /47. M. Baon verliert an diesen Tag 200 Mann an Toten und Verw.

27. Mai 1915 Mto. Sabatino bei Görz
Nach abermals durchwachter Nacht erhalten wir im telephonischen Wege vom Brigade-Kmdo. den Befehl unsere Stellung um 400m nach rückwärts zu verlegen, nachdem wir in einer sehr gefährlichen Lage stehen und den heutigen Tag sicher nicht überleben würden; endlich wird uns von rückwärts Brot gebracht so dass wir den allergrößten Hunger stillen können; um 4 h. früh nehmen wir unser gesamtes M. G. Material und verlassen im Schutze des Morgennebels unsere alte Stellung und beziehen eine bewaldete Anhöhe. Ich muss mit 3 Mann als Beobachtungspatrouille auf den steilen Hang des Mte. Sabot. tief unten rauscht wildschäumend der Isonzo am jenseitigen Ufer erhebt sich der steile Mte. Santo mit gleichnamigen Kloster. Auf einen verabredeten Pfiff habe ich mit meiner Patrouille einzurücken; ich mache mich mit meinen Leuten an einen Felsvorsprung, vor Sicht und Inf. Geschoße bin ich gesichert; um 8 h vorm. beginnt neuerlich die fdl. Artillerie heftig zu feuern, ein Schrapnell nach dem andern krepiert ober unseren Stllgn. Bis zum Mittag sehen wir nicht 100 Schritt weit alles ist in Pulverrauch gefüllt, übelriechende Granatsprengwolken lagern an den Felshängen; die Hitze ist unausstehlich

furchtbar der Durst! wir bekommen furchtbar Kopfweh; dürfen uns keinen Schritt vorwagen ansonsten würden uns die Ialiener sehen und fangen uns. Die Italiener rücken vor und liegen ober uns! Ich rühre mich mit meinen Leuten nicht vom Platze und lege mir einen Fluchtplan zurecht, nur muss ich bis zum Einbruch der Dämmerung warten. 7 h nachm. nach genauen Instruieren meiner Leute kriecht ein Mann nach dem anderen aus dem Versteck und eilt den besprochenen Zusammenkunftsort zu. Ich verlasse als letzter den Platz und springe wie ein gehetztes Wild über die steilen Hänge, durch losegewordene Steine wurden die Italiener aufmerksam und geben ein mörd. Inf. Feuer ab, – doch glücklich entkomme ich dem Geschosshagel und gelange außer Atem und schweißtriefend zum verabredeten Ort wo mich meine Leute bereits erwarteten; in einem Garten finden wir Kirschbäume übervoll mit schönsten roten Kirschen, mit denen wir unseren größten Hunger und Durst stillen. Hernach schlagen wir uns im Weingarten ein Lager um in Ruhe den Rest der Nacht zuzubringen.

28. Mai 1915
Peuma am Mte. Sabotin. Um 7 h früh werden wir durch heftiges Artilleriefeuer aus unserem todähnlichen Schlaf geweckt. Die feindl. Artillerie schießt bereits auf dem Kärntnerbhnf. von Görz, einige Häuser der Vorstadt bekommen Granatsvolltreffer, Frauen und Kinder laufen jammernd und schreiend aus den Häusern; ein furchtbarer Anblick auf Görz.

Aus der Stellung kommen bereits Schwer- und Leichtverwundete, gebe ihnen einige in Eile geschriebenen Karten für meine Angehörigen mit, – mittags melde ich mich beim Baonskmdtn. Hptm. Lochert. Inf. R. 69 (Ungarn) lösen unser stark dezimiertes Baon 47 ab. Um 10 h nachts komme

ich zu meiner Abtlg. nach abmenagier. wird der Rest des
Baons formiert und noch in der Nacht marschieren wir zu-
rück in Reserve. Gott sei Dank hatte unsere M. G. A. keine
Verluste zu beklagen. Alle Kameraden leben.

29. Mai 1915 St. Mauro bei Görz

Um 3 h vorm. gelangen wir nach St. Mauro werden dort in
einem großem Gutshof einquartiert. Von den Gesichtern
aller durch 3 Tage in heftigem Artilleriefeuer Gestandenen
konnte man die seel. Qual ablesen; als erstes galt uns mal
die gründliche Reinigung von Mann und Material. Hernach konnten wir uns zur Ruhe begeben. Am Abend nach
göttlich sanften Schlaf verbesserten wir unsere Quartiere
im Heuboden.

30. Mai 1915 St. Mauro bei Görz

Nicht so fest und ruhig wie am Vortage konnten wir die
vergangene Nacht schlafen. Große Kanalratten belästigten
uns, die ganze Nacht mussten mit Pistole und Bajonett
auf diese Bestien Jagd machen. Brot war sehr wenig und
schlecht ebenfalls Menage gering. Derjenige der übriges
Geld hatte konnte sich aus Görz Käse und Brot kaufen.
Schwere feindl. Granaten sausen heulend in den Fluten des
nahen Isonzo, einen interessanten Anblick bot das Bild,
wenn beim Einschlag einer Granate im Wasser, dasselbe 20
– 30 m hoch in die Höhe spritzte.

Zierl. bewohnte Häuser der Vorstadt Görz werden von
feindl. Artillerie heftig beschossen.

31. Mai 1915 St. Mauro bei Görz

Ein starker Wolkenbruch weckte uns aus dem sanften
Nachtschlummer. Beschäftigung war den ganzen Tag, wohl
bleibt uns soviel übrige Zeit, dass man seinen Angehörigen
schreiben konnte. In der übrigen freien Zeit statten wir

dem schwerbeladenen Kirschbäumen einen Besuch ab – und entlasten dieselben. Nachm. erscheint unser Brigadier Generalmajor v. Boog und übermittelt uns den heißen Dank unseres Kaisers für das stramme Aushalten während der heißen Kämpfe am Mte. Sabotino.

Abds. setze ich mich mit meinen Kameraden zu einem Humpen guten Görzer-Wein und erzählen uns von schönen Jugendzeiten.

1. Juni 1915 St. Mauro bei Görz

Herrliches Wetter, fühlen uns ganz glücklich, dass wir bereits den 2ten Tag ungestört ruhen konnten; infolge der furchtbaren Hitze dürfen wir täglich im Isonzo baden

2. Juni 1915 St. Mauro bei Görz

Vorm. Inspizierung durch Gm. Boog, erhoffen einen baldigen Abmarsch. Zu unserem größten Leid sind all unsere Rauchrequisiten-Vorräte aufgebraucht, auch zum Kaufen war kein Tabak, nochmals werden alle Blusen u. Hosentaschen einer genauesten Visitierung unterzogen. In der Nacht gibt es wieder große Rattenkomödie, mit einem Mordsgequitsche springen uns diese Ludern über Hals und Kopf.

Als zweites Übel waren die Scorpioni – die sich massenhaft unter Steinen und Mauerschutt aufhalten.

3. Juni 1915 St. Mauro bei Görz

Frohnleichnam sehen zwar keine kirchl. Prozession wohl aber eine Prozession von Soldaten die zum Badeplatz oder zu den schwerbeladenen Kirschbäumen wandern.

Ich spaziere nachmittag zur Solcano-Brücke ein Kunstwerk im Steinbau mit 85m. Bogenspannung (siehe Zeichnung IV.)

Um 8 h nachm. Abmarsch über die Stadt Görz durchs herrliche Rosental; während des Marsches werden wir von einem Gewitter überrascht und gelangen um 12 h nachts bis auf die Haut durchnäßt nach „Schönpahs"

4. Juni 1915 in Schönpahs-Rosental in Korpsreserve
Um 3/4 6 h früh werden wir zum Kaffee holen geweckt. Herrl. Wetter, gehe mit einigen Kameraden in die Ortskirche und wohnen einer Messe bei. Um 10 h vorm. sind wir mit dem Baon 47 am Formierungsplatz vor dem neuen Obst. und dem Brigadier Brog gestellt.

5. Juni 1915 Schönpahs
Vorm. Unterricht über dass M. G. über Verhalten vor dem Feinde. Nachm. die Heimatspost erledigt.

6. Juni 1915 Schönpahs
Um 5 h vorm. sind wir mit M. G. und Material zu einem Übungsmarsch gestellt. Haben im Verbande des Baon 47 eine Gefechtsübung; furchtbar heiß brennt die Sonne hernieder, ich werde mit einen M. G. detachiert, auf unserer Marschdirektion stehen herrliche schwerbeladene Kirschbäume. Gelegenheit macht Diebe, anstatt auf den markierten Feind zu stürmen, stürmen wir auf die schönen Kirschen und essen uns reichlich satt. Leider musste der Teufel wieder sein Spiel mit uns haben, auf der jenseitigen Höhe steht unser Kmdt. und sieht uns mit dem „Trieder" zu – schon zu spät! – nach dem Einrücken in die Ubikation gab es mordsverhör ab; und mit einem gewaltig trockenen Schnaps können wir nach einer Stunde Habtachtstehen – abtreten.

7. Juni 1915 in Schönpahs
„Rasttag"

8. Juni 1915 in Schönpahs
Herrl. Wetter, vorm. Gelenksübungen, hernach Gefechtsübung mit dem Baon. Nachm. baden in die Wippsach.

9. Juni 1915 in „Schönpahs"
Ein feines nachhaltendes Regenwetter setzt ein, trotzdem haben wir Marschübung, in einem nahegelegenen Wäldchen wird gelagert, über Wunsch unseres Baons. Kmdn. Hptm. Sochert mussten sangeslustige Leute in Gruppen antreten und einige schöne Lieder zum Vortrag bringen.

10. Juni 1915 – Schönpahs
Marsch über das Plateau von Comen – Kostanyevica – Opachisosello

Noch in der Nacht bekommen wir 20 Tragtiere von Wippach. Sofort machen wir uns ans Einteilen der Pferde; improvisieren an Packmaterial und Packsättel. Am frühen Morgen sollten wir das Quartier verlassen, fassen noch 2 Kochkisten und für einen Tag Fleisch, nachdem sich bei meiner Abteilung sonst kein kochkundiger Mann befindet, übernehme ich die Kocherei; um 6 h früh wird alles zum Abmarsch vorbereitet. Um 8 h vorm. verlassen wir an der Spitze des Baons marschierend den Ort Schönpahs, unter der größten Hitze gelangen wir mittags über Volciadraga, Rentschi die ganze marschierende Kolonne ist in eine Staubwolke gehüllt, der Durst wird uns zur größten Qual! Endlich außerhalb der Ortschaft Ranciano kommt das Signal Rast. Unsere armen Pferde waren schon total erschöpft, wir nehmen ihnen gleich die schwere Last ab und führen die armen Tiere nach genügender Abkühlung zur Tränke, – ich lege mich nachher in den Schatten einer großen

Eiche. Nach einstündiger Rast geht der Marsch weiter über Zigome gelangen an die steilen Serpentinen des Plateaus v. Comen, der beschwerlichste Teil unseres Marsches. Des öfteren brechen unsere armen Pferde unter der schweren Last zusammen, – drei Mann sterben an Hitzschlag. Gott sei Dank! Endlich die Höhe erreicht nichts ist zu sehen, als nur kahle Felsen mit kümmerl. Wacholdersträuchen und schütteren Grasbüscheln bewachsen; um 2 h nachm. erreichen wir die Ortschaft Kostanyevica dort kurze Rast.

Um 3 h nachm. unser Ziel die Ortschaft Opachiosello erreicht! Schon in einer Std. steht ein ganzer Wald von Zelten; nach Reinigung und Menage halten wir Ruhe und verfallen bald in festen Schlaf.

11. Juni 1915 Freilager in Oppachiosello
Nach einem 5stündigen totenähnlichen Schlaf erwacht; besorge mir gleich vom Prov. Train einen Conserven-Kaffee, Kameraden bringen Wasser und Holz und mit vereinten Kräften wird der beliebte „Schwarze" gekocht.

Am nachm. hören wir aus der Richtung San Micheli Doberdo, ein mörderisches Artill. und Inf. Feuer

12. Juni 1915 Oppachiosello
Um 4 h nachm. Abmarsch über Dobelaki Markotine nach Cotici.

13. Juni 1915 Ortschaft „Cotici"
Auf einer Wiese in Zeltblatt und Decke gewickelt verbrachten wir die Nacht. Das Dorf liegt in unmittelbarer Nähe der Front, erst vor einigen Tagen verließen die Bewohner die Ortschaft, wir requirieren Nahrungsmittel finden eine Menge Cinquantin Mehl, Brot, Speck, Hühner und Ferkel laufen in den Höfen herum.

7. Juni 1915, in „Schönpahs"
        „Rasttag"

8. Juni 1915. in „Schönpahs"
Herrl. Wetter, vorm. Gelenksübungen, hernach
Gefechtsübung mit dem Baon.
Nachm. baden in die Wippach.

9. Juni 1915. in „Schönpahs"
Ein fein unfallendes Regenwetter fehlt in
trotzdem haben wir Marschübung. in einem
nahegelegenen Wäldchen wird gelagert,
Über Wunsch unsers Kommandanten Herrn
Lochert mußten sämmtliche Lieder
in Gruppen antreten und einige schöne
Lieder zum Vortrag bringen.

        S.

Scan vom originalen Kriegstagebuch

Hier fangen uns einige große Fische und braten ihn [...] Schüsselsuppe mit Speck und Kartoffel [...]. Um 4[...] [...] marschieren wir von [...] über die Fische und dichte [...] zum [...] [...]. Ich [...] Stützpunkt [...] über die [...] im Bach, [...] wir [...] [...] ich bleibe mit [...] [...] als [...] U.O. im [...] die [...], [...] meine Abtlg. mit dem [...] 47 in die Stellung marschiert.

14. Juni 1915. Stellung [...].

Gleich bei Tagesanbruch beginnen wir mit [...] von [...] und einer [...]. [...] und [...] mit [...] und [...] [...] bauten wir [...] Fisch.

Bei [...] gehe ich in die Stellung und [...] mit meiner Abtlg. Verbindung. Nach [...] meiner Befehle, trete ich den Rückmarsch an. — [...] [...] [...] [...] [...] Gewitter! —

./.

80

Scan vom originalen Kriegstagebuch

gelangen wir am Abend in eine große
Doline (innere Einsenkung am Karst) verbringen
... die Nacht in der Doline.

20. Juni 1915. Doline öst. Markotine.

... fort ... auf der Richtung von Görz
starken Geschützdonner, fürchterlich quält uns
die Sitze, Mann und Pferd schmachtet ...
... mittags ... ich mit meinen 19
Fuhrleuten zur 2 Stunden entfernten Vieh-
tränkung von Wippach bei Rubbia.
... Zeichnung Nr. II./ ... ...
... führen ... dem Wasser zu.

Um 6⁵ ... bei der ... ...
... ...

... Meldung sind in der ... entfernten
Ortschaft Palazzo ... des Ysonzo, 3 ...
Bataillone eingedrungen, wir sollen den
Feind ... überwältigen; ich melde
mich freiwillig zu ... Unternehmen.

Die Rüstung zurücklassend, nur Dolch und
Gewehr ... hatten wir 9⁵ abds. den
Marsch ..., lautlos, ... übersehen wir
die Stellungen der Forts und gelangen um
12⁵ nachts in ... Schloß ...

Scan vom originalen Kriegstagebuch

Nach Abgucken des Materials, suche ich die immer abgesehten Schäden zum Grain.
Ich tauche mich wieder ordentlich laben und reinigen, ihre Reinlichkeit ist die halbe Gesundheit, nicht von langer Dauer ist unsere Ruhe beim Grain, im heftigsten Schrapnellfeuer muß ich mit den Schäden meiner Abteilung nachgehen, welche in „Cotäe" in Reserve liegt, der Ort Oolice steht im heftigen Artilleriefeuer, in den Gebüschen stellen wir unsere Zelt auf und vor fliegersicht gedeckt zu sein, alsbald ertönen schrille Pfiffe „Alles decken", Flieger kommt" Gleichschnell verschwinden wir in unsere Zelten, machten die Feind, Flieger abgezogen sind suchen wir uns unsere Arbeit und blinzeln gemungst den abziehenden Fliegern nach.

Nach einem heftigen Gewitterregen, klärte sich das Firmament und wir hatten einen herrlichen Ausblick auf die Adria, unsere 30.5 Mörser schießen auf die Adriawerke die von italienischen Reserven besetzt waren. Um 8 h abends machten wir die Rüstung zurücklassend, nach Martin, blieben dort über

Zeichnung VII.

Scan vom originalen Kriegstagebuch

85

die festlichen geschienen, und im Schnellschritt geht der Stellung San. Michele zu.

Ach du lieber Gott! erbarme dich unser!

Im Schütze der Dämmerung, mit lauem Magen und müdem Sinn marschieren wir der Stellung San. Michele zu! Viele Verwundete und gefangene Italiener begegnen uns. Die Orte wird abgegeht, die Abteilung geht in Stellung ich kann mit den Pferden nach Codice zurückgehen. Sofort versorge ich meine müden Pferde mit Futter, ich finde alsbald vor Müdigkeit, indem meine Lieblingspferd „Hans" in festen Schlaf.

1. Juli 1915. Beim Feuerstaffel Vicentino

In der Nähe Vevelaki wo der Proviantdepot des I. R. 47 liegt, errichte ich mein Lager, wir bauen uns gebaute Zellen mit Laub bedeckt dienen uns und den Pferden Schutz vor der glühenden Sonnenhitze.

(siehe Zeichnung N: X.)

Vorm. komme ich zum meiner Abtlg. (Baon 36.) in der früh gr, gegründet mit blutigen Zähnen. Haus und Blut.

Die Abtlg. steht unter heftigen Artilleriefeuer.

Scan vom originalen Kriegstagebuch

Wir fangen uns einige große Hühner und bereiten eine feine Hühnersuppe mit Braten und Kartoffel dazu. Um 7 h nachm. marschieren wir von Cotici über die Höhen und lichte Wälder zum zugewiesenen Frontabschnitt „Bochinie" stockfinster bis über die Knöchel im Kot, waten wir der Waldlichtung entgegen, ich bleibe mit den Tragtieren als Feuerstaffel U. O. im Walde zurück während meine Abtlg. mit dem Baon 47 in die Stellung marschiert.

14. Juni 1915 „Stellung Bochinie"
Gleich bei Tagesanbruch beginnen wir mit dem Bau von Pferdeständen und einer Manschaftshütte primitiv aus Holzstäben mit Zweigen und Zeltblätter gedeckt bauten wir unsere Hütte.

Bei Dämmerung gehe ich in die Stellung und suche mit meiner Abtlg. Verbindung. Nach Durchführung meiner Befehle trete ich den Rückmarsch an. – grelle Blitze verkünden das Nahen eines schweren Gewitters.

Ein schnelleres Tempo einschlagend laufe ich über Stock und Stein, um baldigst unter Dach zu kommen, schon fallen schwere Tropfen. Der Erdboben zittert vom schwerrollenden Donner schweißtriefend gelange ich auf freies Feld und warte auf den nächsten Blitz um mich zu orientieren doch „O mordio o brandis", mit Schrecken gewahr ich beim Aufleuchten des Blitzes, dass ich dich vor dem ital. Drahtverhau stehe. Schnell gebückt um nicht von einem feindl. Posten gesehen zu werden, krieche ich auf allen Vieren zurück und gelange durch Zufall auf den richtigen Weg, unterdessen hatten sich alle Schleusen aufgetan und taubeneingroße Hagelkörner prasselten unbarmherzig auf meinen armen Kopf, endlich nach ununterbrochenem Laufschritt gelange ich in den Wald wo meine Staffel lag; mit

Freuden endlich mal unter Dach zu kommen eile ich meiner Hütte zu; doch o Jammer! Meine Kameraden kauern bis auf die Haut durchnässt zähneklappernd in der durch den Druck des Schauers zusammengebrochenen Hütte, nun ist guter Rat teuer, bleibt mir nichts anderes übrig, als auch zu meinen Kameraden zu kauern und die Nacht über in dem nassen Element bleiben.

15. Juni 1915 Stellung Bochinie
Das Unwetter ist vorüber, der Morgen graut – wir beginnen sofort mit der Renovierung unserer Hütte, noch im Laufe des Vormittags beziehen wir unsere neue Hütte. Fdl. Flieger umkreisen unser Lager. Recht behaglich fühle ich mich nun in meiner Waldvilla; doch nicht von langer Dauer soll unser Aufenthalt hierorts sein, noch in der Nacht um 12 h marschieren wir bei stockfinstrer Nacht zurück über Cotici nach „Doberdo"

16. Juni 1915 in der Ortschaft Doberdo
Ganz ermattet langen wir um 5 h vorm. in Doberdo an, beziehen östlich der Ortschaft unser Lager. Allererst kochen wir uns einen Kaffee, hernach gründl. Körperreinigung nach 3 Tagen feindl. Flieger umkreisen fortwährend unseren Lagerplatz, alles duckt sich in Büschen oder geht in Häuser, nachm. beschießt uns schwere feindl. Artillerie.

17. Juni 1915 Doberdo
Nach einem gesunden guten Schlaf kriechen wir um 7 h vorm. aus unseren Zelten holen uns von der Feldküche den beliebten „Schwarzen".

Infolge des herrlichen Wetters wimmelt es wieder von italisch. Fliegern. Überall ertönen schrille Alarmpfiffe wir kriechen in die mit Laub maskierten Zelte; schon hören wir ein Summen und Sausen, ein Flieger wirft Bomben ab, ein Mann meiner Abtlg. wurde schwer verwundet.

18. Juni 1915 „Doberdo"

Haben den ganzen Tag Ruhe, als Fliegerabwehr stellen wir unsere beiden M. G. auf.

19. Juni 1915 „Doberdo"

Vorm. um 3 h Alarm, müssen jede Minute zum Abmarsch bereit sein, an der Hochfläche von Dorberdo wüten blutige Kämpfe; der Italiener greift in starken Massen an. Zum großen Trost und zu meiner größten Freude bringt mir die Post einen Brief von meiner Mutter; nachm. um 1/2 4 h bei strömendem Regen Abmarsch in der Richtung gegen Markotine, bis auf die Haut durchnässt, gelangen wir am Abend in eine große Doline (natürl. Einsenkung am Karst) verbringen die Nacht in der Doline.

20. Juni 1915 Doline östl. Markotine

Vorm. hört man aus der Richtung von Görz starken Geschützdonner; furchtbar quält uns die Hitze. Mann und Pferde schmachtet vor Durst. Mittags reite ich mit meinen 19 Tragtieren zur 2 Stunden entfernten Wässerung. Am Wippbach bei Rubbia (siehe Zeichnung Nr. VI.) die armen Tiere eilen mit Freuden wiehernd dem Wasser zu.

Um 6 h nachm. bei der Abtlg. angekommen, erfuhr ich, dass uns noch eine ganz besondere Aufgabe bevorstehe .

Laut Meldung sind in der 7km entfernten Ortschaft „Polazzo" diesseits des Isonzo, 3 ital. Bataillone eingedrungen, wir sollen den Feind womöglich überrumpeln; ich melde mich freiwillig zu diesem Unternehmen.

Die Rüstung zurücklassen, mit Dolch und Gewehr bewaffnet, treten wir 9 h abds. den Marsch an, lautlos übersetzen wir die Stellungen der 76er und gelangen um 12 h nachts in ein schönes Schloss, dessen herrl. Parkanlagen von feindl. ArtillerieGeschoßen zerstört waren. Die Hauptstraße vom Schloße bis Polazza waren von unseren Sappeur mit Tretminen ausgebaut. Kein Wort wird gesprochen, niemand darf rauchen um nicht unsere Anwesenheit dem Feinde zu verraten.

21. Juni 1915 Parouillgang n. Polazzo

Lautlos wie Indianer schlichen wir uns an die Ortsmitte heran, der Baonskmdt. sendet Patrouillen in den Ort, zu unserem Leid kommen die Patouillen mit der Meldung zurück, „Kein Feind im Ort" so müssen wir ohne unserer erhofften schönen Beute den Rückmarsch antreten. Um 2 h nachm. gehe ich mit den Pferden zum Train nach Vicentini; baue mir gleich ein Zelt und schreibe bei Kerzenlicht einige Zeilen an die Eltern und an Freundin Milly.

Noch in später Nacht kommt ein Bedienungsmann meiner Abteilung blutüberströmt in mein Zelt, der Arme geriet beim Rückmarsch auf eine Tretmine die explodierte und richtete den Bedauernswerten arg her.

22. Juni 1915 Vincentine-Train

Vormittag schreibe ich an die Eltern und G. Mizzi. Nachm. reite ich mit den Pferden zum Badeplatz bei Rubbia. In der Ortschaft gibt es noch guten Wein zu kaufen; ich stärke mich mit einige Halbe.

In der Nacht um 10 h werden wir aus dem Schlaf geweckt, müssen in Hemd und Gattin am Trainplatz antreten. 50 Mann stehen in Neglige am Parkplatz es machte einen imposanten Eindruck. Darauf kommt unser Train. Kmdt.

und berichet uns, dass Lemberg von den Russen befreit und in unserem Besitze sei; mit einem dreimaligen Hurra und unter Absingen des Kaiserliedes begrüßen wir die Siegesbotschaft.

An der Front wütet ein fürchterliches Artill. und Minenfeuer, hohe Feuergarben von einschlagenden Minen sprühen in die finstre Nacht.

Mit der Nachtruhe ward es vorbei.

23. Juni 1915 Vicentini. S. Martino

An der Front wütet noch immer ein furchtbares Artilleriefeuer, feindl. Flieger umkreisen in geringer Höhe die Stellungen und unseren Trainplatz; nach Befehl muss ich mit den Tragtieren beim Baonskmdo. in San Martino eintreffen; dort werden M. G. und Munition aufgepackt und in die Stellung gebracht. In rasendem Gewehr- und Artilleriefeuer erreichen wir im Laufschritt glücklich die Stellung. Nach Ablegen des Materials bringe ich die Pferde in die total zerschossene Ortschaft San Martino, quartiere mich gehützt vor feindl. InfanterieGeschoßen in ein Gebäude ein.

In Zeltblatt und Decken gehüllt verbringe ich die Nacht im freien auf einer Wiese.

24. Juni 1915 San Martino

Um 4 h vorm. kommen die Komp. des I. R. 47 und meine Abteilung aus der Stellung, sind einstweilen Brigade-Reserve.

Nach Abpacken des Materials führe ich die armen abgehetzten Pferde zum Train. Ich kann mich wieder ordentlich laben und reinigen, denn Reinlichkeit ist die halbe Gesundheit; nicht von langer Dauer ist unsere Rast beim Train;

im heftigsten Schrapnellfeuer muss ich mit den Pferden meiner Abtlg. nachgehen, welche in „Cotice" in Reserve liegt. Der Ort Cotice steht in heftigen Artilleriefeuer; in den Gebüschen stellen wir unsere Zelte auf um vor Fliegersicht gedeckt zu sein; alsbald ertönen schrille Pfiffe „Alles decken", „Flieger kommt" blitzschnell verschwinden wir in unseren Zelten, nachdem die feindl. Flieger abgezogen sind, kriechen wir aus unserem Versteck und blinzeln vergnügt den dahinziehenden Fliegern nach.

Nach einem heftigen Gewitterregen klärte sich das Firmament und wir hatten einen herrlichen Ausblick auf die Adria. Unsere 30. 5 Mörser schießen auf die Adriawerke die von italienischen Reserven besetzt waren.

Um 8 h abends marschieren wir die Rüstung zurücklassend, nach Martino, bleiben dort über Nacht als Reserven; um bei einem eventuell. Angriff des Feindes sofort einzugreifen.

25. Juni 1915 „Cotice"
Um 4 h früh im Reservelage Cotice angelangt. Gleich kochen wir uns eine guten Kaffee und holen dann unseren versäumten Schlaf nach. Nach einigen Stunden gutem Schlaf werde ich durch die heftigen Detonationen unserer 30. 5 cm Geschoße die an der Meeresküste einschlugen – geweckt.

Infolge des klaren Wetters steige ich auf eine Anhöhe und beobachte mit meinem Glas die Meeresküste, 20 feindl. Segelschiffe zeigen sich in der Bucht bei Grado. Auf dem Rücken des Mte. dei sei bussi konnte ich das Krepieren unserer schweren ArtillerieGeschoße beobachten. 8 h bei angenehm kühler Witterung marschieren wir wieder die Rüstung zurücklassend nach Martino.

26. Juni 1915 „Cotice"

Schönes Wetter, sind um 4 h vorm. in Cotice angelangt.
Vorm. um 11 h werden in Anwesenheit unseres Divisionärs
v. Brog u. den Brigardier Obst. Stauffer Leute unseres Baons
mit T. M. (Anm. Tapferkeitsmedaillen) dekoriert; während
rund 400m hinter uns feindl. Schrapnelle und Granaten
krepieren.

Nachm. gute Fassung von Wein, Cigaretten, Zünder u. dgl.

27. Juni 1915 „Cotice"

Um 1/2 6 h Tagwache die freien Stunden nütze ich gleich
aus und wasche mir meine Wäsche, nachher folgt eine
gründliche Körperreinigung. Mittags zieht ein heftiges
Gewitter vorüber, nachmittag gehe ich bei herrl. Wetter
auf meinen Beobachtungsstand und blicke traumverloren
an die schöne Meeresküste und auf Grado. Die Küste steht
unter heftigem eigenem Artilleriefeuer östlich Monfalcone wird eine feindl. Äroplan von unserer Artillerie heftig
beschossen. Unter Hallo! stürzt der Flieger von Geschoßen
getroffen wie ein wunder Aar sich mehrmals überschlagend
in die Tiefe.

Autos verfolgen in rasendem Tempo den niedergehenden
Äroplan

Abends jodeln noch 3 30. 5 cm Granaten als Nachtgebet
zum Wellischen.

28. Juni 1915
„Cotici" Jahrestag d. Ermordung des Thronfolgerpaares

Wir wurden von der feindl. Artillerie heftig beschossen,
zum Glück geschieht niemand ein Leid. Nachm. kündigen
wir unserer grünen Bettfrau und beziehen im Dorf eine alte
baufällige Streuhütte. (siehe Zeichnung Nr. VIII)

29. Juni 1915 „Cotice"

Während der ganzen Nacht geht ein Wolkenbruchartiger Regen nieder, wie gebadete Mäuse liegen wir in der früh in unserer defekten Laubhütte, endlich gegen Mittag heitert sich das Wetter auf. Nachmittag werden wir von der feindl. Artillerie heftig beschossen; Gebäude stürzen mit donnerndem Gepolter ein, Granatsplitter fliegen surrend herum; mit heiler Haut entkommen wir dem fürchterlichen Artilleriefeuer und decken uns im schützenden Kellergewölbe. Feindliche Flieger umkreisen unser Lager wie Beutesuchende Adler.

Nachmittag um 5 h kommt die traurige Nachricht, dass unser beliebter Oberst Brigadier Staufer durch Verrat einem Granatvolltreffer zum Opfer fiel.

Um 10 h nachts lege ich mich mit meinen Kameraden in die Hütte und erzählen uns von der geliebten Heimat.

Nach kaum einer Stunde Ruhe, setzt an der Front ein mörderisches Gewehr und Artilleriefeuer ein; ein Donnern und Krachen als wäre der jüngste Tag, durch die stockfinstere Nacht zucken Blitze von einem nahenden Gewitter, taghelle Lichtkegel der feindl. Scheinwerfer tasten unser Terrain ab. Gott mit uns! ohne Pause trommelt der Feind mit allen Geschützen auf unsere Stellungen.

30. Juni 1915 „Cotici" schönes Wetter.

6 h früh nach einer unruhigen Nacht erwacht. Die feindl. Artillerie arbeitet ohne Unterbrechung weiter. 10 h vorm. Alarm, bald darauf verlassen wir Cotici und marschieren unter heftigem Schrapnellfeuer gegen San. Martino.

Schweißtriefend erreichen wir eine schützende Mulde und decken uns vor den hageldicht herabsausenden Schrapnellkugeln volle 2 Stunden verweilen wir in dieser peinlichen Lage, während sind an der Front die anstürmenden feindl. Infanteriemassen blutig zurückgeschlagen, bald kommt der erlösende Befehl zum Rückmarsch in unser Alarmquartier nach Cotici: während des Rückmarsches überrascht uns ein heftiges Gewitter, bis auf die Haut durchnäßt gelangen wir um 5 h nachmittag nach Cotici, freudestrahlend sehen wir schon die am Wege stehenden dampfenden Fahrküchen entgegen, wir haben ohnehin schon großen Hunger, das wir ihn vor die Augen sehen. Doch im Moment als wir die Menageschalen losschnallen kommt der Befehl, sofort in die Stellung der Feind will durchbrechen, kein Schelten und Jammern hilft uns, mit einem ordentlichen Schnapper nach einem guten Fleischgeruch müssen wir die Fahrküchen passieren und im Schnellschritt geht's der Stellung San. Michele zu. Ach du lieber Gott! Erbarme dich unser!

Im Schutze der Dämmerung mit leerem Magen und dristen stumm marschieren wir der Stellung San Michele zu. Viele verwundete und gefangene Italiener begegnen uns. Im Orte wird abgepackt, die Abteilung geht in Stellung ich kann mit den Pferden nach Cotici zurückgehen. Vorerst versorge ich meine armen Pferde mit Futter, ich sinke als bald vor Mattigkeit neben mein Lieblingspferd „Hans" in festen Schlaf.

1. Juli 1915 beim Feuerstaffel Vicentine.
In der Nähe Vevelaki wo der Provianttrain des I. R. 47 liegt, mache ich mein Lager, aus Steinen aufgebaute Zellen mit Laub bedeckt dienen uns und den Pferden Schutz vor der glühenden Sommerhitze. (siehe Zeichnung Nr. X)

Vorm. kommt ein Mann meiner Abtlg. an der Hüfte verwundet mit blutigem zerrissenen Hemd und Bluse.

Die Abtlg. steht unter heftigem Artilleriefeuer.

2. Juli 1915 Feuerstaffel Vicentine.

Vorm. mit den Pferden nahe Rubbia zur Tränke geritten,
an der Straße stehen lange Collonen von deutschen Autos,
die zur deutschen Artillerietruppe gehören, lange Collonen
von Verwundeten ziehen sich zur D. S. A. nach Merna di
Sagrada.

Abends um 8 h fahre ich mit Munition und Proviant in
die Stellung meiner Abtlg. Unter heftigem Kugelregen und
stets im Lichtkegel der feindl. Scheinwerfer gelange ich teils
kriechend teils laufend in die Doline zur Abteilung, nachts
um 12 h gelange ich glücklich in mein Lager.

3. Juli 1915 Feuerstaffel „Vicentine"

Mittags bin ich nach einem erquikenden Schlaf erwacht,
unser 30. 5 Mörser genannt auch Peperl beginnt sein Höl-
lenkonzert, trotz des Höllenlärmes schreib ich unbeirrt an
meine Eltern und meiner lbn. Freundin Milly einige Zeilen.
Die Hitze wird unerträglich.

Skorpione und Nattern machen uns den Aufenthalt in der
Steinwüste unangenehm. Abends um 8h bringe ich wieder
Proviant und Munition zur Abtlg. in die Stellung.

4. Juli 1915 Feuerstaffel Vicentine

Bis 7 h vorm. gut geschlafen, um 9 h vorm. umkreist uns
ein feindl. Flieger welcher aber bald Reißaus nehmen musste, unsere Abwehrkanonen beschießen den Flieger heftig.
Aus der Doberdo Front hören wir heftiges Gewehrfeuer;
abends gehe ich mit Proviant in die Sellung, fußhoch liegt
der Staub auf der Straße, die Kehle ist mir trocken weit
und breit kein Wasser; alle Cisternen sind eingetrocknet,
endlich gelange ich in die Doline meiner Abteilung; überbringe meinem Kmdtn. Lt. Hoschek Rum und Wein. Dieses

musste ich ihm bringen. Er war ein großer Liebhaber für Alkohol.

Feindl. Artillerie sowie Infanterie und Minenwerfer waren in vollster Tätigkeit. Nach dem ärgsten Feuerüberfall krieche ich auf allen Vieren zur Stellung hinauf wo ich meinen Kameraden einen Besuch abstatte. Ein schauderhafter Anblick in der Stellung. 25 m liegen sich Freund und Feind gegenüber, ringsher liegen wie angesät Granatsplitter, Blindgänger und Leichen, einen grauenhaften Eindruck machten die vom Mond beschienenen Toten. Mit gut Glück trete ich den Rückmarsch an, schon außer der Ortschaft San Martino höre ich in den Lüften ein Summen und Sausen, und aus der Richtung wo mein Train liegt höre ich schwere Detonationen. Außer Atem gelange ich zum Parkplatz meines Traines; schrecklich die Verwüstung. Durch die Bomben von einem ital. Luftschiff; zum Glück geschah meinen Pferden nichts, wohl zitterten die armen Tiere noch am ganzen Körper vom ausgestandenen Schrecken.

3 Paar und einige Mann liegen buchstäblich zerrissen am Trainplatz herum, furchtbar wirkten die Fliegerbomben.

5. Juli 1915 „Vicentine" Train.
Um 5 h kriech ich aus meiner Steinvilla, meine erste Arbeit galt meinen armen Pferden ein Futter zu verschaffen. Doch meiner größten Überraschung war der Train nicht mehr am alten Platze nach dem nächtlichen Luftangriff musste der Train seinen Parkplatz nach Oppachiosello verlegen. In der furchtbaren Hitze muss ich den beschwerlichen Weg nach Oppachiosello zurücklegen.

Nachm. reite ich mit „Hansl" zum Badeplatz nach Rubbia, auf der Straße werde ich von einem fürchterlichen feindl. Artilleriefeuer überrascht, durch schwere Geschoße war die

Straße nach Merna schwer demoliert mit knapper Not und im Galopp entkomme ich dem Artilleriefeuer.

Abends um 8 h fahre ich mit Proviant und Munition in die Stellung, ärger als gestern schießt heute der Feind auf die Straßen und Wege. Infolge völliger Erschöpfung sinke ich am Wegrand nieder, durch den Höllenlärm erwacht gehe ich weiter der Stellung zu. In der Stellung herrscht momentan unheimliche Ruhe, das Baon 47 richtet sich zum Sturmangriff auf den gegenüberliegenden Gegner, bald liegen sich Freund und Feind mit gekreuzten Waffen gegenüber, furchtbar der Anblick nach dem Angriffe. Haufenweis liegen Tote herum, Verwundete stöhnen und jammern, rufen alle Heiligen an, so mancher Vater ruft in sterbendem Zustand nach Weib und Kinder. Die Atmosphäre von Leichen und Pulvergeruch verpestet, kein Tropfen Wasser! – liegen die Armen in der Steinwüste überall lauert der Tod. – Man bringt soeben einen gefangenen ital. Hauptmann, führt ihn in die Baons-Doline und durch einen Zufall wird er von einer eben eingeschlagenen it. Granate zerrissen, leider musste ein Kamerad von meiner Abteilung sein junges Leben durch einen Volltreffer lassen. Glücklich und mit heiler Haut gelange ich zur Feuerstaffel. Todmüde lege ich mich in mein Steinbett.

I. R. 17 marschiert in die Stellung.

6. Juli 1915. *Vicentine Feuerstaffel*
Die entsetzlichen Sonnenstrahlen bringen mich um 9 h vorm. zum erwachen. Aus der Front mäßiges Artilleriefeuer hörbar.

Um 2 h nachm. reite ich mit meinen Pferden nach Rubbia zum Badeplatz, lasse die armen Pferde von dem Tragtier führen, gründlich waschen, unterdessen gehe ich über

Mena di Sageado nach Görz; die Vorstadt San Andea steht unter schwerem feindl. Artilleriefeuer.

Das Innere der Stadt Görz bot einen traurigen Anblick, herrl. Gebäude von Artillerie Geschoßen demoliert, Schutt und Staub liegen meterhoch in den Gassen der Stadt.

Trotzdem ist noch der Großteil der Bevölkerung in der Stadt verblieben, die meisten Geschäfte und Gasthäuser sind noch offen. Ich kaufe Zucker, Wein, Obst und dgl. für meine Kameraden in der Stellung, in weinseliger Stimmung reite ich mit den Tragtieren zurück nach Vicentine.

7. Juli 1915 Vicentine – Feuerstaffel.
Heftiges Artilleriefeuer an der ganzen Front rege Fliegertätigkeit.

8. Juli 1915 Vicentine – Feuerstaffel
Die furchtbare Hitze treibt mich schon um 7 h aus meinem primitiven Lager; über den ganzen Karstboden flimmert die heiße Luft; an der Front vollkommene Ruhe, dagegen bekommen wir starkes Artilleriefeuer, Schiffsgeschoße von schwerem Kaliber krepieren in meiner Nähe; in Intervallen von 5 Minuten sausen die schweren Granaten dicht vor unserem Lager mit fürchterlichem Krach in den Steinboden hinein und mit einen Hagel von Steinen werden wir überschüttet. Die armen Pferde zittern am ganzen Körper, denn sie kannten schon zu gut die ihnen drohende Gefahr. – Doch unter Gottes Schutz und Schirm bleibe ich von allem Unglück verschont.

9. Juli 1915 „Vincentine"
Frühmorgens werden wir abermals durch das Einschlagen schwerer Granaten aus dem Schlafe geschreckt, 300 Schritt vor uns schlagen die schweren Granaten ein; ich bin genö-

tigt mit den Pferden meinen Lagerplatz zu verlegen; und ziehe mich in Debelaki an einer schützenden Berglehne zurück.

10. Juli 1915. Rubbia bei Görz.

Auf meinem neuen Pferde-Parkplatz fühle ich mich recht sicher, dennoch beschießt uns die feindl. Artillerie heftig mit schwerem Schrapnell; noch ärger wie zuvor fliegen uns Sprengstücke und Schrapnellkugeln ins Lager. Ich war ratlos musste mir keinen sicheren Ort mehr und einen geeigneten Platz für 20 Pferde, präzise beschießt uns die feindl. Artillerie, die Pferde reißen die Halfter ab, und wild schnaubend galoppieren sie den Berg hinan; nun hatte ich die Bescherung bis zum Abend alle Pferde einfangen. Nach telegraphisch eingeholtem Befehl darf ich den Platz verlassen und mich dem 4 Stunden entfernten Gefechtstrain des I. R. 47 anschließen.

11. Juli 1915 Rubbia Gef. Train, in Reserve.

Um 1 h früh komme ich matt und elend aus der Stellung, 10 Minuten darauf kommt der teleph. Befehl mit den 6 Tragtieren auf Kote 110 entgegen zu gehen, die Abteilung und das Baon wird abgelöst; in Debelaki kommt mir meine Abtlg entgegen. Das Material wird aufgenommen und sofort geht der Marsch bis Rubbia, dort wird uns Kaffee verabreicht und können nachher bis 5 h nachm. ungestört schlafen. Um 6 h abends Abmarsch über Mesna, Ranciano gelangen um 9 h abends nach der am Fuße des Plateaus von Komer gelegenen Ortschaft Ligome. Mitten in Weinhecken schlagen uns notdürftig ein Lager auf. Gute Nacht!

12. Juli 1915. Retablierung in „Zigome"

Bei herrl. Wetter um 7 h früh erwacht, beginnen sofort mit dem Bau einer Hütte im nahen Wäldchen wo wir vor den sengenden Sonnenstrahlen geschützt sind, nachm. gehe ich zur Wippach baden. Die herrl. Lage des Wäldchens wo ich bin, erinnern mich stark an mein unvergessl. Öblarn. Große Heimatsehnsucht überfällt mich. O du herrl. Burschenzeit!

13. Juli 1915. „Zigome"

Ganz garnisonsmäßig um 6 h Tagwache, Chargen einige Minuten nachschlummern, hernach gibt's schwarzen Kaffee, dann Fütterung der Pferde.

Vorm. werd ich mit noch einigen Kameraden zu unserem Abtgs. Reserve Leut. Hoschek zwecke Beförderung zum Zugsführer.

Die freie Zeit benütze ich zum zeichnen und Aluminieren gießen. Die Ruhe tut Mann und Pferd göttlich wohl.

14. Juli 1915 „Zigome"

Nach Tagwache hatte ich mich gleich um Proviant und Foinage für die Pferde zu kümmern, dessen Dienst mir als Staffel-Unteroffizieer zukommt; ich bin der Nährvater der Kompanie, hatte für ökonomisch und administrativen Dienst zu sorgen.

Um 8 h Vormittag Feldmesse anwesend Hptm. Kratochwice, mit M. G. Komp. Baon 47, Musik Stab vom I. R. 100

15. Juli 1915 „Zigome"

Tagsüber eine drückende Schwüle, um 9 h ab. leg ich mich in meiner Laubhütte zur Ruhe. In der Nacht geht ein starkes Gewitter nieder, eine plötzliche Kälte, ein Gruseln über den Rücken macht uns erwachen. Oh Jammine! Ein ganzes Bächlein rieselt mitten durch meine Hütte. Das Dach ist ganz defekt, wir sind dem strömenden Regen preisgegeben, alles Fluchen und Schimpfen half nichts, je mehr wir uns ärgerten, desto mehr lachten uns die Kameraden aus.

16. Juli 1915 „Zigome"
Pferde-Schule, Fassungen.

Nachm. umkreist uns durch 20 min. ein feindl. Flieger.

17. Juli 1915 „Zigome"
Tagesbeschäftigung.

18. Juli 1915 „Zigome"
Vorm. mit kompletter Adjustierung zur Inspizierung antreten. Nach letzterhalt. Befehlen: mussten wir vor jeder Meldung an unsere Vorgesetzten sagen, Gott strafe England! Und das treubrüchige Italien. Der zehnte Mann konnte den Spruch nicht so geläufig hervorbringen, dann gab es wieder etwas zu lachen.

Nach einer guten Weinfassung; um 10 h nachts Alarm, wir packen in aller Eile die Pferde; und rüsten uns zum Abmarsch. Der Alarm wird annuliert; nun stehen wir zu unserem größten Ärger ohne Dach in strömendem Regen.

19. Juli 1915 „Zigome"
Endlich bei Anbruch des Tages, hört es zu regnen auf, bis auf die Haut durchnäßt stehen wir noch am Alarmplatz und kritisieren warum man uns in strömendem Regen die ganze Nacht stehen läßt; bald darauf kommt unser Kmdt. und sagt uns: Der Ital. hätte fünfmal unsere Stellungen gestürmt sei aber immer mit ungeheuren Verlusten von den Unsrigen zurückgeworfen worden; deshalb hatten wir die ganze Nacht strenge Bereitschaft.

Um 12 h mittag erfolgt der endgültige Abmarsch, bei einer furchtbaren Hitze marschieren wir die uns schon bekannten Serpentinen gegen Kostani e vica, dort Rast, um 4 h nachm. Weitermarsch, gelangen um 10 h nachts in eine östl. von Oppachiosello gelegene Mulde; obwohl ich ganz matt und schläfrig war, zog ich meinen beliebten Fotzhobel hervor und spielte einige Stücke zur Aufheiterung aller.

Hernach legen wir uns ins Gras zum schlafen.

20. Juli 1915 Marsch in die Feuerlinie.
Um 2 h früh Alarm! Schlaftrunken marschieren wir über die spitzen Karststeine, passieren den total zerschossenen Ort Oppachiosello.

Unter den größten Schwirigkeiten marschieren wir einen steilen Abhang hinunter, Mun. Autos und Trainfuhrwerk verstellen uns den Weg, 2 Tragtiere stürzen uns den steilen Hang mit der ganzen Packladung hinunter, erst nach längerem arbeiten gelingt es uns, die armen Pferde von ihrer bitteren Lage zu befreien.

In Eilmarsch geht es weiter über den Mte. Cosich im Schutze des Morgengrauens sammeln sich die Unter: Abtlgn. in einer großen Doline. An den Frontabschnitt San. Michela heftiges Inf. und Artilleriefeuer. Die Italiener durchbrechen mit furchbaren Verlusten unsere Front, werden aber von unseren Braven im Sturm zurückgeworfen.

Wir haben strenge Bereitschaft, unsere Pferde sind schon 2 Tage ohne Futter.

21. Juli 1915. St. Martino-Develaki.
Bei Tagesanbruch mit den Pferden unter schwerem feindl. Artilleriefeuer nach Develaki marschiert. Mann und

Pferd können sich nach den Marschstrapazen ausruhen. Die Abteilung befindet sich mit den M. G. in der Stellung San. Martino. Von der Stellung bringt man 800 gefangene Italiener (Bersagliere) In der Nacht gehe ich mit Proviant in die Stellung während des Marsches auf der Straße werde ich von feindl. Artillerie heftig beschossen. In herrl. Mondnacht nähere ich mich vorsichtig der Stellung, dennoch sieht uns die feindl. Artillerie und nach kurzer Zeit erhalten wir von 3 Stellen Atill. Feuer; ich sehe mich schon rettungslos verloren zischend und heulend krepieren Granaten und Schrapnelle in meiner unmittelbaren Nähe, Sprengstücke fliegen mir dicht über den Kopf dass mir hören und sehen vergeht; wie durch ein Wunder Gottes entkomme ich dieser Hölle.

Ganz erschöpft und mit schwerem Fieber komme ich in mein Lager an.

22. Juli 1915. San Martino – Develaki
Nach einem totenähnlichen Schlaf um 8 h erwacht; lange Kolonnen von Gefangenen ziehen auf der Straße nach Görz.

Abermals sind von meiner Abteilung 2 Kameraden gefallen und 3 schwer verwundet.

Mittags werd ich von schwerer feindl. Artillerie heftig beschossen.

Abends Ruhe.

23. Juli 1915. San Martino – Merna
Sämtliche Trains und San. Anstalten hatten ihren Platz in Dovelako geräumt, ich gehe als Letzter mit den Tragtieren zum Gef. Train nach Merna.

24. Juli 1915. *San Martino - Merna*

Bei herrlichem Wetter fahre ich mit den Pferden zur Tränke, hernach beobachte ich die fürchterliche Beschießung des Kreuzberges und den einzelnen Vororten der Stadt Görz; hohe Flammengarben schlagen aus den brennenden Stadtteilen, Granate um Granate saußt in die Stadt Görz. Der Kreuzberg steht mit seinem Waldbestand in Flammen. Programmmäßig gehe ich am Abend mit Proviant in die 5 Stunden entfernte Stellung, auf dem Marsche werd ich von einem heftigen Gewitter überrascht. Vor der Stellung hatte ich einen großen freien Raum zu passieren, der unter ständigem feindl. Atill. Feuer steht. Im Laufschritt gelange ich zur Stellung meiner Abteilung, bald darauf geht ein wütendes Gewehrfeuer los, hageldicht sausen die Inf. Geschoße über meinen Kopf. Der Feind greift an, in dichten Massen wälzen sich die feindl. Inf. Linien an uns heran, ich reiße meinen Karabiner herunter, schieße wie wütend auf die anstürmenden Italiener, unser M. G. Flammenwerfer, Minenw. etc. arbeiten ohne Pause, endlich nach 4 Stunden harten Kampfe flaut die fürchterl. Schießerei ab, der Feind flüchtig in Rudeln, in seine Stellungen abziehend, gibt den Ansturm auf. 400 Tote Italiener liegen vor unseren Stellungen.

25. Juli 1915. *Herrl. Sonntag Merna*

Nichts Besonderes: Rast.

26. Juli 1915. *Merna:*

Vorm. gehe ich mich baden und reinige meine Wäsche.

Feindl. Flieger umkreisen unser Lager, bald darauf sind wir einem heftigen Schrapnellfeuer ausgesetzt; sind genötigt um weitere Opfer zu schonen, unseren Parkpl. zu verlegen.

27. Juli 1915. *Bilia bei Görz.*

Um 5 h vorm. Abmarsch nach Bilia werden in ein Schloß einquartiert. Die Ortschaft ist bewohnt, wir kaufen uns Wein, Brot u. dgl. in den freien Stunden schreibe ich an meine Lieben in der Heimat. Um 6 h 30 nachm. erscheint ein feindl. Äroplan, wird aber von unserer Artillerie heftig unter Feuer genommen und so den Flieger jedes weit. Vordringen unmöglich gemacht; plötzlich ein Feuer! Der feindl. Apparat stürzt von einem Schrapnell getroffen, brennend in die Tiefe. Um 9 h abends Abmarsch, kommen um 11 h nachts in Rangiano an, aus San. Martino kommt unsere Abteilung die von I. R. 17 abgelöst wurde.

28. Juli 1915. *Ranciano bei Görz*

Herrl. Wetter, wir kommen auf Retablierung auf unseren alten Platz nach Zigome.

29. Juli 1915. *Zigome*

In aller Früh bringt man uns die langersehnte Post; ich bekomme von den Eltern ein Carton mit Cigretten, wie gewunschen!

Um 8 h vorm. ist das ganze Baon 47, 1 Zug des I. R. 28 und Jäger 7 zur Feldmesse und darauffolgend. Dekorierung auf einer Wiese gestellt. Hierauf erscheint unser beliebter Brigadier V. Porg und beginnt mit der Dekorierung. 1 Gefreiter und 6 Mann der Jäger 7 werden mit der Silb. T. M. I. Cl. dekoriert, diese 7 Mann hatten sich bei einer Aktion am Mte. San. Michela durch tollkühne Tapferkeit ausgezeichnet. Der Kmdt. ihres Zuges ein Fähnrich verlor im entscheidenden Moment des Gefechtes den Mut und gab den noch überlebend. 7 Mann den Befehl, sich die ergeben, nachdem der Kmdt. verschwand, übernimmt der Gefreite das Komdo. und stürzt mit den 6 M. mit Todesverachtung

95 Italiener entgegen, macht sie alle nieder und kommt glücklich in die eigene Linie zurück.

Hierauf übermittelt uns v. Pjorg. den Dank unseres Monarchen mit folgenden Worten:

Soldaten! Euer Heldenmut, eure Tapferkeit! wird von ganz Europa bewundert! Unser geliebter Kaiser sendet jeden einzelnen von Euch die besten Grüße!

Zum Schluß stellt sich Brigadier v. Pjorg. vor den Zug des I. R. 28. Prager-Hausrgmt.

Das Baon 28, dessen Regiment in Galizien seine Pflicht nicht erfüllt hat, wurde aufgeteilt ihre Fahne abgenommen, Ihrer Ehre für verlustig erklärt; Ein Teil hat den Eid geleistet, durch ihr Blut die Ehre des Rgmts. wieder herzustellen, - dessen Schwur sie tatsächlich auf dem Mte. San. Michaele in Taten eingelöst hätten und somit die Ehre des Regmts. 28 wieder hergestellt wurde.

N. B. Der Zug bestand hauptsächlich aus Deutschen. Um 11h vorm. ist die Feier beendet, - Menage – Rast.

30. Juli 1915. Zigome
Vormittag allgemeines Faulenzen, nachm. müssen wir uns der widerlichen Choleraimpfung unterziehen.

31. Juli 1915. Zigome
Heftiges Gewitter! An der Front wüten furchtbare Artilleriekämpfe.

1. August 1915. Zigome
Herrliches Sonntagswetter, an der Front vollkommene Ruhe.

Von 2. Bis 6. August Zigome
Sind schon den 4. Tag marschiert, heute wird es mit dem
Abmarsch Ernst werden. Vor dem Abmarsch in die Stellung
wird noch eine Feldmesse abgehalten; ich werde von meinen Kmdten für den zu absolvierenden Maschinen G. Kurs
in St. Daniel bestimmt. Glücklich war ich, mal durch einige
Wochen von allen Strapazen und Schlachtgetümmel befreit
zu sein; noch am gleiche Tage gehe ich mit noch 4 Mann
zur marschbereiten Inft. Abtlg. des Hptm. Kratochvill und
marschieren unter Kmdo. des fch. Fischer I. R. 17 zum
Bahnhof nach Volciadraga. Um 6 h nachm. Abfahrt nach
St. Daniel um 10 h nachts werden wir auswaggoniert und
beziehen bei schönem Wetter unser zugewiesenes Freilager
auf einer Wiese.

Bis 10. August 1915 liegen wir auf Freilager und harren
der weiteren Befehle seitens d. Div. Kmd. Bei furchtbarer
Hitze marschieren wir durch 2 Stund. und kommen um 9
h vorm. in Kobayle an nach kurzer Rast marschieren wir
auf eine nördl. vom Ort St. Daniel gelegene Waldhöhe und
richten uns in einem Kieferwäldchen unser Lager her. Am
Abend koche ich mir einen Polenta mit Kaffee und lasse
mir beides gut schmecken.

11. August 1915. MG. Kurs in St. Daniel
Um 5 h früh nach einem erquickenden Schlaf erwacht, flott
gehen wir an den Ausbau unseres Lagers.

12. August 1915. St. Daniel
Schon am frühen Morgen besucht uns ein feindl. Flieger,
nimmt dann Kurs gegen N. O.

13. August 1915. St. Daniel
Um 6 h früh Tagwache, am Bahnhofe in St. Daniel konnte
ich ein lebhaftes Treiben beobachten, unzählige Trainfuhr-

werke stauen sich am Bahnhof vor den Proviantschuppen; lange Collonnen von Lastautos werden mit Inf. und Artillerie Munition beladen.

Um 5 h nachm. treten alle Frequentanten an; Htptm. Kratochwill warnt uns dringl. kein unreifes Obst oder ein Cisternenwasser zu trinken, ansonsten würde es uns so ergehen, wie denen vielen hundert die an Ruhr starben und im nahegelegenen Mil. Friedhof begraben liegen mit Grauen blicken wir auf den großen Friedhof wo man eben 3 mit einfachen Särgen beladene Wägen herführt.

14. August 1915.
Der MG. Kurs beginnt, 280 Frequentanten verschied. Rgmter nehmen an den Kurs teil.

15. Augusst 1915
Nach einem heftigen Nachtgewitter haben wir heute einen herrl. Sonntag. Die Menage bestehend aus Reissuppe, Fleisch und gut geschmalzenen Polenta mundet uns vortrefflich, nachm. Fortsetzung des Unterkunftbauens. Sehne mich schon sehr nach einem Schreiben aus meiner Heimat.

16. August 1915.
Um ½ 7 h vorm. beginnen die Arbeiten im Lager und die M. G. Schule, mittags Löhnung und Weinverteilung letztere hatte ich über, fungiere als Mundschenk. Herr Hptm. gibt mir 10 Mann zum Bau einer Hütte für mich und Kameraden Fldw. Zechner Mich. ich übernehme den Bau und bis zum Abend stand meine Hütte eingerichtet mit Stiefl und Betten, fix und fertig. Von der Heimat noch immer keine Nachricht bin recht in Sorgen!

Am Abend kaufen wir uns 3 Faß Bier unterhalten uns bis 12 h bei Gesang und Bier.

17. August 1915. St-Daniel a/K.
Vorm. bis 11 h M. G. Schule. Am Abend bringen wir unseren Herrn Htm. ein Ständchen mit Gesang und Musik, nach einer Ansprache unseres Hptms. bringen wir auf S. M. Kaiser Franz Josef ein dreimaliger „Hurra". Aus der Offz. Messe bekommen wir ein Faß Bier.

18. August 1915. St. Daniel a/K. Kaisers Geburtstag!
Ein herrl. Wetter verschönerte die heutige Geburtstagsfeier unseres greisen Monarchen. Alles putzte sich nach Tunlichkeit, mittags gab es ein feines Gulyas mit gedünsteten Reis. – lieb Vaterland magst ruhig sein.

19. August 1915.
Vorm. M. G. Schule: am Abend verspüren wir wieder gewaltigen Durst, doch ein Kamerad Feldw. Smolana wusste uns ein Bier zu verschaffen. Dadurch, dass wir unseren Hptm. nach Erhalt des G. V. K. ein Ständchen bringen und nicht ohne Erfolg ein Fasserl Bier ward uns wieder gesichert.

20. August 1915. St-Daniel a/K.
Endlich mal kommt die langersehnte Post aus der Heimat, ein Schreiben von Mutter und eine Karte von Hrn. Ing. Lohr.

Mit Freuden vernehme ich eben, dass das III. Kp. so auch das I. R. 47 aus Galizien gekommen sind und in der Nähe Komens in Kontierung liegen so gibt es bald ein Wiedersehen mit meinem Bruder Hans. - setze mich am Strtaßenrand und sehe mit Grauen auf den Friedhof wo einige Hundert Gräber von Cholera Verstorbenen sind.

21. August 1915 St. Daniel a/ Karst

In der Nacht wütet ein fürchterlicher Orkan, ein heft. Gewitter geht nieder, müssen das Dach unserer Hütte mit Steinen beschweren. Aus der Görzer – Front furchtbares Atill. Feuer hörbar.

22. August 1915. St-Daniel a/K

Praktische Übung im M. G. Dienst und Tragtier exerzieren.

23. August 1915. St. Daniel a/K.

Scharfschießen östlich der Ortsch. Kobdyee

24. August 1915. St. Daniel a/K.

Den 4ten Tag schon, wütet mit unverminderter Heftigkeit die Bora, 20 m hohe Staubsäulen wirbeln auf der Straße in die Höhe. – Aus der Heimat erhalte ich ein Paket mit Cracs und Cigretten.

25. August 1915. St. Daniel a/K.

Um 5 h vorm. Ausrücken mit der ganzen Inftr. Abtlg. in der Nähe eines mit Trauben überfüllten Weingartens beziehe ich mit meinen M. G. Feuerstellung mehr als der makierte Feind, interesierten uns die süßen Trauben. – Abends gemütliche Unterhaltung im Kreise meiner Kameraden.

26. August 1915 St. Daniel a/K.

Jahrestag meiner Feuertaufe bei Psremyslani (Galizien) In der Nacht noch erhalten wir telegr. Abmarschbefehl. Alles wird für den Abmarsch vorbereitet.

Recht ungern scheiden wir von den liebgewonnenen Ort.

27. August 1915. St. Daniel a/K.

Zum letztenmal konnten wir noch bis 2 h nachm. in unserer Hütte schlafen; um 3 h nachm. verlassen wir schweren

Herzens unser schönes Lager, wo es so oft Bier, Wein und Braten gab, nun geht es wieder dem Schlachtfelde zu.

Bei sengender Hitze marschieren wir über Comen und gelangen um 6 h nachm. nach Goriansko. Dortselbst errichten wir uns ein Freilager. Zufällig konnte ich den Kantonierungsort des aus Galizien angekommenen I. R. 47 wo sich mein Bruder Hans befand erfragen, noch um 7 h nachm. mache ich mich auf den Marsch nach der Ortsch. Glans. Bis 12 h nachts muste ich suchen und fragen bis ich zur Komp. meines Bruders Hans kam.

28. August 1915 Goriansko – Glans
Bis auf die Lagerwachen war alles schon im Schlaf. nach langen Rufen im Zeltlager meldete sich mein Bruder, ich stehe vor ihm – infolge der Finsternis konnte mich Hans nicht erkennen, dann trug ich einen Vollbart, der mich gut markierte, ich kann mich nicht länger halten und sprach ihn an, mit den Worten: Hans, kennst mich nicht?! Die Überraschung und Freude – ein Wiedersehen von Brüdern nach 2 Jahren – im Felde, lässt sich in Worten nicht schildern!

Bis zum Morgengrauen verweilte ich bei meinen Bruder;

29. August 1915 Goriansko
Vorm. erwartete ich meinen Bruder Hans, leider konnte der Arme nicht kommen, so machte ich mich wieder auf den Weg zu meinen Bruder, bringe ihm Brot, Chocolade und Zucker mit.

Am Abend holen wir uns aus Comen 5 Faß Bier, aus der Stellung kommt unsere M. G. Abtlg. mit Lt. Hoschek, die Armen hatten schwere Kämpfe um Doberdo zu überstehen gehabt.

30. *August 1915. Marsch nach Cropada b/Triest*
Unter furchtbarer Hitze marschieren wir über Proseggo, Opcina, Trebitsch und kommen um 9 h nach. zum 1. /27. Feldbaon in Cropada an; sehr ermüdet von den langen Marsch beziehen wir sofort unsere Quatiere.

31. *August 1915 Cropada b. /Triest.*
Vormittag komplettieren wir unsere stark decimierte M. G. A. nachm. suche ich alte Kameraden meines Rgts auf, Bier und Wein gab es genug, ein Heuboden war mein Quatier.

1. *September 1915 Cropada*
verbleiben bis 2. September in Cropada

3. *September 1915*
Um 4 h 30 vorm. Abmarsch über Apcina, Proseggo bei Straßenkreuzung Triest-Nabresina ziehen wir uns in westl. Richung, marschieren durch herrl. Weingärten, schöne saftige Trauben hängen einladend vom Geländer und trotz des Verbotes fallen viele Trauben unseren Langfingern zum Opfer.

Um 5 h nachm. erreichen wir die weniger freundliche Ortschaft Marhine, das ganze Rgmt 27 wird im Orte einquartiert, wegen Raumnot in den Häusern, musten wir uns auf einer Wiese Zelte aufsstellen; schauerlich wie ein kochend. Vulkan wütet an der Front Artillerie und Inf. Feuer

4. *September 1915 Marhine.*
Durch den Abschuß unserer 30. 5 Mörser werden wir früh aus dem Schlafe geweckt; ein östl. Fesselballon steht hoch in den Lüften, schwere Geschütze taten ihre blutige Arbeit in den Reihen des wellischen Feindes.

Nachm. wird es momentan finster schwere Gewitterwolken ballen sich, nicht lange dauert es und unter heftigen Blitzen und Donnern ergießt sich ein wolkenbruchartiges Gewitter über unsere armen Zelte, die alsbald in Wasser schwammen, rat und hilflos naß bis auf die Haut stehe ich vor meinen Zelte. Aus der Front hört man furchtbares Geschütz und Kleingewehrfeuer

Zuteilung zu L. I. R. Nr. 3

5. September 1915 Marhine.
Abmarsch nach Goriansko kommen in Zuteilung zum I. / III. La.

6. September 1915 Goriansko
Typhusimpfung, bekam 39° Fieber

7. September 1915 Goriansko
Beschäftigung.

8. September 1915 Goriansko
Jahrestag der großen Schlacht bei Grodek

9. September 1915 in Goriansko
Tagwache um 4 h früh, im Verbande mit dem Lir Baon 1/3. Gefechtsübung, abends gemütliche Zusammenkunft in einer Bauernküche.

10. September 1915
Übung

11. Septembeer 1915 Goriansko – Segeti
Um 2 h nachm. marschieren wir komplett bepackt aus dem Orte über Kostanyvica und kommen schweißtriefend und mit Staub bedeckt um 6 h nachm. in eine Doline östl. Se-

geti. total erschöpft lege ich mich im Mantel gehüllt in eine Karstmulde.

12. September 1915 Segeti

Noch im Morgengrauen verlegen wir unseren Lagerplatz weiter hinein in einen Weingarten auf einer Wiese schlagen wir unsere Zelte auf, maskieren sie gut mit frischen Zweigen, um vor Fliegersicht markiert zu sein. Vorm. zelebriert Feldkurat Steiner eine Feldmesse im Beisein des ganzen Baons 1/3. Während dieser erscheint ein feindl. Flieger ober uns, durch heftige Abwehr unserer Abwehrkanonen wird der feindl. Flieger bald zur Umkehr gezwungen.

13. September 1915 Segeti

Bei herrlichen Wetter beginnen wir mit dem Bau von Steinhütten.

14. September 1915

Erhalten den Befehl den Lagerplatz tadellos zu reinigen haben noch im Laufe des Tages den Besuch Sr. kais. Hoheit Erzh. Josef Kmdt. d. 7. Korps zu gewärtigen.

Am nachm. führ ich meine Pferde zum Trainplatz zur tierärztlichen Visite. Am Platze stehen circ. 200 Pferde zur Visite gestellt, - plötzlich hör ich aus den Lüften ein mir gut bekanntes rauschen und rollen – und schon fährt mit einem fürchterlichen Krach eine 30 Meter hohe schwarze Rauchsäule – knapp vor uns in die Höhe. Kaum vom ersten Schecken erholt, krepiert in allernächster Nähe ein feindl. 15 cm Schrapnell;

Nun merken wir erst dass es der Wellische auf unsere Wasserleitung und den Trainplatz abgesehen hat.

Durch seine vorzügliche Fliegeraufklärung hatte der Feind nur zu bald unsere Lagerplätze entdeckt und in einer Distanz von 12 km unter Artilleriefeuer genommen.

15. September 1915 Segeti
Heute Rasttag, denn morgen schon sollte meine Abteilung in die Front, dem blutgetränkten uns leider zu gut bekannten Plateau von Doberdo abgehen.

16. September 1915 Segeti
Um 6 h nachm. treten wir den Marsch an die Front und bei völliger Finsternis passieren wir die in Trümmer Geschoßene Ortschaft Opachiosello, lautes sprechen sowie rauchen bzw. Lichtmachen wurde uns streng verboten, auf der Höhe des Cerne-Sarib kommen wir bereits in den Lichtkegel der ital. Scheinwerfer und im Inf. feuer Bereiche, die Stellungen von der Höhe gesehen nehmen sich wie feuerspeiende Berge aus . Lebhaftes Gewehrfeuer.

Glücklich ohne Verluste gelangen wir zu den Ruinen der Ortschaft Doberdo, Bedienungsleute nehmen der M. G. Material ab und gehen in die Stellung ich gehe mit den Tragtieren zurück nach Segeti.

17. September 1915 Segeti – Doberdo.
Um 4 h vorm. todmüde im Lager angelangt konnte bis 2 h fr. nachm. im Zelt gut schlafen, hernach besorge ich vom Train Proviant für meine Abtlg.

Um 7 h abends bei Einbruch der Dämmerung befinde ich mich schon wieder auf dem Wege nach Doberdo, heute konnte ich mit Lts. Pferd dem „Hansl" reiten brauche den weiten Weg nicht zu Fuß gehen.

Um 10 h nachts langte ich glücklich bei meinem Kmdten St Hoschek ein, das Komp Kmdo lag in einer Doline gleich dahinter ziehen sich die Schützengräben hin. Nach Erledigung meiner gefährl. Obligenheiten trete ich den Rückmarsch an, hageldicht sausen die feindl. Inf. Geschoße über meinem Kopf, nun Gott mit mir! Ein Sprung von einem schützenden Graben zum andern, in gebückter Stellung eile ich durch die finstre Nacht. O Jammer nun bin ich vom Wege abgekommen, in Laufschritt gelange ich in eine tiefe Doline, ein Graus beim herumtappen geriet ich zu meinem Entsetzen auf ein Menschengerippe, Kopf und Arm lagen gesondert daneben – Der Mond kommt hervor und beleuchtet das Skelett, Schlangen zischen aus dem Körper des Toten ich bin wie gebannt – ein grauenhafter Anblick!

18. Septembeer 1915 Segeti - Doberdo
Um 3 h vorm. langte ich todmüde den schauerlich. Anblick noch immer vor den Augen im Lager an, die sonst übliche Cigrcttc verschmähcnd lcgc ich mich sofort ins Bett.

19. bis 23. September 1915
Wiederholen sich die gleichen Beschäftigungen ohne besondere Eereignisse, ab und zu besuchen uns feindl. Flieger.

24. September 1915
Werde ich zum wirklichen Zugsführer befördert.

25. September 1915 Korithie.
Meine Abtlg. wird mit dem Baon 1/3. abgelöst und nach langem beschwerlichen Marsch gelangen wir bei Morgengrauen nach Korothie.

26. September 1915 Korithie. Mohorine
Vorm. bei strömenden Regen Feldmesse.

Um 6 h nachm. Alarm: marschieren nach Mohorine beziehen dort die von den Bewohnern verlassenen Häuser, ich errichte gleich auf einer alten Kleidertruhe meine Liegestatt; nur diese verdammten Feldbienen machten sich in der Nacht sehr unangenehm fühlbar.

Vom 27. bis 30. September 1915 Mohorine
Tagesbeschäftigung in Schulhalten über M. G. und hauptsächl. eifrige Korrespondenz mit unseren Lieben in der Heimat.

8. Oktober 1915 Mohorine
Vorm. um 7 h führe ich meine Pferde auf die Weide, um 8 h vorm. kommt unsere Ordonnanz atemlos dahergerannt mit der Meldung: Alles decken / ein feindl. Luftgeschader von 6 Äroplanen nähert sich unserem Bereich noch ehe sich Alles in Sicherheit bringen konnte, hört man schon aus den Lüften ein ohrenbetäubendes Summen und pfeiffen der feindl. Äro – Motore, - 6 stattliche Kampfflugzeuge schweben in geringer Höhe ober unseren Quatieren in der Richtung gegen Kostanievica, ich konnte unmöglich noch genügend Schutz finden, so blieb ich regungslos an Ort und Stelle stehen und hoffte jeden Moment einer Bombe zum Opfer zu fallen, zum Glück krepierten die abgeworfenen Bomben nicht, so bleibe ich wie durch ein Wunder unversehrt. Durch das heftige Abwehr Geschützfeuer musten die feindl. Flieger schleunigst einen für uns günstigen Kurs nehmen.

9. und 10. Oktober 1915 Mohorine
Übungen mit M. G. Schule, mich langeweilt schon furchtb. bin schon lange Zeit ohne Post aus der Heimat! Ich schreibe so oft!

11. Oktober 1915 Mohorine
Wie alltäglich hatten wir auch heute auf den Höhenrücken Übung mit den M. G.

Unerwartet schwebt ein feindl. Caproni über uns in Richtung Devetaki, ich verfolgte diesen Burschen mit meiner 6 x Trieder, in kurzer Zeit befindet sich der feindl. Flieger im heftigsten Artilleriefeuer unserer Abwehrkanonen, ich behalt den Flieger im Glas! – Plötzlich sehe ich die rechte Tragfläche des Apparates in Trümmer gehen. Alles jauchzt! wie ein wunder Aar saust der beschäd. Flieger im Gleitflug in die Tiefe und kommt auf einer Sandbank des Isonco zwischen den Linien zu liegen, bis zum Abend ist der Apparat mit den 2 Piloten ein Opfer der feindl. Artillerie

Infolge des heft. Atill. feuers fanden auch die beiden Insassen des Flugzeuges ihren Tod!

12. Oktober 1915 Mohorine
Schönes Wetter bewog uns sämtl. Leibwäsche einer gründlichen Reinigung zu unterziehen.

In der Nacht werden wir aus dem besten Schlaf durch ein heftig. Donnern und Gewehrfeuer geweckt, im Adamskostüm laufen wir hinaus ins Freie und gewahren bald dass der Italiener bei den Adriawerken angreift, nach 3 maligen blutigen Ansturme die die tapfern 47er stets abschlugen, musste sich der Feind unverrichteter Dinge zurückziehen.

13. und 14. Oktober 1915
Nichts von Bedeutung.

15. Oktober 1915 Mohorine:
Frühmorgens fahr ich mit einen Wagen nach Nabresina erwarte am Bahnhof meinen Kmdtn. Lt Hoschek besorge auch für meine Kameraden Sardinen, Zucker, Cig. etc.

16. Oktober 1915 Mohorine
Schule und Montur – Reinigung.

17. Oktober 1915. Mohorine
Lt. Hoschek kommt vom Urlaub.

Vorm. Feldmesse unter Anwesenheit unseres beliebten Rgmts. Kmdtn. Oberstlt. Gelinek.

18. Oktober 1915 Mohorine
Beginn der IV. Isonca – Schlacht. Wir verbleiben noch als Km. Reserve in den Quartieren. Aus der Front heftiger Geschützdonner hörbar. Eigene Artillerie schweigt.

19. Oktober 1915 Mohorine
Schwere feindl. Artillerie tut ihre blutige Arbeit, die Stellungen sind in Rauch gehüllt, zahlreiche Verwund. bringt man aus dem Kampfgebiet.

20. Oktober 1915 Alarm, Abmarsch
Vorm. Schule über den Gebrauch der Gasmasken unter Anwesenheit unseres Divisioners v Schön Fmlt.

Die lebhafte Schießerei mahnt uns an einen bald. Abmarsch in die Front.

Tatsächlich kommt um 7 h nachm. der Abmarschbefehl in Eilmarsch über Brestovica – Selo. Gelangen wir um 11 h nachts nach Korithie, beziehen in Dolinen Alarm Quartiere. Unsere armen Pferde müssen die ganze Nacht mit der schweren Packladung ohne Wasser und Futter stehen. Grauenhaft tobt der Kampf am Doberdo. Gott mit uns!

21. Oktobeer 1915 Alarmquartier Korithie
Werde zum Maschinengewehr Vormeister bestimmt. Der Morgen graut, ununterbrochen wütet das feindl. Atillfeuer an der Front, bei Tag kann ich das ganze Kampfgelände beobachten, alles gleicht einem feuerspeienden Berg, schmutziggelbe Rauchschwaden ziehen über die Stellungen, die Erde zittert von den Detonationen der schweren Geschoße.

Feindl. Flieger kommen und Bombardieren unser Lager. In Kostanyvice werden 40 Mann vom. Lu. 26 durch Fliegerbomben verwundet.

Lt. Pressebericht werden 480 Ital. und 18 Offze. gefangen um 7 Uhr 30 nachm. Abmarsch nach Kostanievica

22. Okrober 1915 Alarm-Quartier Kostanievica.
Die ganze Nacht und den ganzen Tag hatten wir strengste Marschbereitschaft, Mann und Pferd muss schwerbepackt stehen. Herrl. Wetter begünstigt die Rekognostizierung der feindl. Flieger, wir wurden von den Fliegern gesehen und bald sausen circ. 20 Bomben herunter, mit fürchterlicher Detonation, Eisensplitter und Steine weit herumschleudernd, krepieren die Bomben in der Nähe unseres Lagers, nach 2 langen Stunden endlich, kehren diese Höllenmaschienen in ihre Linien zurück.

23. Oktober 1915 Abmarsch nach Doberdo
Die feindl. Infanterie geht zum Angriff über, man hört heftiges Gewehrfeuer.

Abds um 5 Uhr Abmarsch in die „Hölle" von Doberdo!

Marschieren über Opachiosello – Palisksche, ungehindert und ohne Verluste kommen wir vor den Ortseingange Doberdo. Alles stockt, das ganze Regiment 3 steht, Autos mit Verwundeten, Trainfuhrwerke und andere Fuhrwerke verstellen den Weg, wir können keinen Schritt weiter. Nun sei uns Gott gnädig, wenn uns die feindl. Artillerie entdeckt.

Tatsächlich hat sich meine böse Ahnung verwirklicht im Moment seh ich die Mündungsfeuer einer feindl. Batterie aufleuchten, ein Rauschen und verheerender Wirkung entladet sich eine Lage Schrapnell dicht hinter mir auf die dahinter in Doppelreihen stehenden Kompanien. Ein herzzerreißendes Aufschreien, ein stöhnen und Röcheln der schwerverwundeten und sterbenden, 40 Mann liegen in ihrem Blute.

Alles drängte sich nach vorn und sucht Schutz hinter den Mauern; es folgen noch weitere Batterie Salven. Die Zahl der Toten steigt auf 60.

Entsetzlich der Anblick auf der mit Leichen übersäten Straße.

24. Oktober 1915 Doberdo
Bis 2 h vorm. hatte unsere Sanität vollauf zu tun um die Straße von Toten und Verwundeten freizumachen. Das III. Baon Li 3 geht in Stellung unser Baon mit der M. G. K. wird im zerschossenen Orte in Reserve gebracht, auf Anordnung unseres Abtlgs. Komdtn. stellen wir unser M. G. Material und die 4 Maschienen Gewehre in einen leerstehenden Schuppen, wir legen uns gegenüber in eine Baracke. Wie vom Schlage gerührt fall ich hin und schlafe bald gut ein. Nach einem erquickenden Schlaf bei hellem Sonnenschein um 8 h vorm. erwacht, wohlgemut, sitze ich mit meinen

Kameraden im weichen Heulager – Die kleinkalibrigen Geschütze, welche hinter unserm Schuppen stehen, beginnen zu feuern, mit der Ruhe war es aus. Plötzlich ein summen und sausen ein fürchterlicher Krach, 3 schwere feindl. Granaten schlagen 5 x vor uns direkt in die Hütte wo unser M. G, Material steht, Schutt und Steine polterten auf uns hernieder, bis auf die Lippen erbleichend, gebannt sitze ich mit Staub bedeckt im Schuppen, nach erlangter Besinnung raffe ich meine Habseligkeiten zusammen und eile wie ein Besessener hinaus ins Freie. Erst am nachm. graben wir unser Material und die demolierten M. G. aus dem Schutte heraus.

Am Abend kommen unsere Tragtiere und nehmen das noch übriggebliebene Material auf, wir marschieren zurück zum Train nach Kostanyevica.

25. Oktober 1915 Train – Kostanyevica
Total erschöpft von den gestrigen Erlebten, krieche ich um 8 h vorm. aus meinen Zelt, eine Schale Kaffee und eine Gulasch-Konserve stillte meinen allergrößten Hunger. Hernach beginnen wir mit der Reparatur unserer M. G.. Leider hatte ich mich schon auf die kommende Nachtruhe zuviel gefreut, lt. Befehl des Rgmts. von Lie. 3 musste Lt. Hoschek, Kamerad Numer Jos. und ich bei Dämmerung in die Stellung abgehen.

Kommen um 11 h nachts in Doberdo an.

26. Oktober 1915 bis 30. in Stellung Doberdo
Bin in Stellung Abschnitt II. eine meterhohe Sandsackmauer trennt mich von 20 x entfernten Feind. Tag und Nacht arbeitete ich rastlos mit meinen Leuten an den Ausbau der M. G. Stände; fortwährend werden wir von feindl. Minen und Gewehr Granaten beschossen ober mir schlagt eine

Miene einem Kameraden den Fuß ab, ich kann ihn noch rasch erste Hilfe geben. Den ganzen Tag über hatten wir nichts zum essen, erst in der Nacht um 11 h erhalten wir die Menage zugeschoben. Hauptsächlich ist es uns nur um die Cigretten und den Tee od. Kaffee zu tun.

Bei Tag haben wir unsere M. G. in gut maskierter Stellung, die feindl. Atill. hält uns scharf im Auge. Durch 4 Nächte hindurch konnte ich kein Auge schließen, in hockender Stellung verbringe ich die qualvollen 4 Nächte.

31. Oktober 1915 Abschnitt II. Doberdo
Heldentod meines Kameraden Waidgasser

Bei Morgengrauen gehe ich mit meinen 2 Bedienungsleuten zum M. G. als Vormeister, in der angrenzenden Doline befindet sich das Komp. Kmdo. und die Komp. Reserve.

Heute werden wir von der feindl. Artillerie besonders heftig beschossen, von 3 Seiten bekommen wir schweres Artilleriefeuer. Aus der Richtung Monfalcone sausten 18 cm. Granaten knapp vor uns ein.

10 h vorm. ich sitze beim Gewehr, immer drohender wird die Gefahr! Empfehle meinen Geist Gott! Mit Grauen sehe die furchtbaren Einschläge der feindl. Granaten, ich bin in Pulver und Pikunrauch gehüllt, Steine und Geschoßsplitter sausen in der Luft herum. Alles Blut weicht aus den Adern, plötzlich eine furchtbare Detonation, eine Granate fährt in die Doline, mit einem fürchterlichen Aufschrei stürzen die Überlebenden aus der Doline, Bretter, Steine, und Gliedmassen werden herausgeschleudert, meinen Kameraden Waidgasser hat es in Stücke gerissen, Verwundete schreien um Hilfe! Ich laufe hinunter will helfen, grauenhafter An-

blick Blutfetzen, Monturstücke und abgerissene Gliedmassen liegen im Chaos durcheinander.

In der Telephonhütte liegen einige schwerverwund. Ein Korporal liegt mit durchschossener Gurgel, röchelnd am Boden, bei jedem Atemzuge quillt dem Armen das Blut aus der Wunde; sein Wunsch ein Wasser man gibt ihm Wasser, bringt aber nicht einen Tropfen hinunter, alles geht ihm bei der Wunde aus. Er raucht noch eine Zigarette, schlaft ein und erwacht nie wieder!! Gott hab mit uns erbarmen, meine Nerven können nicht standhalten.

1. November 1915 Stellung am Doberdo.

Gott sei Dank! Endlich kommt der Ablösungsbefehl sehnsuchtsvoll erwarten wir schon unsere Ablöse. Grauenhaftes bietet sich unseren Blicken, blutige Monturfetzen, Schuhe, zerschossene Konserven und Kaffeekisten liegen im Kote herum, uns ekelt von Allen, haben keinen Appetit.

Um 11 Uhr nachts werden wir abgelöst, marschieren durch den Ort Doberdo über den Cerne hrib, Mikoli nach Kostanievica.

2. November 1915 beim Train in Kostanievica.

Nach den 4. ten Rasttag fühle ich mich matt und elend, habe Fieber und keinen Appetitt.

Die letzten Gefechtstage gingen mir zu sehr an die Nerven. Lt. teleg. Befehl musste ich mit 2 M. G. Vorm. in die Reserve Stellung abgehen.

5. November 1915 Res. Stllg. Micoli

Die Silb. Tapferkeits Med. II. Cl. erhalten.

Bis 7 h vorm. gut geschlafen, bald darauf kommt die Baons. Ordonierung und bringt mir den Befehl, sofort zum Baons. Kmdtn. Hptm. Gottfr. Speckmaier zu kommen. Feudig überrascht bin ich, als ich vom Baons. Kmdtn. erfahre, ich werde mit der S. T. M. II. Cl. dekoriert. Hptm. Speckmaier heftet mir die erste T. M. an die Brust. Hocherfreut an meinen Namenstagsgeschenk, ging ich in meine Hütte.

6. November 1915 Micoli Volonatae
Ein eisig kalter Nordwind pfeift durch die Fugen meiner Hütte, unser ganzes heizen im Öferl nützt uns nichts. In gewissen Zeiträumen jault eine schwere Granate über uns hinweg.

7. November 1915 Micoli Volonatae
Marsch in die Stellung: In stockfinstrer Nacht marschieren wir den gefährl. Cerny – hrib hienan.

Glücklich erreichen wir um 10 h nachts unsere Stellung. Absch. 2. und lösen die M. G. II. /3 ab, Gewehre, Revolver und sonstiges Mordmaterial werden sofort in Stand gesetzt.

8. November 1915 Stellung, Doberado
Zum 2ten mal verbringe ich meinen Namenstag in der Feuerlinie. Der Feind eröffnet heute ein außergewöhnliches starkes Minen- und Gewehrfeuer auf unseren Abschnitt. Doch ein denkwürdiger Namenstag! Wird fest Geschoßen.

Nachm. weile ich in der Nähe meines Lts. welcher eben an seine Eltern schrieb, beginnt mit den Satz: mir geht es gut, ….. im Moment ein fürchterlicher Krach, eine Gewehrgranate saust durch das Hüttendach und bohrt sich knapp vor den Füßen des Lts. in den Boden ohne ihm einen Schaden zu tun.

9. November 1915 Doberdo Micoli
In der Nacht um 11 h werden wir abgelöst und treten im heftigsten Gewehrfeuer den Rückmarsch über Cerni hrib nach Micoli an.

10. November 1915 Micoli Vallonatae
Ein kaltes regn. frostiges Wetter setzt ein, der böse Karstwinter hält seinen Einzug.

Mein Lt. wird zum Oblt. ernannt, ich gratuliere ihm. 720 Geschütze aller Caliber stehen ihn Vallonatae und tun ihre blutige Arbeit unter den Reihen der wellischen. Infolge der erhöhten Tätigkeit der eigen. Artillerie haben wir an der feindl. Artillerie viel zu leiden.

Volltreffer in Fahrküchen, Mannschaftsbaracken, waren an der Tagesordnung.

11. November 1915 Micoli – Vallonatae
Bei Einbruch der Dunkelheit verlasssen wir Micoli und marschieren 4 Stunden nach Kostanievica ins Lie. Lager; todmüde kommen wir um 11 h nachts dort an; werden in schönen geräumigen Baracken untergebracht.

12. November 1915 Lager Kostanievica
Die Ruhe im Lager tut uns armen gehetzten Menschen wohl, vorm. große Schreiberei an die Lieben in die Heimat Mein Oblt. geht krank ins Spital ab, fühle mich nun ganz verlassen. Oblt. Hoschek war mir nicht nur ein gerechter Kmdt. sondern auch ein guter Kamerad.

Am Nachmittag werde ich plötzlich von heftigen Fieber 39° befallen, ich glaubte schon meine letzte Stunde sei gekommen, bekomme furchtbare Kopfschmerzen, zittere am ganzen Körper, noch kann ich mich nicht entschließen, ärztl. Hilfe in Anspruch zu nehmen, meinem Vorhaben getreu will ich aushalten bis ich umfalle; dann soll man mich wegtragen. Unsere Abtlg. ward nun herrenlos ein Feldw. Gruber übernimmt einstweilen das Abtlg. Kmd.

Lt. Rgmts. Kmdo. Bef. musste ich um 7 h abends mit 8 Mann zur M. G. A. III. /3 nach Doberdo abgehen.

Mehr und mehr nehmen meine Kräfte ab, bin kaum fähig zu stehen, unter Ach und Weh lege ich den 18 km langen Weg bis Doberdo zurück, um 11 h nachts melde ich mich bei meinen neuen Kmdt. Lt. Konrad. Allen Anschein nach steh ich meinen neuen Kmdten gut zu Gesicht und nach Erteilung weiterer Befehle weist mich Lt. Komaa ins Quartier.

Fiebernd und mühsam schleppe ich mich in die zugewiesene Hütte und wälze mich die ganze Nach hindurch auf meinem harten Lager. Den 2ten Tag hatte ich nichts gegessen.

13. November 1915. Doberdo
Heftiges Fieber haltet mich den ganzen Tag im Lager fest, meine Kameraden kochen mir Tee konnte ich nicht einen Tropfen hinunterbringen. Stündlich rechne ich schon dass mich ein sanfter Tod von all den Qualen erlöst.

Nachts um 10 h kommt der Befehl zum Abmarsch in die Stellung Abschnitt II. bei stockfinsterer Nacht und heftigen Artilleriefeuer schleichen wir uns zur Stellg. Kaum dass ich mich aufrechterhalten kannte, taumle ich über Graben und Steine.

Mein Kmdt. Fch. Komaa geht 2 Schritte vor mir, - plötzlich sehe ich meinen Kmdtn. wanken, ich fasste ihn an den Schultern und frage: „Hr. Fähnrich was ist Ihnen?" „Ich weiß nicht", sagte er, „ich bekam hier an der linken Brustseite einen heftigen Schlag, mir brennts hier". Mein Fch. beginnt zu wanken, mit Hilfe meiner Kameraden fasste ich den Fch. Reißen ihm Bluse und Hemd vom Leibe und sehe bald dass Fch. Komaa ober dem Herz einen Inf. Steckschuss bekommen, ein kleiner Blutflecken war am Hemd zu sehen; nach Anlegung eines Notverbandes verabschiedet sich mein Kmdt mit den Worten: „Lederhaas ich bin verwundet, ich verlasse mich auf dich, führe die Abtlg. glücklich in die Stellung und melde meine Verwundung beim Baons Kmdl. Glück auf! Auf Wiedersehen!"

14. bis 19. November 1915 Doberdo
Glücklich ohne Verluste hatte ich die 5 Tage in der Stellung überstanden.

20. bis 22. November 1915 Micoli
Bei anhaltend kalten Regenwetter in Reserve

23. bis 27. November 1915
Im Lager Kostanievica

27. November bis 26. Dezember 1915
Abwechselnd in Stellung gegangen. In Reserve und feierl. Stimmung verbrachten wir den hl. Abend.

26. Dezember 1915
Um 11 h vorm. heftet mir Mjr. Wahlmann die bronc. T. M. an die Brust.

28. Dezember 1915
In die Stellung am Plateau n. Doberdo marschiert. Bei außergewöhnlicher Ruhe an der Front verbringen wir die Neujahrsnacht. Um die Mitternachtsstunde löschen wir unsere Kerzenlichter aus nehmen unsere Menageschalen und

leere Schrapnellhülsen und läuten unter großem Spektakel das alte Jahr aus; hernach beglückwünschen wir unseren Komandten; danken Gott! uns das neue Jahr glücklich erleben zu lassen haben.

Kriegsjahr 1916

1. bis 31. Jänner 1916.

Gehe heute zum sechsunddreißigsten mal in Stellung am Doberdo, mit mir war noch ein Kamerad dieser seltenen Feier.

Die furchtbaren seelischen und moralischen Leiden dieser Zeit machten meine armen Nerven ganz erschlaffen, so dass ich nicht fähig war, diesen Monat meine Tagesnotitzen regeläßig zu notieren.

Abgang vom Doberdo

Am 16. Feber 1916. Gebe Gott, dass ich auch den letzten Tag glücklich überstehe, denn heute sollen wir endgültig vom blutgetränkten Doberdo abgelöst werden. Tatsächlich kommen um 10 h nachts unsere Ablöser Lir. 37, Dalmatiner, ich bedaure die Armen, denn sie kennen die hierortigen Verhältnisse noch nicht und wohlgemut beziehen unsere Ablöser unsere Stellungen, ruhig und ohne besonderen Zwischenfall vollzieht sich die Ablösung.

Wie Verfolgte eilen wir aus Doberdo, wohl 10mal schwing ich meine Mütze und sage der Stellung wo ich 6 Monate schmachtete – Lebewohl auf ein Nimmerwiedersehen!

Marschieren die ganze Nacht hindurch und kommen am 17. Feber 2 h vorm. in Femnica an, beziehen dort schöne geräumige Baracken fühle mich wie im Himmel in meinem improvisierten Bett.

Man hört bereits dass wir nach einer längerer Retablierung nach Südtirol kommen und dort offensiv vorgehen.

18. Februar 1916. Marsch nach Proseggo b/Triest.

Am Abend verlassen wir den Ort Femnica und marschieren bis nach Proseggo, Quartiermacher welche uns am Ortseingange erwarteten, führen uns gleich in bereitgehaltene schöne Quartiere. Ich beziehe mein Quartier in einen Gasthaus. An Bier und Wein fehlte es in unseren Retabl. Ort nicht, den ersten freien Abend gehe ich über Contovello gegen Mirama und sehe mir das Meer an; bezaubernd wirkt der herrl. Anblick der unübersehbaren Wasserfläche. Vom Schloß Miramar überseh ich das ganze Gelände wie Porte Rose, Grado, Duino, Garcolla und die Mole von Triest. Konnte mich kaum trennen von den herrl. Gestaden, Alles bittre Erlebte vergesse ich im Moment des Anblickes, lange blicke ich noch hinaus auf die von der untergehenden Sonne rot beleuchtete Wasserfläche.

24. Februar 1916. Retabl in Proseggo.

Erbitte mir mit noch 2 Kameraden eine offene Order zum betreten der Stadt Triest, noch am Abend gehen wir über Opcina nach einem 4stündigen Marsch gelangen wir in die Stadt Triest.

Mein erster Besuch galt dem Hafen, konnte noch einige größere Schiffe sehen, kleinere Postdampfer versehen den Lokaldienst zwischen Triest, Iola, Capodestria – dem Küstenlande, bei weiten war das Treiben am Hafen jetzt im Kriege nicht so ein bewegtes und buntes, wie es im Frieden ist. Es bot sich Gelegenheit einen großen Handelsdampfer „Hercegovina" auch im Innern zu besichtigen, hochinteressant der Innenbau eines großen Schiffes. Abds. um 6 h fahre ich mit den Zug von Triest ab, herrlich die Fahrt längs des Meeres über Gascola, Miramar, Santa Croce Nabresina bin um 9 h abds. in Proseggo angekommen.

25. Februar 1916. Proseggo.

Voraussichtlich bleiben wir noch einige Zeit hier auf Retabl. Täglich haben wir Übungen mit den M. G. Abends spielt am Platze die Sch. Div. Musick. Zur Freude Aller kommt unser Oblt. Hoschek vom Spital und übernimmt das Kmdo. meiner Abtlg. Als Einstand zahlte uns Herr Oblt. 20 Liter Bier, am Abend hochwogende Bierschlacht, zum Schluß trinken wir noch Wein. täglich muss ich mit den Leuten Schule über Gefahren im Gebirge, Lawinengefahr etc. Schule halten. Nun wissen wir mit Bestimmtheit, dass wir nach Süd-Tirol kommen.

Am 16. März 1916 müssen wir uns reisefertig machen. Vorm. tritt das ganze Regt. auf dem Formierungsplatz an, unser Divisionär Gm. Kochanovsky besichtigt das Rgmt, jeden einzelnen Dekorierten spricht der Divisionär an und belobt die Leute.

Am Abend marschieren wir unter Klängen der Div. Musick zum Bahnhof Proseggo; ein langer Militärzug steht für uns bereit, um 7 h nachm. war alles fix und fertig einwaggoniert. Der 43. Brig. Stab mit Gig. Obst. v. Mutin und sämtl. M. G. Abteilungen waren im Zuge untergebracht.

In bester Stimmung verlassen wir die Station Proseggo, zum letzten mal winken wir dem Doberdo noch ein Lebewohl zu, wo so noch mancher guter Kamerad für ewig ruht.

Auf der Reise nach Südtirol.

In Decken und Zeltblatt eingehüllt lege ich mich im Waggon zurecht. Die Fahrt geht über Divaca, Laibach, Marburg, Graz.

Ich schmiede mir schon Pläne wie ich am besten in Graz aus dem Zuge komm, und so meinen Eltern einen kurzen

Besuch abstatten kann; furchtbar bitter ist es durch die Heimat fahren und nicht aussteigen dürfen. Für alle Fälle nahm ich mir aus Proseggo einen großen Lorbeerstrauß mit teile denselben in 2 Buguette hefte an jedes Buguett ein Brieferl ein Brief für die Eltern und den anderen für meine mir liebgewordene Freundin Milly in Oeblarn, sollte mir ein Aussteigen nicht gelingen so werfe ich die Lorbeer zum Waggon hinaus.

Auf der Außenseite des Briefes schrieb ich drauf: Ein durchfahrender Krieger bittet herzlich, den Strauß seinen Eltern zu übermitteln.

Am 19. März 1916 rollt unser Transport ächzend im Bahnhof von Graz ein, mir klopft das Herz, der Bahnhof ist überfüllt von Neugierigen, Alles weiß das unsere Truppen durch die Heimat fahren.

Mit dem Hinauskommen aus dem Bahnhof war es nicht leicht, und mir fällt es doppelt schwer, nachdem ich als Zugsf. selbst auf meine Untergebenen zu achten hatte.

Ein des Weges kommender Oberkonduktär ist so lieb und sagt mir er telephoniere in die Stadt ob ich Angehörige zu sprechen wünsche, freudig über das Anbieten bat ich den Ober-Kond. er möge mir meinen Bruder Richard teleph. rufen.

In 10 minuten steht mein Bruder vor mir, hastig erzähle ich ihm von meinen Erlebnissen und frage ihn nach den Befinden der Eltern.

Um 8. h nachm. dampfen wir von Graz ab.

20. März 1916 Auf der Reise nach Süd – Tirol.

Die Morgenfrische schüttelt mich aus dem Schlaf, schau beim Waggon hinaus und gewahr zu meiner Freude dass wir nach Selzthal kommen. Um 6 h vorm. komme ich in Selzthal an, rasch hatte ich mich gewaschen, nahm einen schwarzen Kaffee ein, nun warte ich schon mit Ungeduld auf die Abfahrt;

Ich bin überglücklich nun soll ich nach 4 Jahren mein unvergessliches Oeblarn wiedersehen, leider nur im Fluge! Endlich das Signal zum Einsteigen, alle Kameraden zurückdrängend reserviere ich mir den vordersten Platz an der Waggonrampe. Der Zug setzt sich in Bewegung mir pocht das Herz! Herrgott wenn es nur meine Freundin Milly wüsste dass ich heute durchfahre. Sie würde sicher zur Bahn kommen und mich begrüßen. Nur sehen und begrüßen, ich wäre der glücklichste Mensch auf dieser Welt, leider soll es anders kommen, schon seh ich den Kirchturm von Öblarn, Erinnerungen aus herrlichen Zeiten tauchen auf, am liebsten würde ich vom fahrenden Zug springen; im scharfen Tempo rollt der Zug gegen die Station Öblarn, Mein Lorbeersträußerl und den für Milly bestimmten Brief krampfhaft in der Hand haltend, spähe ich zum Bahnsteig. Heil einen Bekannten (Schrögnauer) sehe ich schon, ich rufe ihm aus Leibeskräften Heil! zu, aber er sieht mich nicht. Vor dem Stationsgebäude steht mein Freund Schatzmann im Dienst, ich rufe ihm zu und wirf ihm gleichzeitig den Lorbeerstrauß mit dem Brief zu. Der Einzige, der mich erkannte; etwas leichter ums Herz war mir, wohl war es mein sehnlichster Wunsch meine liebe Freundin zu sehen.

Bei herrlichem Wetter fahren wir mit beschleunigtem Tempo durchs Ennstal; in Schladming hatten wir 10. I Aufenthalt, dort traf ich Herrn Seebacher.

Weiter geht die Fahrt durch das herrliche Ennstal über Bischofshofen, Zell a/See, Saalfelden, Hochfilzen, Wörgl.

Am 21. März 1916 2 h früh passieren wir die Station Innsbruck, bei Morgengrauen fahren wir über den Brenner, eine herrl. Fahrt über Goßensass, Sterzing, Mitterwald a/E. Franzensfeste, Brixen, Klausen, Waidbruck, Blumau, Bozen.

Fast unerträglich nimmt die Hitze zu, wir sind im Süden, unendlich wohltuend wirkt das Grün der Weinhecken, Kirsch und Marillenbäume stehen in herrlicher Blütenpracht.

Endlich um 6 h nachm. erreichen wir Lavis unser Ziel. Bei strömenden Regen werden wir auswaggoniert, rasch marschieren wir durch den Ort Lavis (meist von ital. sprechenden Leuten bewohnt) in Richtung Trient, nach einem 4 stündigen Marsch, bis auf die Haut durchnässt, gelangen wir in die Stadt Trient, die Stadt an und für sich machte mir durchaus keinen guten Eindruck, sämtliche Firmenschilde und Aufschriften waren in ital. Sprache, die Bewohner sprechen fast durchwegs italienisch, in jeden Civilisten den ich sah, glaubte ich einen Hochverräter zu sehen.

Infolge des weiten Marsches bei den heftigen Regenwetter war ich schon todmüde auch unsere armen Pferde drohten schon umzufallen durch den anhaltenden Regen wird die Packladung im Gewicht bedeutend erhöht, Mann und Roß hat unter der schweren Last zu leiden.

Um 11 h nachts gelangen wir in die am Fuße des Chegol gelegene Ortschft Villanzano bekommen ein schönes Quartier Kloster (Collegie Sera fice) Gott sei Dank! endlich mal an Ort und Stelle, für die erste Nacht musste ich schon mit dem harten Fußboden fürlieb nehmen; konnte trotz der völligen Erschöpfung keinen Schlaf finden, meine Gedanken weilen noch in Oeblarn, wie weit bin ich nun der Heimat wieder ferne.

Auf Retablierung in Villanzzano b/Triest
23. März 1916

Bei herrlichen Wetter um 7 h vorm. nach einem erquickend. Schlaf erwacht, unser Quartier liegt auf einer Anhöhe östlich des Ortes Villanzzano, malerisch und herrlich gelegen ziehen die Weingärten den Hang hinan, jenseits der Etsch heben sich die Riesenmauern des Brentamasiv in den lachend blauen Himmel.

Gegenüber der Ortschaft Villanzzano liegt das malerische Dörfchen Bondone von den 300 m hohen Felswänden rauscht kristallglitzernd ein Wasserfall in die Tiefe. Angenehm und wohltuend auf das Auge, wirken die grünen Hänge mit den herrlich in Blüte stehenden Obstbäumen, blendend dagegen wirken die Riesenschneefelder auf der Brenta, mit einen guten Glas kann man genau die Drahthindernisse die sich in 4 und 5 fachen Reihen hinzogen, sehen.

Endlich kommt mal die heißersehnte Post aus der Heimat, meine Freunding Milly sendet mir ein allerliebstes Bild, oft und oft küsse ich die Fotographie! Dies Bild soll mein Herz decken und im Vormarsch gegen den treulosen Italiener schützen.

Zu meinem Leid beginnt ein unfreundl. Wetter. Dichte Nebel verschleiern das ganze Tal, ein kalter Regen setzt ein, auf den Höhen Schneesturm.

24. März 1916 in Villancano.

Vorm. um 8 h ausrücken mit Baon, auf den Höhen des Chegal, bis 11 h vorm. Steigübung und Gebirgsdrainage. Am Abend habe ich Dienststücke zu erledigen. Den Schluss der Tagesbeschäftigung bildete das Scheiben an die Lieben in der Heimat, auch an meine gute Freundin Milly sandte ich das noch schuldende Dankschreiben für liebgesandte Fotographie, wüsste meine Freundin Milly nur, mit welch inniger Liebe ich an ihr hänge, noch fand ich nicht den Mut, ihr meine Liebe kundzutun.

Kameraden folgen meinem Beispiel und einer nach dem anderen zieht die Fotographie seiner Liebsten aus der Tasche, auf einen Einfall eines Kameraden, alle Bilder aufzulegen und von Unparteiischen die Schönste von den Mädchen zu bestimmen, legten wir unter einstimmigem Hallo die Fotogr. auf den Tisch, gespannt blicken wir alle auf den Schiedsrichter – und, ach zu meinen größten Stolz fällt der erste Preis auf das Bild meiner lieben Freundin Milly. In denkbar bester Stimmung löst sich die Runde und alles begibt sich zur Ruhe.

Noch will ich mein modernes Bett beschreiben, bestehend aus einen Bettrahmen mit Kopf und Fußende, weder Einsatz noch Bretter hatte ich; als Strohsack diente mir ein Bündel Stroh, ein defekter Sessel dient mir als Nachtkästchen.

25. März 1916 Villancano.

Vorm. im Verbunde mit dem Baon Steigübung auf dem Chegol, mit schwerer Ladung stürzen uns zwei Tragtiere ab.

Abends gemütl. Unterhaltung bei Wein, kaufen bei den Bauern sehr guten Wein St. a 80 h

26. März 1916 Retabl. Villancano
Bei schönen Wetter konnte ich einer Feldmesse beiwohnen.

27. März 1916 Villancano b. Trient Retablierug.
5 h früh Tagwache, bei heller Morgenbeleuchtung beobachte ich den Flugplatz bei Trient, wo sich eben 10 stattliche Flugzeuge emporschrauben, um feindl. Fliegern den Weg nach Trient zu versperren.

Den ersten schweren Geschützdonner aus der Lararaunefront hört man heute.

Am Nachm. werden wir mit Alpine-Ausrüstung Zugstöcke, Steigeisen, Schneereifen, Grillen etc. beteilt.

28. März 1916
Den ganzen Tag über hatten wir mit dem Ausrüsten zu tun; musste Schule halten über den Gebrauch und Konserv. des Klettermaterials.

Bis zum Schlafengehen plaudere ich mit Kameraden über Krieg und Frieden.

29. März 1916 Regen.
Um 5 h nachm. muss ich mit den Pferden nach Trient zum Artil. Zeuge - Depot, M. G. Gurtenverschläge fassen und komme bis auf die Haut durchnäßt um 11 h nachts ins Quartier.

30. März 1916 Villancano b. Tient
Bin zum 22. L. I. D. Gericht nach Trient als Zeuge in einer Angelegenheit von weißer Flagge auf Dobado vorgeladen.

31. März 1916 Villancano b. Trient
Übungen mit dem M. G. im Stellung beziehen, anschleichen an feindl. Gräben und Schießübung. Drainage im Seil-

klettern mit dem M. G. Material. Über 14 Tage vermisse ich die liebe Post aus meiner Heimat.

1. April 1916
Scharfschießen auf dem Übungsschießplatz bei Trient.

2. April 1916
Vorm. Feldmesse, schönes Wetter, die Bäume stehen in herrl. Blütenpracht, nach. gehe ich nach Trient, besorge für meinen Oblt. Einkäufe.

3. April 1916
Herrl. Wetter, keine Beschäftigung.

4. April 1916
Vorm. Steigübung über den steilen Hängen des Chegol von der Höhe herrl. Aussicht ins Lugana Tal nach Pergine, Caldonacco mit gleichnamigen See. In östlicher Richtung sieht man unsere Artilleriestellung in den Schneeregionen.

5. April 1916 Villancano b. Trient
Heute Rasttag: Eine Riesenarbeit macht mir die Improvisierung der Tragbänder für das M. G. Material.

Abends unternehme ich mit Kameraden Nager, Fragner einen Ausflug nach dem schönen Örtchen Pante kehren dort in ein Gasthaus ein, der gute Wein und Obstschnaps hats uns aber angetan, mit ziemlich erhitztem Gemüt und einen festsitzenden Äffchen wanke ich aus dem Gastzimmer und setze mich hinaus ins Freie auf ein Stiegen Geländer, nicht achtend dass nebenan ein Offz. von Sch. Rgmt 26 einlogiert war, ich kritisiere über den Krieg und den Militärleben, plötzlich verspür ich über den ganzen Körper einen kalten Tusch und schon poltere ich hinunter über die Stiege, wie ein begossener Pudel taumle ich meinen Quartier dem Kloster Sera fin zu.

6. *April 1916 Villancano*

Vorm. verspür ich noch einen moral. Katzenjammer, nachm. Inspizierung durch unseren Rgmts. Kmdtn. Obstlt. Tenner

7. *April 1916 Villancano*

Der Besuch Sr. kais. Hoheit Erzherzog Eugen ward angesagt. Der Ort ist festlich beflaggt, wir putzen und schniegeln an unserer Montur und allen Material.

Um 9 h vorm. treten wir mit Reisig geschmückt auf einer Wiese an; um 10 h verkünden uns die schmetternden Trompetentöne die Ankunft des Erzh. Eugen mit Gen. Danckl, Köres und andern hohen Offizieren im Gefolge. Erzh. Eugen ein liebenswürdiger Vorgesetzter spricht mit vielen Leuten des Regmts zuletzt kommt Erzh. Eug. zu meiner Abteilung und spricht auch mit mir, lobt mich und fragt mich was ich für einen Civilberuf habe. Erfuhr auch heute dass für den 1. Mai k. J. die Offensive gegen Italien geplant war, durch Verrat von Trienter Irredentisten hinausgeschoben wird.

8. *April 1916 Villancano*

Vorm. auf dem Chegol Steigübung masrschieren durch den Ort Ponte; unser Oblt. war heute in besonders guter Stimmung, mit seinen ebenso übermütigen Pferd „Hans" ritt er auf jedes auf dem Wege stehende Weib zu, die unter schreien und zettern flüchteten; für uns war es ein Mords Theater.

9. April 1916 Villanzano
Vorm. Feldmesse: Endlich bekomme ich mal Post von der Mutter nach 4 Wochen. Abends unternehme ich einen Spaziergang gönne mir einige Halberl Tiroler.

10. April 1916 Villancano.
Materialreinigung. Rast.

11. April 1916
Brigade Übung auf dem Chegol.

12. April 1916
Kletterübung mit dem Seil, über eine 20 m hohe Felswand ziehen wir mit dem Seil Mann und Material auf.

13. April 1916
Vorm. um 8 h waren wir mit kompl. M. G. A auf einer großen Wiese gestellt. Unser über Geistreicher M. G. Referent Hptm. Siegl inspiziert die Abtl. und unsere Adjust. Abermals entstehen durch Anordnung des Hptm. Siegl andere unbequemere Adj. Vorschriften; ich bin M. G. Vorsch Vormeister und hatte am meisten zu tragen nach Vorschrift trug ich am Leibriemen eine Peilpicke, die Vormeister Tasche, Pistole, Schneereifen und Steigeisen. Am Rücken habe ich Zeltblatt und Lagerdecke und den Requisiten Verschlag zu tragen ein Gesamtgewicht von 25 Kilo, bei einen Marsch von einer Stunde geht einen der Atem aus, ganz ausgeschlossen dann mit einer derartigen Überlastung eine Hochgebirgstour zu machen. wir Allsamt verwünschen den greulichen Krieg besonders die die den Krieg wollten, niemand in der Heimat hat eine Ahnung welch Strapazen und Leiden wir durchzumachen haben.

14. April 1916 Villanzano b. Trient
Während der ganzen Nacht wütete ein fürchterl. Gewitter, am Morgen heiteres klares Wetter.

Um 8 h vorm. mit unserer Patent Siegl Adjust. zur Übung ausgerückt; freuen uns schon baldigst in Stellung zu kommen, um mal von der Zwinnerei erlöst zu werden.

15. April 1916 Palmsonntag
Um 4 h 50 ausrücken mit der Feuerstaffel zur Trienter Garn. Schießstätte.

Auf der Strecke Trient – Ala sehe ich einen mit M. G. armierten Panzerzug dahinsausen.

16. April 1916 Villancano
Vorm. bei herrl. Wetter Feldmesse im Orte, haben heute keine Beschäftigung, um uns die Zeit zu vertreiben, verschaffen wir uns von den nächsten Gasthäusern Kegel und Kugel und errichten uns im Hofe unseres Quartier eine Kegelbahn.

17. April 1916 Villancano
Von meiner Mutter und mir liebgewordenen Freundin Milly Post bekommen. Vorm. hatten wir in Geb. Adj. Steigübung auf den Chegol.

Nachm. baden in der Tir. K. J. Kaserne in Trient, aus der Stellung bringt man 500 Gefangene Italiener.

18. April 1916 Villancano
Vorm. Steigübung, von meiner Mutter einen Brief bekommen, dessen Inhalt mir großen Trost spendete.

19. *April 1916 Villancano*

Bei herrl. Wetter Kletterübung mit Seil und Pickl. Nachm. unterhalten wir uns mit Seilziehen und div. Kraftproben in Anwesenheit unserer Offz. hernach hatten wir bis 9 h abends gekegelt.

20. *April 1916 Vllancano, Gründonnerstag*

Vorm. auf der Garn. Schießstätte scharf Geschoßen, nachm. Rast.

21. *April 1916 Villancano Karfreitag*

Vorm. Ausrücken, nachm. Visite, abends gehe ich mit Kameraden nach Trient auf ein Bier.

22. *April 1916 Karsamstag in Villanzano*

Nach lange angehaltenen herrl. Wetter, trübte sich heute der blaue Himmel und bald beginnt es ausgiebig zu regnen.

23. *April 1916 Ostersonntag in Villanzano*

Nicht viel spürten wir von den hohen Feiertagen. Brot das gleich schwarze und Osterschinken gibt es auch keinen, doch um die Ostern nicht ganz stille vorbei gehen zu lassen, machte ich mit Kameraden einen Ausreißer nach Pante in einem Gasthaus (Osteria) gibt es Musik mit Tanzunterhaltung. Diese wellischen Weiber erweckten in uns kein besonderes Vertrauen so tanzten wir mit Kameraden, nach nahezu einen Jahr konnte ich mein Tanzbein wieder mal schwingen.

Doch bald, bald verlier ich mein Gleichgewicht! Der gute Südtiroler Wein hat's mir angetan.

Unter ziemlich feuchtfröhlicher Stimmung suchen wir in finstrer Nacht unser entlegenes Quartier auf.

24. April 1916 Villanzano
Herrl. Wetter: Feldmesse hernach gehts Kegelscheiben wieder los. Zu meiner größten Freude bringt mir die Post nachm. 3 lbe. Osterkarten meiner guten Freundin Milly, sofort setz ich mich zu Tisch und schreibe an Milly.

25. April 1916
Herrl. Wetter: Im Verbande mit dem Baon und Inf. G. Abtlg. eine Übung auf dem Chegol.

26. April 1916
Mit fürchterl. Kopfschmerz in allerfrüh erwacht. Vorm. mit kompl. Marschadj. im Hofe antreten.

Nachm. um 5 h zu einer Nachtübung auf dem Chegol ausmarschiert, ich war diese verdammten Übungen schon satt, rabenmüde langen wir im 11 h nachts im Quartier an.

27. April 1916
Nach den nächtl. Strapazen hofften wir uns einen Rast-Tag, leider wurde nichts draus, schon um 9 h vorm. mussten wir abermals auf den uns verhassten Chegol.

Beim Heimmarsche ins Quartier forderte uns unser Oblt. zum singen auf, doch infolge der furchtb. Hitze waren wir so matt und erschöpft, dass zum singen niemand Lust hatte, als Strafe weil wir nicht sangen, mussen wir, nachdem wir um 12 h mittag erst ins Quartier kommen, um 2 h nachm. mit Marschadjustierung in der größten Hitze wieder antreten. Hierauf kommt unser Zugskomdt. Lt. Vuly Breindl dass wir wegen Nichtbefolgen eines Befehles (zum singen) Strafexerzieren müssen, meiner Ansicht nach, kann zum singen niemand gezwungen werden, fünfmal müssen wir im Hofe Laufschritt und Nieder machen wir sind empört, ballen die Fäuste, denke man nicht auf seine Angehörigen in der Heimat würde ein Unglück geschehen.

Ich und einige meiner Kameraden dienen schon das 4 te Jahr treu in Frieden und Krieg dem Kaiser und müssen uns im 2 ten Kriegsjahr so ungerecht schikanieren lassen.

28. April 1916 Villancano
Bis 12 h mittags Regimentsübung auf dem Chegol nachm. Vorbereitungen für den bevorstehenden Abmarsch in die Front, besorge mir im Ort einige Citronen und Zucker. Wir alle freuen uns schon herzlich auf den Abmarsch.

29. April 1916 Villancano
Abmarsch ins Sterzinger – Lager – Cima – Vezzena

Vorm. haben wir Rast. Nachmittag um 4 h verlassen wir unter klingenden Spiel der Div. Musik den Ort Villancano, nach 7 stündig beschwerlichem Marsch über die Serpentinen nach Vattaro gelangen wir bei völliger Finsternis nach Valsorda auf einer Wiese halten wir längere Rast. Lichter müssen wegen feindl. Artillerie streng verdeckt werden.

30. April 1916 Frischange Höhe 1200 m
Um 2 h früh gelangen wir in die Ortschaft Frischange. Todmüde verkrieche ich mich ins Heu und schlafe bis 10 h vorm. nach Reinigen des Körpers von Schmutz und Staub erhalten wir eine kräftige Menage, hernach marschieren wir weiter über kunstvoll angelegte Straßen durch Tunelle und über Viadukte, überqueren gefährliche Lawinenabstürze, Schneemassen von 8 m Höhe; unter den Schneemassen liegen 40 Trainfuhren und 100 Mann begraben, schauderhaft der Anblick. Um 7 h abends gelangen wir in feindl. Artilleriebereich gelegene Ortschaft Carbonari dessen Häuser und die darüber führende Drahtseilbahn von feindl. Artillerie

zerstört sind. Im Eilschritt übersetzen wir den gefährlichen Raum und gelangen bereits in die Schneeregionen, uns wird empfindlich kalt. Um Mitternacht passieren wir das Spital des Malt. Ritterordens in Mte. Rover.

Knietief in Kot und Schnee watend unter den gräulichsten Marschschwierigkeiten gelangen wir um 3 h früh nach unserem Ziel, dem Sterzinger Lager; Bei empfindl. Kälte müssen wir in einer offenen Hütte nächtigen.

1. Mai 1916 Sterzinger Lager.
Am ganzen Körper steif und durchnässt erwache ich bei Morgengrauen, ringsumher liegen noch große Schneemassen, mich friert sehr.

Im Laufe des Tages beziehen wir ein besseres Quartier in der Badeanstalt des Lagers.

2. Mai 1916 Im Sterzinger Lager
Einführung der Sommerzeit

Der zweite Zug meiner Abtlg. geht in Stellung auf die Cima Vezzena besichtige mir den Heldenfriedhof und die schwere Drahtseilbahn nach Caldonazzo.

3. Mai 1916 Im Sterzinger Lager.
Musste Schule halten über Organisation der M. G. A

Nachm. bringt man aus der Stellung einen Toten des L. R. 26. Der Arme stand in der Nacht als Vedette vor den feindl. Stellungen, von einer ital. Patrouille überfallen, wurde der Arme erdolcht und noch mit einem Gewehrschuss entsetzlich zugerichtet. Der Held wird im Sold. Friedhofe beerdigt, bekam einen schönen Grabstein mit der Inschrift: Der Du durch falsche Hinterlist fürs Vaterland gefallen bist!

4. Mai 1916
Lebhafte Aktion unserer 15 cm Haubitzen auf die feindl.
Feldwachstellungen.

5. Mai 1916 Im Sterzinger – Lager.
Mit furchtbaren Kopfschmerzen erwache ich am frühen
Morgen. Vorm. bekomme ich zu meiner freudigsten Überraschung von meiner guten Freundin Milly und dessen
lb. Eltern ein großes Kisterl per Feldpost. Inhalt: Fleisch,
Cigarren, Bäckerei und ein Fläschchen mit feinem Schnaps,
beim auspacken sehen meine Kameraden den Schnaps und
gleich kommt ein jeder mit Magenbeschwerden, ich ver-
stehe gleich derartige Leiden und teile mit den Kameraden
den Schnaps.

Unsere 24 cm Mörser poltern heftig dass uns hören und
sehen vergeht, am Abend bekommen wir als Revange
heftiges feindl. Artilleriefeuer. Eine feindl. Feldwache wird
gefangen.

6. Mai 1916 Im Sterzinger Lager.
Auf Rgmts. Komdo. Bef. musste ich mit den M. G. auf eine
mit Bäumen markierte Höhe gehen und auf feindl. Flieger
passen.

Für einen abGeschoßenen feindl. Flieger ist ein Preis von
2000 K. ausgesetzt.

7. Mai 1916 In Stellung: auf Cima Vezzena
Um 8 h vorm. marschieren wir mit Sack und Pack auf
die Cima, 800 Stufen haben wir unter Ach und Weh zu
passieren, in schwindelnder Höhe von 2800 m kleben die
Offz. und Mannschaftsunterkünfte an der Felswand; in der
Stellung selbst befinden sich großartig angelegte Kavernen
mit elektrischer Beleuchtung und Drahtseilbahnen welche

Proviant und Munition in die Stellung führten, am Gipfel der Cima befindet sich das Werck – Cima.

Das Werk ist von feindl. Artillerie arg demoliert einige Panzerkuppeln sind zerschossen, ich beziehe mit meinen M. G. den Stützpunkt 54, ein herrl. Panorama bietet sich dem Auge, circ. 800 x vor unseren Stellungen sieht man die mit 5 fach geschützten Drahtverhau umgebenen feindl. Gräben in östl. Richtung zieht sich die Löwespitze hin, südlich die Straße Vezzena – Asiago, in Wald Parzellen sehe ich die mit Stahlhelm geschützte feindl. Feldwache. Im Hintergrund hebt sich der Mte. Vezzena und Campomolung mit gleichnamiger ital. Festung hervor.

Am Nachm. besichtigt unser Brig. Oberst Elison die Stellung.

8. Mai 1916 Ima – Vezzena
Den ganzen Tag sitze ich bei meinen Gewehr und lauere wie ein Aar auf Beute.

9. Mai 1916
Dichter Nebel verhindert den Ausblick. Doppelte Vorsicht muss angewendet werden um nicht von feindl. Patrouillen überrascht zu werden, für alle Fälle sind wir mit Handgranaten und Schlagringe ausgerüstet. Gegen Mittag verzieht sich der dichte Nebel, unsere Artillerie fetzt zielsicher auf die Kuppeln der feindl. Festung Campomolung.

Abends werd ich von feindl. Artillerie mit einigen Lagen Schrapnell überschüttet, zum Glück konnte ich mich früh genug in die Kaverne retten.

10. Mai 1916.
Um 9 h vorm. gehe ich auf meinen Posten, herrliches Wetter begünstigt die Aktion unserer Artillerie auf dem vom Feinde besetzte Höhe Bonson.

In der Nacht geht ein heftiges Gewitter nieder.

11. Mai 1916. _Stellung Cima – Vezzena_
Ein heftiger Husten lässt mich die ganze dienstfreie Nacht nicht zum Schlaf kommen.

Vorm. beziehe ich meinen Posten. Die Fernsicht ist nicht besonders rein, dennoch konnte ich an der Waldlifer feindl. Feldwachen herumschleichen sehen, nehme mir die Burschen aufs Korn und befördere einen davon mit einem wohlgezielten M. G. Schuss ins Jenseits.

Nachm. beobachte ich südl. des Werkes Lussern ein Feldwachen Geplänkel.

Patrouillen von Kl. 73 sind mit dem Feind in steter Fühlung. Durch Zufall treffe ich in der Stellung mit 3 Schulkameraden zusammen, groß die Freude des Wiedersehens.

12. Mai
Am Abend macht der Feind einen heftigen Feuerüberfall auf die Stellungen der 73 er, unsere Artillerie bringt die feindl. Infanterie zum Schweigen.

13. _Mai Cima Vezzena, Feldwache Löwemulde._
Um 9 h vorm. löst uns der II. Zug von der Stellung ab, wir gehen zurück ins Sterzinger Lager in Reserve freue mich schon, mich mal gründlich reinigen können, besonderes Augenmerk hatte ich auf Sondierung der unangenehmen Feldbienen (Läuse).

Frohen Muts marschieren wir dem Lager zu, nach kaum 10 Minuten Rast kommt die Ordonanz mit der Meldung wir müssen sofort zurück und die Feldwachstellung besetzen.

Zu meinen größten Ärger beginnt es in Strömen zu regnen und bis auf die Haut durchnäßt gelangen wir bis zum Stützpunkt 49. Bei völliger Finsternis schleiche ich mich mit den Bed. Leuten zu meinen Aufstellungsplatz und befinde 25 Schritt vor den feindl. Linien.

Auf Anordnung unseres Abschnittskomdtn. Hptm. Schaly hatte ich mein M. G. unter einer Fichte zur Aufstellung zu bringen; in Flüsterton gebe ich meinen Leuten die weiteren Befehle, wähend meine Leute Reisig und Bäume für eine Markierung samelten, lade ich das M. G. und meine Pistole – Während ich meinen Waffen hantiere, höre ich vor mir ein Knistern, mit angehaltem Atem horche ich gespannt und zu meiner nicht geringen Überraschung seh ich trotz der Finsternis eine feindl. Vedette in einem Graben, mich der besten Hoffnung hingebend, dass mich der feindl. Feldposten noch nicht bemerkt hat, verharre ich ruhig auf meinen Platz.

Mit schussbereiter Pistole in der Hand, verharre ich den Blick immer auf mein widerliches vis-a-vis. gerichtet, auf meinen Posten. Während ich mit meinen Leuten an der Markierung eifrig arbeite löst sich eine feindl. Batteriesalve und zischend und krachend krepieren im Moment 6 Schrapnell knapp vor meinem Standort, mit knapper Not entgehe ich dem sichern Tode.

Endlich bei Morgengrauen kommen meine Ablöser und ich bin wieder 12 Stunden von dieser qualvollen Lage befreit.

152

14. Mai 1916. Auf Feldwache Stpkt. 49

Matt und elend von den Nachtstrapazen liege ich in einer
nassen Kaverne, von der Decke der Kaverne tropft ständig
Wasser herunter.

15. Mai 1916. :Artillerievorbereitung:

Morgens um 5 h gehe ich mit 5 Mann die Feldwache ablösen, rasch gehe ich in Stellung ehe noch der Tag anbricht;
um 9 h vorm. beginnt unsere Artillerie mit dem Einschie-
ßen auf die feindl. Stellungen des vor uns liegenden Levespitze.

Schuß auf Schuss saust in die mit Ialiener dicht gefüllten
Gräben, 15 bis 20 Kilo schwere Granatsplitter und Erdknollen stürzen mit Gepolter in unseren Graben.

Das Erzh. Thronfolger-Korps am rechten Flügel geht bereits
zum Angriff über, aus dem fürcht. Gewehrfeuer konnte
man schließen, dass das Gefecht seinen Höhepunkt erreicht
hat.

Endlose schwarze Linien sieht man mit den Trieder auf den
Schneefeldern des Brenta Gebietes vorgehen, (20. Korps)

Aus dem Pressebericht erfahre ich, dass dem Feinde 2 Erd-
werke und 2 Gruben bereits genommen wurden. Gefangene wurden 2000 gemacht.

Um 9 h abends werd ich wieder abgelöst, mit einem grässli-
chen Kopfschmerz komme ich in der Kaverne an, lege mich
gleich nieder, kann aber vor Schmerzen keine Ruhe finden,
wälze mich am Boden.

Um 12 h nachts überschüttet der Feind unsere Linien mit
einem mörderischen Gewehrfeuer, hageldicht schnalzen

und pfeifen die Geschoße durch die stockfinstre Nacht;
Mein Kopfschmerz nimmt zu. Infolge der Schießerei wer-
den wir alarmiert und müssen auf einen eventuell feindl.
Angriff bedacht sein, in Eile wird unsere Kaverne zum
Hilfsplatz umgewandelt, man bringt bereits 4 Verwundete
und 2 Tote.

16. Mai 1916, Leve = Vezzena.

Um 7 h morgens bin ich matt und elend erwacht.

Unsere Artillerie setzt ihre blutige Arbeit fort. 30. 5 Mörser beschießen die ital. Festung Vezzena. Großartig präzis
schlagen die schweren Geschoße in die Panzerkuppeln des
Werkes. Ein jeder Schuss ist Treffer.

Fast den ganzen Tag lang lieg ich in geduckter Stellung
und beobachte mit Spannung die Beschießung 30 m hohe
Rauchsäulen wirbeln auf.

17. Mai 1916. Stützpunkt 49

Bin nun ein volles Jahr im Felde, endlich bietet sich mal
Gelegenheit zum schreiben an meine Lieben in der Heimat.
Nachm. bringt man von meiner Abtlg. einen Verwundeten
mit durchschossenen Füßen, durch einen unglücklichen
Zufall entlud sich das M. G. und das Geschoß ging dem
Armen durch beide Füße.

18. Mai 1916. Stützpunkt 49

Um 5 h vorm. gehe ich mit meinen 5 Bed. Leuten auf die
Feldwache.

Den ganzen Tag über herrscht eine unheimliche Ruhe an
der ganzen Front. Bald sollen wir zur Offensive übergehen.
Gott mit uns!

Beginn der Offensive gegen Italien

19. Mai 1916

Abmarsch von Cima – Vezzena in die Angriffsstellung Levespitze. Am frühen Morgen beginnen wir mit den Vorbereitungen für den Angriff. Gewehre und Munition werden auf das genaueste untersucht, Rucksäcke und übrige Bagagen werden zum Train gesandt warten nun auf weitere Bef. 12 unsrige Aufklärungsflieger kommen mit der Meldung dass der Feind den Materello geräumt hat. Um 3 h nachm. beginnt unsere Artillerie auf die feindl. Stellungen zu trommeln; die ersten feindl. Stellungen an der Straße Vezzena sind sturmreif. Die 73 und 11 er brechen aus ihren Stellungen hervor und gehen in Schwarmlinien auf die feindl. Linien los! Die feindl. Artillerie schweigt, die ersten Gräben sind genommen.

Um 5 h nachm. kommt an uns die Reihe! Schweigend, die Gedanken an meine Heimat erklimme ich die Cima auf der Höhe sammelt sich das Baon III. von Lie. 3 um 6 h nachm. kommt der Befehl „ausbrechen". Ein Mann hinter dem Anderen geht durch den Drahtverhau und glücklich gelangen wir in die Mulde vor der Leve – Spitze, das Baon sammelt sich.

Über Anordnung unseres Baons. Kmdtn Oberlt. Millanich, konnten wir unsere Decken und Zeltblätter abnehmen und dürfen uns im Walde zur Ruhe legen.

20. Mai 1916 Erstürmung der Leve – Spitze

An allen Gliedern steif vor Kälte, werden wir bei Morgengrauen geweckt, mein Oberlt. Hoscheck kommt auf uns zu, ermuntert uns und erklärt uns die momentane Gefechtslage, hernach zieht unser Komdt. 2 Cartons mit Cigretten heraus und verteilt sie unter den Leuten mit dem Bemerken, die Cigretten mit Andacht zu rauchen, da dieselben von dem Bräutchen sind; wir tun dies auch aufs Gewissenhafteste so mancher wird zum letztenmal rauchen!

Lautlos sammelt sich das Baon in der Mulde, darauf kommt unser Baons. Kmdt. Obstlt. Milanich. Mit einer kernigen Ansprache hielt er uns zum Durchhalten und energischen Draufgehen auf dem Feinde an.

Die vom Feinde besetzte Leve Spitze ist noch nicht sturmreif, der Baons. Kmdt. telephoniert um weitere wirksame Artillerieunterstützung.

In einigen Minuten schon heulten unsere Schrapnells über uns hinweg in die feindl. Gräben, unsere Artillerie schießt sicher aus den feindl. Stellungen hört man schreien. Endlich kommt der Befehl: Vorwärts! Nun mit Gott. Die 12 te Komp. hat sich bereits in Schwarmlinie entwickelt, dahinter gestaffelt die 9. 10. 11. Komp. meine Abtlg. geht in der Mitte, ein lautes Hurra, die 12 te Komp. hat ohne Verluste die Höhe der Leve genommen. wir folgen von der Flanke heftiges Kartütchenfeuer erhaltend – den Komp. in Eilschritt nach. Es sind bereits Verwundete doch diese den nachfolgend Sanitätspatrouillen überlassend, eilen wir den Kompanien nach, erreichen die Höhe und bringen unsere M. G. sofort in Stellung. Ein possierlicher Anblick bietet sich meinen Augen, tausende und tausende flüchtende Italiener sieht man dem Walde zulaufen, unsere Artillerie verlegt das Feuer und haufenweise liegen tote Italiener in den total demolierten Stellungen, Ausrüstungsgegenstände, Gewehre und Munition sowie Brot und Zwieback erbeuten wir in den feindl. Stellungen.

Mein M. Gewehr steht bereits in Feuerstellung fertig, nach
Erhalt des Feuerbefehles such ich mir ein schönes Ziel,
nehme den Trieder zur Hand und endtecke im Walde circ.
800 m Distanz ein feindl. Baon welches sich zum Gegen-
angriffe sammelte. Sofort visiere ich mein Gewehr auf die
feindl. Gruppen fast 30 Minuten lass ich mein Gewehr
rattern, Tod und Verderben in den feindl. Reihen bringend.
Wie Wahnsinnige stoben die feindl. Gruppen auseinander
und flüchten in den Wald, Offiziere meines Baons welche
beobachteten riefen mir Bravo! zu. Ein neuer Wirbel hinter
meinem Rücken, aus einer Kaverne kommen 14 Italiener
mit Hände hoch, die Kerle hatten sich dort verborgen gehalten und hatten den Auftrag uns nach Besetzung der Leve
mit Handgranaten zu überfallen, was ihnen bei schneidigen Handeln auch gelungen wäre, doch fehlte es Ihnen wie
bei allen Italienern die nötige Schneid; außerdem entdecken wir bei Durchstöberung der Kaverne ein geladenes
Geschütz. Überdies finden wir große Vorräte von feinem
weißen Zwieback, so konnten wir auch unseren Wolfshunger stillen.

Sappniere kommen in Stellung und arbeiten eifrig an den
Aufbau u. Befestigung der Stelllung.

Spanische Reiter und Drahtverhaue werden zur Stellung
gebracht; unterdessen wird die feindl. schwere Artillerie auf
uns aufmerksam und in kurzen Intervallen folgt Granate
auf Granate, die ersteren krepieren mit furchtbaren oh-
renbetäubenden Detonationen an den steilen Wänden der
Cima, krachend und polternd kollert das abgeschossene
Felsgestein in die Tiefe, die 28 cm Granaten kommen uns
immer näher, Gott steh uns armen Soldatenseelen bei! 3 m
vor mir steht eine Gruppe von 4 Mann und beobachten das
Treiben des Feindes abermals ein rollen in den Lüften, ein

furchtbarer Krach, eine 2 m hohe Flamme schießt empor, ich werde von Erde und Steine überschüttet, die Leute, die vorhin vor mir standen, liegen mit zerschmetterten Leibern in der Tiefe darunter (Korporal Mink).

Weiß bis in den Mund sitzen wir zusammengekauert vor einer ital. Deckung mit Eisentraversen. Noch habe ich mich nicht vom ersten Schrecken erholt, höre ich wieder ein sausen ein fürchterlicher Schlag ich verliere die Besinnung.

Erst nach längerer Zeit erlange ich mein Bewusstsein. Der Kopf brummt mir entsetzlich greife hinauf und gewahre erst das ich am Hinterhaupte 3 Verwundungen leichter Natur habe. Lasse mir bei der Sanitätspale. den Kopf verbinden, unterdessen erhielt auch meine Gewehrstellung einen Volltreffer, einige Gurtenverschläge und der Wasserbehälter wurden zertrümmert, das M. G. blieb unverletzt.

Am Spätnachmittag ergeben sich 400 Italiener. Einzeln laufen sie aus ihren Gräben und "evviva Austria" Rufen und erhobenen Händen laufen sie in unsere Linien. Bis zum Abend hört das feindl. Artilleriefeuer auf, ich gehe mit verbundenem Kopfe zu meinem Gewehr auf Posten, bekomme heftiges Fieber. Dichter Nebel umhüllt die Höhen und macht uns jede Fernsicht unmöglich. Wie es zu erwarten war machte der Feind um 10 h nachts mit 3 Rgten einen Gegenangriff, hageldicht sausten und pfiffen die feindl. Infan. Geschoße über unseren Köpfen hinweg, vergebens stürmte der Feind an uns, ich schieße, mit meinem M. G. wie rasend, so dass mir das Wasser in W. Jacke zum sieden kommt. Volle 2 Stunden dauerte der Angriff, der Italiener geht zurück; kein Schuss fällt, es ist finstre Nacht, schauerlich die Hilferufe der Verwundeten und sterbenden vor dem Drahthindernis. Freunde und Feinde kämpfen mit dem Tod!

So mancher Vater und mancher Sohn gibt seinen Geist auf.

Erstürmung des ital. Mandrioloi
21. Mai 1916. (3. Baon Lei 3 mit M. G. A. 3.)
Vorm. heiteres schönes Wetter mit schöner Fernsicht, der Feind hat das Feld geräumt, nur einzelne als Nachhut stecken noch hinter Felsen und Waldparzellen, mit Hilfe unserer guten Artillerie konnten wir den restlichen Teil kampfunfähig machen; wir hatten ein Mordstheater mit den Italienern, wie aufgescheuchte Hasen laufen sie hin und her, unsere M. G. halten sie stets im Schach endlich werfen die letzten Italiener ihre Gewehre weg und ergeben sich.

Die Mittagssonne brennt auf das mit Leichen bedeckte Schlachtfeld des Levehanges, um 2 h nachm. brechen wir auf, bahnen uns den Weg durch die Drahtverhaue und überschreiten den Hang der Leve. Mit Grauen sehen wir viele unsere Kameraden mit totverzehrten Gesichtern in ihren Blute liegen. Freund und Feind liegen sich mit gekreuzten Waffen in ewiger Ruhe gegenüber, die Luft ist mit Leichengeruch verpestet, Fch. Hartnagl liegt mit eingeschlagenen Schädel im Grase.

Ital. Helme, Mützen, Waffen liegen in Haufen am Schlachtfelde, im beschwerlichen Aufstiege erklimmen wir einzeln die Höhen des österreichisch Mandriolo von der Flanke werden wir von versteckt liegend feindl. Patrouillen heftig beschossen, 4 Mann von uns werden verwundet.

Vorausgesandte Sturmpatrouillen meines Baons bringen die Meldung, dass der ital. Mandriolo von einem feindl. Baon besetzt sei.

Unser allzeit schneidiger Obstlt. Millanich entschließt sich zu einem sofortigen Angriff auf das feindl. Baon. Auf Bef. hatte ich mit meinem M. G. eine feindl. Patrouille zu beschießen.

Um 4 h 30 nachm. werden wir in Sturmkolonne gesondert und im Schutze des einfallenden Nebels, kriechen wir mit den Kompanien in Sturmdistanz vor.

Um 5 h nachm. nimmt die Infanterie Bajonett auf. 7 h nachm. Gott mit uns! Ein schriller Pfiff das Zeichen zum Angriff! Unser Baonskmdt. geht mit gezogenen Säbel voraus, die Sturmkolonnen bewegen sich nach vorwärts, ein kleines Stück kommen wir gedeckt vor, doch bald wird uns der Feind gewahr. wir werden mit einen mörderischen Kugelregen überschüttet nun gibt es kein Zögern mehr, zischend und pfeifend bahnen sich die Inf. Geschoße in den Erdboden. Mit Geistesgegenwart montiere ich binnen einer Minute mein M. G. auf und mach mich feuerbereit.

Jeden Moment musste ich mit dem Tode rechnen ich mache noch rasch einen Blick auf die Felswand welche vom Feinde in ausgehauenen Galerien besetzt war, die Distanz schätze ich mit 200 Schritt; ein Probeschuss mein Beobachter meldet „gut" auf den erhaltenen Befehl „Feuer" lasse ich mein Gewehr arbeiten, die Wirkung meines Beschießung war grauenhaft! Ein Drittel der feindl. Besatzung war tot (300 Mann) die übrigen ergeben sich, während unsere M. G. die stürmenden Komp. überschossen, hör ich ein brausendes Hurra; sehe ein wildes Handgemenge Mann gegen Mann und der letzte Italiener wird kampfunfähig gemacht.

Unser Baons. Kmdt. eilt auf die Italiener zu und ruft „Uns ghört der Mandriolo"

Die Komp. gehen vor und besetzen die Höhe des Berges wir nehmen unser Material auf und folgen den Kompanien, wir haben eine Schneewächte zu passieren links ein Abgrund von 700m ich blicke zufällig hinunter und sehe 2 schwerverwundete Italiener am Hange liegen, bittend heben sie die Hände zu uns empor und in ihrer Muttersprache schreien die beiden schwerverw. um Hilfe heraus, beim besten Willen konnten wir nicht helfen. 400 m ob und 400 m unter ihnen die schroffe Wand ins Val. Sugana.

Der grausame Krieg kennt kein Erbarmen! Die Armen, wenn auch Italiener, mussten in der Nacht noch elend zugrunde gehen.

10 h nachts wir besetzen den Kamm des Mandriollo. Ringsum liegen noch hohe Schneemassen uns friert erbärmlich, kaum kriege ich mein M. G. in die neu aufgeworfene Stellung, bemerke ich zu meinem Entsetzen, dass aus unmittelbarer Nähe eine schw. feindl. Batterie zum feuern beginnt, ich sandte sofort Meldung zum Baon, wir sind in einer sehr kritischen Lage, Ausweg gibt es keinen, links der Abgrund von 700 m Tiefe rechts die feindl. Batterie die uns jede Minute zu einem Brei zusammenschießen kann; doch wie durch ein Wunder Gottes hat die feindl. Artillerie von unserm Aufenthalt keine Ahnung und feuert über uns hinweg nach der in Flammen stehenden Ortschaft Porgo ich suche sofort die Telephondrähte des Feindes, finde dieselben am Boden und durchschneide sie. So sind wir über Nacht von der feindl. Artillerie sicher. Wohl hatte unser kluger Baonskmdt. sofort um Verstärkung zum Nachbar

Regmt. Lu 26. gesandt. Noch heute muss die feindl. Artillerie kampfunfähig gemacht werden.

22. Mai 1916 ital. *Mandriolo*
Vormarsch auf dem Mte. Paradieso

Dank dem braven Proviant Offz. unseres Regmts Lu 3 bekommen wir in den ersten Morgenstunden einen heißen guten Tee, Kaffee, Brot, Cigretten, Suppe und konnten unseren Heißhunger hauptsächlich den brennenden Durst stillen.

2 h früh! Hurra unsere Verstärkungen von Lu 26 kommen, einige Gewehrsalven fallen, es ist auffallend stille, der Morgen graut, ich nimm den Trieder zur Hand und beobachte die feindl. Batterie, o Madonna sämtliche Geschütze sind gegen Italien gedreht, bald darauf erfahren wir dass die schneidigen 26 er die Geschützbedienung überfiel und sie nach kurzem Handgemenge niedermachte, wir alle atmen erleichtert auf, nun ist diese große Gefahr auch vorüber, Gott sei Dank!

Der Tag wird herrlich schön. Wie freuen wir uns mit unseren guten schneidigen Baons. Komdt. Milanich endlich als Erste auf feindl. Boden zu stehen!

Im Lande wo die Citronen blühen! Wohl blühen hier Eiszapfen aber keine Citronen.

Um 12 h mittag verlassen wir den Mandriolo und marschieren hinunter ins Tal gegen Cra Saeice lagern wir auf einer großen Wiese.

Müssen nun die weiteren Befehle abwarten, während dieser Zeit durchstöbern meine Leute die im Tale stehenden verlassenen ital. Hütten nach Beute, mit Oel, Schuhe, Wäsche, Papier, Kaffee, Reis etc. kehren unsere Leute schwerbeladen zurück. Die Beute wird brüderlich verteilt.

Ich fülle meine Feldflaschen mit feinsten Olivenoel und esse Brot mit Oel.

Um 4 h nachm. marschieren wir weiter. An der Straße stehen schöne mit Wellblech gedeckte Hütten, Motore, Straßenwalzen, Reis, Bohnen, Maccaroni liegen im Durcheinander mit blutigen Montursstücken, Verbandszeug und sonstigem Kriegsgerät auf der Straße.

Ins unendlich hohe steigt unsere Beute, beiderseits der Straße stehen noch die Geschütze, zahlreiche Sprengtrichter mit 5 – 6 m Umfang zeigen die furchtbare Wirkung unserer 30. 5cm Mörser.

Im Weitermarsche kommen wir zu einer demol. Radiostation, alle Telegraphenleitungsdrähte sind durchschnitten und hängen in Strähnen herunter.

22. Mai 1916 Maioffensive.
Vormarsch über d. Mte. Paradioso. Im Weitermarsche passieren wir eine it. Geschützstellung. das Geschütz Kal. 28 cm ward von einem öst. 30. 5. cm Geschoß vollständig vernichtet. Eisenteile und Erdknollen im Gewichte von 5 – 6 Zentnern liegen im Umkreise herum.

Um 6 h nachm. beginnt der beschwerliche Aufstieg auf den steilen, schneebedeckten Hängen des Mte. Paradieso, im streng geführten Marsch durchstreifen wir den Wald bis zur Höhe 2008 m. Vom Feinde ist nichts zu sehen und zu hören. Dennoch stellen wir vorsichtshalber eine Feldwachkette auf, je 2 M. Gew. halten Dienst, so muss ich in 1/2 m tiefen Schnee am ganzen Körper frierend Wache halten. Die Nacht ist grimmig kalt, endlich bringt man warme Menage und Kaffee.

23. Mai 1916. Mte. Paradiso – Kempel.

Die Nacht verlief ohne feindl. Störung. Das Wetter wird herrlich, stolz und siegesbewusst blicken wir auf die hohen ital. Bergspitzen, wir alle sehnen uns schon nach der ital. Ebene, die wir programmäßig in einigen Tagen mit Kämpfe erreichen dürften.

Furchtbare Strapazen stehen uns noch bevor, haben noch Berge mit 1 m tiefen Schneefeldern zu überschreiten, unser Schuhwerk wird schon defekt.

Schon um 1 h nachm. überqueren wir tiefe Schneefelder, auf den steilen Hängen des Kempel wird Halt gemacht. Dichter Nebel, eisige Kälte mit sich bringend, umhüllt uns in einigen Minuten.

Die grimmige Kälte macht mir die Zähne klappern, müssen nun auf weitere Befehle warten, legen uns vor Mattigkeit in die Latschen hinein, noch dazu sprudelt ein feiner eisiger Regen nieder, der uns die Glieder erstarren machte. Auf den Höhen des Kempel ist unser I. Garn. mit einem Baon von L 26 bereits im heißen Kampf mit einen Alpine-Baon. Wir sind einstweilen Brigade-Reserve.

Die Nacht bricht an, mit ihr wächst die grausige Kälte und wir sind schutz- und hilflos dem Hochgebirgswetter unter freiem Himmel preisgegeben, es bleibt uns nichts anderes übrig, als mit Krampen und Schaufel fleißig arbeiten, Erdlöcher ausheben und 4 und 4 Mann zusammengekauert darin liegen.

164

Freudig begrüßen wir die Ankunft der Menage, unsere Tragtiere konnten mit den Kochkisten nicht zu uns gelangen, so ließ man einfach die Kochkisten über den Schneehang herunterrodeln.

Ich habe schon einen Wolfshunger, esse 2 Schalen Reis mit Gulasch, 2 Schalen Tee. Nachdem ich mich wieder für einige Tage gesättigt habe, leg ich mich in die Latschen und schlafe alsbald gut ein.

In der Nacht Schneefall.

24. Mai 1916 Kempelrücken – Italien.

Um 8 h 30 vorm. brechen wir auf und stapfen bei 1 m Schnee den steilen Kempelhang hinauf. Trotz der grimmigen Kälte rinnt mir der Schweiß vom Körper, nachdem ich mit Material schwer belastet bin. Einige meiner Kameraden die schwächer sind als ich, kollern mit ihrer Last den steilen Hang hinunter und nur mit Hilfe eines Seiles können wir die Armen hinaufziehen.

Um 5 h nachm. haben wir die Höhe 2500 m unter Ach und Weh erreicht. Der Nebel verzieht sich, die Fernsicht wird rein, wir sehen schon das Tal von Asiago. Gott sei Dank! Bald werden wir das Furchtbarste überstanden haben. Um 7 h nachm. stürmt ein Baon von Li 26 eine feindliche mit 2 Geschützen armierte Kaverne auf Cima di Arsenale. Noch in der Nacht nehmen wir dem Feinde die letzten Höhen im Sturm, machen 600 Gefangene und erbeuten eine Unmenge Kriegsmaterial.

25. Mai 1916 Kempelrücken - Italien.

Um 7 h vorm. Weitermarsch über den Kempel-Rücken. Das Marschieren wird uns schon zur furchtbaren Qual, immer wieder geht es durch Gestrüpp, über gefährl. Felsspalten.

Des öfteren stürze ich in eine Spalte und komme nur mit Hilfe meiner Kameraden aus dieser peinlichen Lage.

Plötzlich werden wir von der Flanke mit feindl. M. G. beschossen, im Intervalle von 10 x müssen wir den gefährdeten Raum im Laufschritt übersetzen; leider wird mir ein Mun. Träger durch ein Gew. Geschoß verwundet.

Endlose Kolonnen von Gefangenen: Alpine und Bersagliere begegnen uns. Felsspalten sind gefüllt mit toten Italienern, ein schauderhafter Anblick. Der Feind musste sich besonders hier hartnäckig zur Wehr gesetzt haaben, tausende von Gewehre und Helmen liegen im wüsten Chaos durcheinander.

Gegen Mittag erst kommt die Sonne aus den Wolken, unseren halberstarrten Körpern tut die Sonnenwärme recht wohl.

Nun haben wir erst einen gefährl. Raum im heftigen feindl. Artilleriefeuer zu überschreiten, ein Mann nach dem anderen muss im Sprunge eine tiefe Felsspalte übersetzen.

Eine Lage feindl. Schrapnell entladet sich knapp vor mir, so dass mir Hören und Sehen vergeht. Endlich erreichen wir einen gesicherten Raum, eine trockene Wiese bietet uns einen guten Rastplatz.

Abermals bringt man 1000 Gefangene, darunter 30 it. Offz. Letztere gehen mit finsterem Blick dahin.

Die Gefangenen sehen furchtbar heruntergekommen aus. Die grimmige Kälte und Marschstrapazen hatten die feindl. Besatzungstruppen ganz demoralisiert.

Die kurze Gefechtspause benütze ich zum schreiben an meine Lieben in der Heimat.

Abends um 7 h muss ich mit meinem M. G. eine Feldwache von Lir. 26 ablösen.

Dort wo ich mein M. G. zur Aufstellung bringen musste, bot sich mir ein gruseliger Anblick, - circ. 300 tote Ital. mit verzerrten Gesichtern liegen ringsumher.

26. Mai 1916. *Portule – Kempel*:
Die ganze Nacht hindurch halte ich strenge Wache bei meinem Gewehr, bei Morgengrauen überrascht uns ein furchtbares Hagelwetter, schutz- und hilflos war ich den dicht niederprasselnden traubengroßen Hagelkörnern ausgesetzt; ein Schwäche überfällt mich, verspüre am ganzen Körper furchtbare Schmerzen, endlich nach einer Stunde schweren Gewitters wird es helle, die Sonne tritt heraus, deren warme Strahlen meinem halb erstarrten Körper wärmend wohltut.

Von den Höhen der letzten Berge hört man heftiges Gewehrfeuer, feindl. Abteilungen leisten dort ihren letzten Widerstand. Telefonisch kommt die Meldung, dass wir von der 6. I. T. abgelöst werden. Leider ist unsere Freude über die bevorstehende Ablösung nicht von langer Dauer. Auf den noch vom Feinde besetzten Höhen wird für 6 h nachm. ein Generalangriff geplant. So müssen wir sofort unsere Stellungen verlassen und im Eilschritt und auf Umwegen über Steingeröll, Schneehalden über Portule auf die jenseitigen 2400 m hohen Höhen marschieren. Trotz aller Vorsicht gewahrt uns der Feind und überschüttet uns in einer Entfernung von 2600 m mit einem mörderischen M. G. Feuer. Kaum einen halben Schritt von mir entfernt schlagen die feindl. Inf. Geschoße in den Boden, ein Mann der neben mir stand, stürzt mit einem Bauchschuss getroffen mit einem Schmerzensschrei zusammen. Im Stillen danke ich Gott für die gütige Vorsehung!

Nach 2 stündigem qualvollen Marsch gelangen wir in eine tiefe Doline in der Nähe eines ital. Zollhauses. Wir stellen uns in der Doline Zelte auf, - ich bin mit dem Aufstellen meines Zeltes noch nicht fertig, als uns ein heftiger Schauer in einer solchen Art wie noch nie erlebt überschüttete, im Nu war mein schwaches Zelt niedergerissen und liege unter dem Zelte mit ½ m Schauer bedeckt.

Das furchtbare Hagelwetter bringt eine eisige Kälte mit sich, werde von einem heftigen Schüttelfrost befallen.

Bald lodern mächtige Lagerfeuer auf und zum Teil kann ich meine total durchnäßten Kleider trocknen, von Schuhe ausziehen keine Rede.

27. Mai 1916. Cima di Asenale.
Geschlafen hatte ich gar nicht, krieche halberfroren aus meinem Zelt, wärme mich beim Lagerfeuer, inzwischen lass ich mir einen Kaffee kochen um etwas Warmes in den Magen zu bekommen.

Um 1 h nachm. verlassen wir die Mulde und mit Eispickel und Schneereifen ausgerüstet, erklimmen wir unter Ach und Weh die in eisig kalten Nebel gehüllten steilen Hänge der Cima di Asenale. In völliger Finsternis erreichen wir die Höhe des Berges, ein Baon von J. R. 76 liegt bereits in Stellung, in metertiefen Schneemulden liegen die Armen und harren der weiteren Befehle. Feuer dürfen wegen Feindesnähe keine gemacht werden.

Der geplante Angriff unterbleibt, der Feind hat das Feld freiwillig geräumt. Der Marsch geht weiter durch dichtes

Latschengestrüpp und tiefen Schneemassen, sind furchtbaren Strapazen, die sich in Worten nicht schildern lassen,
ausgesetzt. 11 Stunden sind wir auf dem Marsche.

28. Mai 1916 Cima di Asenale – Italien

Noch immer stolpern wir in stockfinsterer Nacht über
Stock und Stein, ziel- und planlos dahin. Gott möge mich
ruhig einschlafen lassen, um nie wieder aufzuwachen und
von diesen Jammertal erlöst zu sein, ein heftiger Regen
setzt ein, nun ist das Maß voll. 2 h früh, endlich das Aviso
Halt! Die Unterabtlgs. Kmdtn. werden zum Baonskmdtn.
gerufen, um ihnen Detailbefehle für das uns im strömenden Regen bevorstehende Freilager zu erteilen. Ohne Dach
und Zelt legen wir uns in den nassen Decken gehüllt auf die
Wiese. Die Zähne klappern mir vor Kälte, kein Glied mehr
spürend lieg ich im strömenden Regen, dessen bittre Lage
nichtmal einem Feind gewünscht hätte! Herrgott hab mit
uns armen Soldaten Mitleid und erlöse uns!

Beim Mantelärmel hinein und Hosenbügel heraus rinnt mir
das Wasser, mehr tot als lebend lieg ich am nassen Boden.
Ein unheilbarer Rheumatismus werden wohl die Folgen
dieser schrecklichen Nacht sein.

29. Mai 1916. Vor Asiago

Eine freundlich lachende Morgensonne begrüßt uns und
langsam an allen Gliedern erstarrt richten wir uns auf, bald
lodern Lagerfeuer, an denen wir uns teilweise anwärmen
können.

Jubelnd vor Freude bringen Bedienungsleute meines Ge-
wehrs eine erbeutete Kiste mit 50 St. ita. Fleischkonserven
und 10 W Brot, innerhalb einer Stunde haben wir in der
Runde (10 Mann) sämtliche Konserven aufgezehrt.

Bei nun schönem Wetter marschieren wir frohen Muts der Ebene von Asiago zu, gehen durch schöne Wälder wo es keinen Schnee mehr gibt, Massengräber der Italiener, sehen haufenweise ital. Inf. und Atill. Munition beiderseits des Weges liegen. Freudig begrüße ich mein Rgmt. 27 welches uns eben vormarschiert. Herzliche Begrüßungsszenen mit alten Kameraden des Rgmts. folgen.

30. Mai 1916. Vor Asiago

Bei herrlichem Wetter liegen wir in einem schönen Fichtenwald. Um 6 h früh bringt man uns den „Schwarzen". Der Lieblingstrunk des Krieges, um 9 h vorm. marschieren wir weiter über grüne Almen und erreichen um 11 h vorm. den letzten Wald vor der ital. Stadt Asiago. So haben wir endlich unter den furchtbarsten Strapazen unser heißersehntes Ziel erreicht und können zur Genüge die erste ital. Stadt Asiago von der Ferne ansehen.

Sämtliche Zelte unseres Lagers müssen mit Laub maskiert werden, um vor Fliegersicht gedeckt zu sein.

31. Mai 1916 Nordw. von Asiago

Sete Comune: Zimberland:

Ganz glücklich krieche ich in der früh aus meinem weichen Mooslager, endlich nach langer, langer Zeit hatte ich wieder mal göttlich geschlafen. Das Wetter wird herrlich, mit Recht kann man sagen, die erste ital. Sonne lacht auf uns hernieder.

Bald entsteht im Lager ein lebhaftes Treiben, Zelte werden verbessert, Monturen und Schuhe werden gereinigt. Proviant und verschiedene Ausrüstungsgegenstände werden vom Train gefasst. Andere schleppen wieder eine Unmenge von Wäsche, Bettzeug, Damenstrohhüte zum heizen, Uhren,

Karten und Polenta sowie Olivenöl aus der von den Bewohnern fluchtartig verlassenen Stadt Asiago. Herauf, nun gibt es wieder Festtage für uns, sofort mache ich mir eine Kochstelle und bereite mir in Öl gebackenes Brot und Zwieback.

Die Stadt Asiago steht unter ständigem feindl. Artilleriefeuer. Dennoch wage ich mich hinein, um mir die Stadt zu besichtigen. Das Herz tut einem weh beim Anblicke der in Trümmer liegenden Prachtbauten. Ein Klavier-Etablisement steht in Flammen, in den Gasthöfen auch in Privathäusern seh ich noch gedeckte Tische mit Speiseresten, ersehe daraus dass die arme Bevölkerung plötzlich ihre Häuser verlassen musste.

1. Juni 1916 Asiago:
Wohlgemut erwache ich, abermals ein herrl. Tag, wohl haben wir nicht mehr diese Ruhe wie zuvor, 5 feindl. Flieger steuern auf unser Lager zu und bombardieren das Lager, werfen auch Fliegerpfeile ab, einige Pferde und 2 Mann werden von Pfeilen tödlich getroffen.

Um 7 h nachm. verlassen wir unser Lager und marschieren in südöstl. Richtung Asiagos in eine Mulde, bleiben nun Brigade-Reserve, sind nun der 12 ten. Geb. Brigade unterstellt, lt. Fliegermeldung erfahren wir, dass sich der Feind zu einer Gegenoffensive rüste, wir sind in strenger Gefechtsbereitschaft. Trotzdem schleppen wir uns aus der Stadt Asiago 400 Kilo Polenta und 200 Kilo Maccaroni-Nudeln. Mit Spiritus kochen wir uns bis zum späten Abend Maccaroni in Öl.

Vollauf gesättigt lege ich mich ins weiche Mooslager zur Abendruhe.

171

2. *Juni 1916 östl. Asiago – Brigade Reserve*

Schon bei Morgengrauen werde ich aus dem Schlafe geweckt. An der Waldlichtung werden 3 – 15 cm Haubitzen in Stellung gebracht, die bald den Mte. Melletta unter heftiges Feuer nehmen.

Aus dem Div. Kmdo. Bef. wird uns ein abgefangenes ital. Phonogramm verlautbart mit folgenden Wortlaut:

Die Österreicher schießen großartig. Inf. und Masch. Gew. Sie sind keine Soldaten sondern Löwen im Kampfe.

3. *Juni 1916 östl. Asiago. Brig. Reserve.*

Die Nacht ist ohne Störung verlaufen, um 8 h vorm. als ich eben bei meinem mit Öl geschmalzenem Polenta schmause, hör ich in nächster Nähe das Summen eines Fliegermotors, wir eilen alle dem Orte des Geräusches zu und sehen zu unserer Verwunderung einen eigenen mit einem Motordefekt niedergehenden Flieger, wie ein wunder Aar legt sich der Apparat knapp vor der Stadt Asiago auf den Boden, bald darauf folgen wie vermutet die feindl. Atill. Geschoße, 30 an der Zahl schlagen krachend um den Apparat in den Erdboden. Die feindl. Artillerie konnte den Apparat nicht treffen, bis zur Dämmerung führten Autos den Apparat auf eine gesicherte Stelle.

Abends um 8 h beginnt es heftig zu regnen.

4. *Juni 1916 nordöstl. Gallio – Brig. Reserve*

Seit gestern regnet es in Strömen, wer nicht dienstlich zu tun hatte, bleibt im Zelt. Nachm. heitert sich der Himmel, um 5 h nachm. entspannt sich ein heftiges Artillerieduell 1000e Granaten allen Kalibers kreuzen sich ober unserem Lager.

5. Juni 1916 östl. Gallio Brigade Reserve

Schon seit 5 h vorm beschießt unsere Artillerie die feindlichen Stellungen mit außerordentlichem wirksamen Feuer. Lt. Meldg. erfahren wir, dass der Feind seine Stellungen mit doppelten Drahthindernissen umgarnt, so erlahmt in uns aller Offensivgeist, traurige Zustände a la Doberdo stehen uns nun bevor. Durch eine russische Entlastungsoffensive in Wolynien gegen Italien sind wir im Vorgehen gehemmt. Am Abend gehe ich mit meinem Feldstecher auf die Höhe und sehe mir das Kampfgelände an. Im Hintergrund erheben sich die grünen Hänge des Mte. Meletta. Davor die Höhe Roncaldo mit Ortschaft Gallio.

6. Juni 1916 Gallio. Italien.

Vorm. bekommen wir Befehl, für den Abend marschbereit zu sein. Die freien Stunden benütze ich noch zur gründlichen Reinigung meines Körpers, mittlerweile bringt ein Mann aus Asigo 6 neue Damenhemden und Spitzen, recht zart, sofort vertausche ich mit 5 anderen Kameraden die Hemden und im Nu stehen wir mit langen Damenhemden bekleidet da, ein recht drolliger Anblick! Unser Gaonschefarzt Oberarzt Dr. Rakusa fotographiert uns mit diesem Kostüm. – Endlich um 7 h nachm. brechen wir auf und marschieren über die Höhen. Erreichen um 11 h nachts die in Schutt Geschoßene Ortschaft Gallio, im Weitermarsche gelangen wir bis 11 h nachts auf einen steilen Bergrücken nördl. Gallio, im Gebüsche schlagen wir unser Lager auf.

7. Juni 1916 nördl. Gallio

Die fürchterlichen Detonationen und schweren Granaten wecken uns zeitlich morgens aus dem Schlafe. Der vom Feinde besetzte Mte. Sisemole steht unter schwerem öst. Artilleriefeuer, in kurzer Zeit ist der Berg in Pulverrauch gehüllt. Mit meinem Feldstecher beobachte ich spannend das Vorgehen unserer Inf. R. 70 u. I. R. 11, im ununterbrochenen Hurrarufen wird Graben um Graben genommen, - lange Kolonnen gefangener Italiener marschieren nach Gallio. Die feindl. Artillerie beschießt den Ort und die Kirche Gallio. Schöne Villen und Bauernhöfe stehen in Flammen. Feindl. 28 cm Granaten schlagen in unserer nächsten Nähe ein, wir sind in größter Gefahr. Durch ein plötzlich einsetzendes Gewitter flaut das Artilleriefeuer ab.

8. Juni 1916 nördl. Gallio Marsch in die Gallioschlucht.
Bei noch völliger Finsternis bringt man uns mit den Tragtieren die Menage und Brot, sind dann den ganzen Tag ohne Verpflegung, bei Tag durfte sich nicht ein Mann im Freien blicken lassen. Die feindl. Artillerie schießt auf jeden einzelnen Mann. Wir erfahren, dass abermals 1200 Mann gefangen, 4 Geb. Geschütze und 7 Masch. Gew. erbeutet wurden.

Um 9 h nachm. brechen wir auf und marschieren über Wiesen durch den Ort Gallio. Vom Ortsausgange müssen wir einzeln und im Laufschritt eine große vom Feinde eingesehene Wiese übersetzen.

Atemlos und schweißtriefend komme ich glücklich bis zur Schlucht, in der Schlucht selbst stehen in Trümmer geschossene Mühlen und Elektrizitätswerk. Ich setze mich auf einen Stein, um etwas auszuschnaufen. Doch im Moment sausen ein Blitz und gleichzeitig kollern über meinem Körper Steine und Erdknollen, eine feindl. Brandgranate hat in unserer Nähe eingeschlagen. Wie vom Teufel verfolgt lauf ich den steilen Hang hinunter übersetze mit einem Sprung den reißenden Wildbach und gelange glücklich auf die geschützte Berglehne, in einem dichten Wald sammelt sich das Baon III/3 Wir sind nur mehr 1 km von den feindl.

Stellungen entfernt. Feindl. Inf. Geschoße prasseln hageldicht durch das Gezweige, ein unheimliches Geprassel und
Sausen die ganze Nacht.

9. Juni 1916 Brigade-Reserve in der Gallioschlucht
Ruhe- und rastlos verbrachte ich die Nacht in meiner Erd-
höhle. Die feindl. Artillerie beschießt unausgesetzt unseren
Wald. Sprengstücke und abGeschoßene Äste summen im
Wald herum, einem Mann wird der linke Arm abgerissen,
der Arme schreit jämmerlich.

10. Juni 1916 Brig. Res. Gallio-Schlucht Frenzele Schlucht-Eck.
Um 3 h früh bringt man uns den Kaffee. Im Schlaftaumel
noch schlürfe ich meinen Kaffee aus und schlafe dann
weiter, 10 h vorm. werde ich durch eine heftige Explosion
aus dem Schlaf geweckt, sehe zu meinem Entsetzen knapp
ober mir eine gelbe Schrapnellwolke, bald werde ich meiner gefährlichen Lage gewahr und verlasse eilends meinen
gefährlichen Standort. Granaten und Schrapnelle sausen
zischend und Bäume zündend in unseren Wald; wie besessen laufe ich mit meinen Kameraden von einen Baum zum
andern und versuchen uns so vor dem mörd. feindl. Artilleriefeuer zu schützen.

11. Juni 1916 Frenzele. Schlucht bei Gallio.
Pfingstsonntag. Um 3 h früh werden wir vom besten Schlafe geweckt und noch halbschlafend taumeln wir circ. 400
m auf die jenseitige, Höhe, wo wir uns sofort Erdhöhlen
machten. Nach längerem Suchen entdeckte ich einen hoh-
len Baum, der mir prächtig Schutz gegen Schrapnelle bot,
richte mich in der Baumhöhle wohnlich ein.

An der ganzen Linie fällt kein Schuss, vollkommene Ruhe!
Feind und Freund feiern den heutigen Tag.

175

12. Juni 1914 Besetzung des Mte. Sisemol

Bekommen am Vorm. den Befehl, für den Abmarsch bereit zu machen. Nun Gott mit uns! Wir kommen wieder in engste Fühlung mit den Wallischen. In stockfinsterer Nacht und bei strömendem Regen stolpern wir über Stock und Stein, stürze einige Male in mit Wasser gefüllten Granattrichter, mit Anspannung aller Kräfte arbeite ich mich fluchend heraus. In der Stellung angekommen führt uns eine Ordonanz von Jäger 9 in die zu besetzende Stellung auf dem Mte. Sisemol. Die halbe Nacht trotteten wir in strömendem Regen das Gelände ab, ohne zu wissen wo wir unsere Aufstellung zu nehmen hatten.

Meine Geduld war zu Ende, nicht mehr auf meinen Zgs. Kmdt. hörend, beziehe ich auf eigene Faust eine passende Gewehrstellung, es war auch an der Zeit, denn schon graut der Morgen. Die feindl. Infanterie wird auf unser Treiben aufmerksam.

In Eile ließ ich von meinen Leuten ein halbes Schindeldach von einem in der Nähe stehenden zusammenGeschoßenen Baumhaus in Stellung schleppen und binnen 3 Stunden war ich mit dem Dach meiner Stellung fertig.

13. Juni 1916 Am Mte. Sisemol

Unsere Maschinen-Gew. stehen in Elevation. Der Feind hat die vor uns höher gelegenen Linien besetzt. Der mir schon verhasste Stellungskrieg beginnt. Untertags dürfte man sich nicht blicken lassen. Die Italiener sind auf uns gut einGeschoßen, so bin ich genötigt den ganzen Tag in hockender Stellung zu verbringen. Auch haben wir den ganzen Tag keinen Tropfen Wasser und keine Menage. Erst spät in der Nacht konnte uns Menage und Wasser mittels Tragtiere zugeschoben werden – meine Kräfte nehmen wesentlich ab, bekomme ein heftiges Zittern und stechende Schmerzen am ganzen Körper, befürchte von einem schweren Nervenleiden befallen zu werden.

14. Juni 1916 Am Mte. Sisemol

Ein herrliches Wetter, mit dem Glas konnte ich auf den Hängen des östl. aufsteigenden Mte. Meletta deutlich die Schwarmlinien der le. f. 2 und die des I. R. 27 im heftigsten feindl. schweren Artilleriefeuer vorgehen sehen. Ein fürchterlicher Kampf um den Mte. Meletta entspannt sich. 10 feindl. Camproni Flieger kämpfen mit zwei unsrigen Kampfflugzeugen, ein furchtbar schauriger Anblick.

15. Juni 1916 Mte. Sisemol

Am ganzen Körper heftige Schmerzen verspürend erwache ich nach kurzem Schlaf. Die feindl. Artillerie schießt sich auf meine M. G. Stellung ein. Schrapnelle platzen knapp vor meiner Deckung, auf dem Mte. Meletta wütet noch ein fürchterlicher Kampf.

16. Juni 1916 Mte. Sisemol

In den Lüften ober meiner Stellung entspannt sich ein heißer Fliegerkampf. 13 feindl. gegen 4 unsrige. Da sausten die Motore, das Rattern der M. G. verursacht einen Höllenlärm in den Lüften, trotz der feindl. Übermacht muss sich die feindl. Luftflotte zurückziehen.

Heimaturlaub

17. Juni 1916 Mte. Sisemol.

Abgang auf den Baonshilfsplatz. Bei Morgengrauen schleppe ich mit total entkräftet mit 2 Stöcken bis zum 1 ½ Stunden entfernten Baonshilfsplatz mit 39° Fieber werde ich zum Arzt gebracht, der allgemeine Entkräftung und Herzneurose konstatierte. Noch am selben Tag nimm ich von meinen mir liebgewordenen Kameraden Abschied.

18. Juni 1916 Baonshilfsplatz – Abgang in Spital.

Vorm. trete ich den furchtbar mühseligen und gefährlichen Marsch zur Div. San. Anstalt 6 a, passiere unter schweren feindl. Artilleriefeuer die Schlucht, gelange glücklich bis in den Ort Gallio, von dort geht es dann durch die dichten Wälder Asiagos und gelange mit hohem Fieber am Abend bei D. S. A. 6 nördl. Asiago an. Noch denselben Abend werde ich mit 500 verwundeten Kameraden per Achs nach Ghertele zum Feldmarodenhaus II/13 gebracht.

19. Juni 1916 Feldmarodenhaus – Ghertele

Um 1 h früh langte ich in Ghertele an, werde vom Arzt untersucht und für den sofortigen Weitertransport nach Mte Rover bestimmt, bei strömenden Regen in Mte. Rover angekommen.

20. Juni 1916 Malteser Ritter Sp. Mte. Rover

Um 6 h vorm. führt man uns mit Wagen bis nach Caldonnaro zum Bahnhof, fahre mit den Krankenzug bis zur Krankensortierstelle Persen, bleibe dort über Nacht.

21. Juni 1916 Persen – Trient

Endlich um 3 h nachm. geht es weiter nach Trient zur Kranken-Abschubstation; in Trient werden wir mit Tee und Zigaretten beteilt, hernach ins Bad geführt, nach dem

baden kommen wir in eine Baracke, wo wir über Nacht
bleiben.

22. Juni 1016 Im Malteser-Kranken-Zug

Fahre ich bei herrl. Wetter die schöne Strecke bis Innsbruck, in Innsbruck um 12 h nachts angekommen.

23. Juni 1916 Innsbruck. Pradl.

In der großen Kranken-Sortier-Stelle am Pradl musste ich
mich einer gründ. Reinigung und Desinfektion unterziehen. Um 2 h nachm. werde ich mit der elektrischen Bahn in
die Stadt Innsbruck gebracht und komm mit noch 3 Kameraden ins Not-Res. Spital II. Hotel. Hellensteiner

Ein herrliches Zimmer mit blendend weißem Bettzeug wird
uns zugewiesen, als Wärterinnen hatten wir Nonnen, sehr
aufmerksam, gute Pflegerinnen. Kost ausgezeichnet gut.

Es kam mir vor als wie im Himmel, 4 Tage musste ich d. h.
konnte ich leider nur in Innsbruck bleiben.

27. Juni 1916

Die Quarantäne ist beendet, mit 700 Mann komm ich zum
Bahnhof. werden abermals in einen Krankenzug einwag-
goniert und fahren nach Vorarlberg, nach herrlich romant.
Fahrt kommen wir in der Nacht in Feldkirch an.

Eine große Menschenmenge erwartet uns und mit Heil
Rufen werden wir am Ausgange des Bahnhofes empfangen.
Die Bevölkerung von Feldkirch machte mir durch ihren
überaus lieben Empfang einen herzlich guten Eindruck.

Im langsamen Tempo gelangen wir zum herrlich gelegenen
Institut St. Josef auf dem Ardetzenberge, welches in ein Res.

Spital eingerichtet ward. Schwestern führen uns gleich in die Krankenzimmer.

Nach dem Frühstück bestehend aus Kaffee kam Div. Arzt Dr. Suhanka, untersuchte jeden Einzelnen aufs Genaueste; gleich den nächsen Tag beginn ich mit Heißluftbäder, für das Herz bekomm ich täglich 2 mal Trofanti Tropfen.

Schon die ersten Tage fühlte ich mich wohler und bedeutend stärker, sodaß ich am 5. Tag schon einen Spaziergang nach Rankweil bei Feldkirch unternehmen konnte, ein andermal ging ich nach dem herrlich gelegenen Dörfchen Göfis, von der Höhe hatte man einen herrl. Ausblick gegen die Schweizer u. Liechtensteiner Berge, bei klarem Wetter konnte ich bis zum Rhein sehen, unten im Tal schlängelt sich die Ill dahin.

Am 8. Juli werde ich mit 40 Kameraden dem Hrn. Rgmts. Arzt Dr. Steiner vorgestellt; nach Gottes gütiger Fügung werde ich vom R. A. mit 4 Wochen erholungsbedürftig zum Kader nach Graz bestimmt. Am liebsten wäre ich dem Dr. um den Hals gefallen und hätte ihn geküsst, musste noch meine Freude verbergen, noch war ich nicht am Bahnhof; Kameraden, die nicht das Glück hatten in die Heimat zu fahren, sehen mir mit traurigen Blicken nach. Noch denselben Tag bekomm ich meine Reisedokumente und dampfe am 8. Juli 1916 5 h nachm. von Feldkirch ab; konnte von Feldkirch bis Innsbruck II. ter Klasse fahren.

Der Zug geht mir zu langsam, ich will schon in der Heimat sein. Bald passiere ich den 10 km langen Arlbergtunnel, bei herr. Wetter komm ich in Innsbruck an; hatte sofortigen Anschluß nach Bischofshofen. In meiner unbeschreiblichen Freude konnte ichs gar nicht fassen, endlich mal nach 13 Monaten in die Heimat zu kommen.

Die Fahrt geht durch das herrl. unvergessliche Ennstal. Seh auf mein schönes Öblarn, wo ich glückliche Stunden in Friedenszeit verlebte; gerne wollte ich die Fahrt unterbrechen und meiner lbn. Freundin Milly einen Besuch abstatten. Doch war mir meine Montur zu defekt.

Am 9. Juli 1916 treffe ich meinen Freund H. Mayerhofer als Fähnrich mit seiner Mutter und Schwester in Bruck am Bahnhof. Um 3 h nachm. komme ich in Graz an, unbeschreiblich die Freuden des Wiedersehens bei den Eltern und Geschwister.

Am 10. Juli 1916 bin ich zur Rek. Abtlg. d. I. R. 27. Graz eingerückt.

24. Juli 1916
Etwas Geheimnisvolles zieht mich nach Öblarn. Ich erbitte mir nur einen 14 tägigen Erholungs-Urlaub nach Öblarn. Am 25. Juli 1916 fahre ich mit meinem Bruder Richard nach Öblarn.

Nach 5 Jahren wieder ein überaus herzliches Wiedersehen in Öblarn. Im Gasthof Grogger finde ich die liebenswürdigste Aufnahme besonders seitens meiner lbn. Freundin Milly.

Gleich am nächsten Tag mache ich mit Bruder Richard einen Ausflug über den Mitterberg zum herrl. Wasserfall im Pass Stein am Fuße des Grimming.

Am 27. muss mein Bruder wieder wegfahren.

Ich fühle mich entsprechend der lieben Behandlung seitens der Familie Grogger wie ein Familienangehöriger; Gott Amor zündet mein und Millys Herz!

28. Juli 1916 Heimliche Verlobung mit Millerl.

Oft blickte ich im Felde schon dem Tod ins Auge, furchtlos und treu tat ich vor dem Feinde meinen Dienst. Doch naht jetzt ein Moment, in dem mir die nötige Courage fehlt, um Fr. Milly meine innige Liebe zu gestehen, obwohl ich von ihren Augen ihre Zuneigung zu mir ablese. Doch durch Mizzis Vermittlung dem eigenen und Milliys Wunsche folgend, hatte sich alles zum Besten gewendet und noch am Abend gestand ich Milly meine innige aufrichtige Liebe, die sie mir in gleichen heißen Gefühlen erwiderte. Ich bin der glücklichste Mensch auf Gottes Erdboden.

Am Abend nach dem Essen folgen noch Szenen mit Mizzi und Milly, die ich aber nicht in Worten schildern kann.

Meine nunmehrigen Schwägerinnen Cilli, Mitzi, Cosi, Adele, meine Schw. u. Braut, Freundin Anna finden sich am Abend im kleinen Stüberl zur heiml. Verlobungsfeier ein, freudig überrascht war ich, als ich mit meinem Bräutchen Milly an den schmuck mit Mehlspeisen, Wein und Zigaretten arrangierten Tisch herantrat. Göttlich der Moment, wundervoll die süßen Küsse.

Mutter Grogger ist in Graz im Sanatorium und Vater Grogger fährt heute noch mit dem Zug nach Graz.

Unsere erhebende Verlobungsfeier dauert bis 2 h früh. Schwägerin Mizzi kredenzt Karpathenbitter. Der Schlusseffekt – eine heiter aufrichtige Stimmung. Mitzi bekommt infolge des reichlichen Genusses von Karpat. Bitter eine etwas schwere Zunge und sagt bloß „famos!" Hernach folgt die Beichte!

Mein Leben werd ich diese glücklichen Stunden nicht vergessen!

Anfangs August rücke ich nach meinem herrlichen Urlaub in Öblarn zur Rekonval. Abtlg. nach Graz ein.

Dort erlange ich eine schöne Kommandierung mit 10 Mann nach Gut Windhof (Sattler) Post Semriach; am 1. September 1916 ist die Kommandierung beendet und rücke zur Rek. Abtlg. ein.

Am 5. September 1916 komme ich als diensttauglich zur Ers. M. Komp. d. I. R. 27

Am 16. September 1916 bekomme ich einen 14 tägigen Gebühren Urlaub für Stainach-Irdning und Graz.

Von 17. bis 19. September habe ich mit meinem Bräutchen Milly ein heiml. Stelldichein bei Annas Eltern auf der Pürgg bei Stainach

Von 4. bis 27. Oktober bin ich bei meinen Verwandten Hans und Franz Hartinger vlg. Grill in Neurath bei Leibnitz auf Ernteurlaub. Während dieser Zeit finden in Graz große Hunger-Krawalle statt. Militär der Garnison Graz leistet Assistenz.

St. Baonskmdo. Bef. Nr. 314 A wird mir mit 1. Oktober 1916 als L. D. N. Off. die Monatslöhnung zuerkannt. Art. 14 Kapitulationsgeld 150, - K.

Im Dezember 1916 fahr ich abermals auf einen 3tägigen Kriegsanleihe Urlaub. In heftigem Schneewehen gehe ich die 12 km lange Strecke von Trautenfels nach Öblarn und habe mit Millerl in Cillis Wohnung heimliche Zusammenkunft.

Im Kreise meiner Angehörigen feiere ich den hl. Abend.

Am 28. Dezember 1916 bekomme ich vom Res. Spital Wien 6 in Trient die erschütternde telegraphische Verständigung von dem Tode meines geliebten Bruders Hans Fridolin. Der Arme fand anläßlich einer Übung mit dem Schnellgranatwerfer einen gräßlichen Tod, im Jünglingsalter von 20 Jahren, nach mitgemachten heißen Kämpfen in Galizien, Doberdo musste der Arme sein junges Leben hinter der Front aufgeben. Er wurde mit allen militär. Ehren im Stadtfriedhof (neuer Teil Grab Nr. 67) zur ewigen Ruhe getragen. Ruhe sanft du stiller Held. Gest. am 26. XII. 16 vorm.

Kriegsjahr 1917

Februar

Abermals kann ich mir von meinem Komp. Kdtn. Hptm. Trinckl einen 14 tägigen Urlaub für Öblarn erbitten.

Glückliches Wiedersehen mit meinem Millerl! Meine lbn. Schwägerinnen Cilli und Mitzi ermutigen mich durch Zureden zum Entschluss, bei den Eltern Millys um ihre Hand zu bitten. Eine schroffe Abweisung seitens des Vaters Millys befürchtend, hatte ich mich am 1. Februar endgültig entschlossen, und mit pochendem Herzen den schweren Angriff unternehmend, gehe ich in die Wohnung von Milly Eltern.

In kurz zusammengefasster Anrede an Vater Grogger bringe ich mein Anliegen vor, auch Mutter Grogger war anwesend. Ohne vielen Aussprachen bewilligten mir die Eltern die offizielle Verlobung mit meinem bereits heimlich verlobten Millerl.

Überglücklich eile ich zu meinem Millerl, die schon mit Bangen auf meine Nachricht wartete und bringe ihr die freudige Nachricht von der Bewilligung unserer Verlobung.

Am 2. Februar 1917 in Öblarn

Verlobungsfeier im engsten Familienkeise!

Vater Grogger hält eine ergreifende Tischrede; gleichzeitig bringen mir Mutter und Mitzi unsere Namenstagswünsche dar. Bin nun überglücklich!

März 1917 in Graz

Anfang des Monates werde einem M. G. Ausbauzug als Dienstf. U. Offz. zugeteilt. Sollen noch diesen Monat ins

Feld abgehen. Am 11. März kommt zu meiner größten Freude mein Millerl in Begleitung H. u. Fr. Storch nach Graz. Ich erbitte mir bei meinem Komp. Htm. 3 Tage dienstfrei. Milly bleibt bis 13. März in Graz (Hotel Florian). Furchtbar schwer fällt mir der Abschied von meinem Bräutchen. Weiß Gott wie lange ich sie nicht sehen kann oder ob es überhaupt noch ein Wiedersehen gibt.

Am 28. März 1917 fahre ich von Graz ab. Lt. Furkas Alois teilt mit mir in entgegenkommender Weise ein Coupe I. Cl. Die Fahrt geht zu meiner Freude über Selzthal, wie ich schon in Bruck erfahre.

Am 29. März 1917 auf der Fahrt nach Trient

In Kalwang bietet sich Gelegenheit, mit einem Personenzug meinem Transporte vorzufahren, so ist ein Wiedersehen mit meinem Bräutchen nochmals möglich. Circ. 10 h vorm. komme ich in Öblarn an, verweile dort bis zum Nachm. Bitterschwer fällt mir der Abschied!

Am 30. März 1917 erreiche ich meinen Transport in Innsbruck, bald geht die Fahrt munter über den Brenner – Franzensfeste – Bozen – Trient und kommen in strömendem Regen am 30. März 1917 um ½ 11 h nachts in Caldonazzo an, ob Persen traf ich mit meinem Schwager Hugo Schatzmann zusammen.

Am 31. März 1917 um 11 h vorm. marschieren wir mit unserm schweren Gepäck die steilen Serpentinen über Caserrara nach Mte. Rover, welches mir noch vom Vorjahre gut bekannt ist. Hohe Schneemassen liegen noch in den Urwäldern von Mte. Rover, es ist schon grimmig kalt auf dieser Höhe von 2000 m.

Am 1. April 1917 schaffen wir unser Material bis zur Drahtseilbahnstation und mit Material und je 4 Mann geht es
hoch über tiefe Schluchten bei eisiger Kälte bis nach Vezzena, ich bin froh, diese ungemütliche Luftreise hinter mir zu
haben.

Von der Drahtseilbahnstation fahren wir unser M. G.
Material per Wagen nach Cra. Larice. Dort werden wir in
Baracken einquartiert. Hohe Schneemassen mit 2 m Höhe
treffen wir noch an. Wir bleiben bis11. April in Larice.

11. April 1917

Abmarsch in die Front, wieder können wir unser Material von Larica per Drahtseilbahn bis nach Dosso del Fine
befördern, ich fahre als Letzter mit der Seilbahn über die
schwindelnden Höhen, den Kempelrücken, Portule – Doso.

In Doso liegt unser Proviant – Train d. I. R. 27. bekommen
dort zu essen und jeder Mann bekommt einen 1/2 lt Wein
und Speck als Höhenzubuße. Um 1/2 7 h nachm. geht der
Marsch weiter. Der Marsch geht durchweges über Schneemassen mit 6 – 7 m Höhe.

11. April 1917

Am Como di campo bianco 2117 m. M. G. Komp. II. /27.
Feldpost 369

Im total erschöpften Zustand komme ich beim Rgmt.
Kmdo d. I. R. 27 an. Einen Kilometer vor dem R. ziehen
sich die Stellungen des Regiments längs des Como di campo bianco und des Mte. Fornos dahin. Hier ist noch tiefer
Winter, vom Regmts. Komd. führen durch den Schnee
getriebene Tunnele bis zu den Kampfstellungen der einzelnen Baone. In völliger Finsternis gehe ich mit meinen Bed.
Leuten nahezu eine Stunde in gebückter Stellung durch den

Schneetunnel bis zum M. G. Komp. Kmd. II. /27 und melde dem Kmtn. Obl. Rudolf Weinlich mein Eintreffen.

12. April 1917 M. G. Komp. II. /27 am Como di campo bianco
Bei Tag ist mir Gelegenheit geboten, mich über eigene und feindl. Stellungen zu orientieren, fast durchwegs ist unsere Stellung eingedeckt. Momentan fällt kein Schuss hüben und drüben, wird Schnee aus den Laufgräben geschaufelt. Die feindl. Stellungen Mte. Palo Lotsen und die östl. gelegene Cima Maora sind bedeutend höher als die unsrigen gelegen.

13. April 1917 Como di campo bianco
Der glückliche Zufall wollte es, dass ich meinen alten Schulkamerad Hans Glatz als Leutnant bei der 6. Kom. treffe, täglich konnte ich mit ihm zusammentreffen.

In meiner Diensteseinteilung als dienstführender U. O. bleibe ich beim I. M. G. Zug (Obl. v. Winternitz), es braucht geraume Zeit, bis ich mich den hierortigen Verhältnissen und dem Hochgebirgsstellungskrieg angewöhnt hatte. So weit das Auge reicht sieht man nichts wie Schnee, unendliche Schneemassen liegen in den Mulden. Höchst gefahrbringend die Lawinenstürze, so mancher Kamerad wurde von einer niedergehenden Lawine getötet. Von allen Seiten lauert der Tod, sinds nicht die feindl. Geschoße, so sinds die Lawinen und die Kälte.

14. April 1917 Am Como di campo bianco
Über Nacht schneite es ein ½ m tief, die ganze Besatzung bis auf Sicherheitsposten arbeitet fleißig an der Freilegung der Laufgräben. 6 – 7 m unterm Fels hämmern und bohren Tag und Nacht die Bohrpartien bestehend aus 3 Mann, die alle 8 Stunden durch neue Partien abgelöst werden. In

Ermangelung von Bohrmaschinen mussten die Kavernen mit Hammer und Bohrer aus dem Fels gehauen werden, eine furchtbar anstrengende gesundheitsschädliche Arbeit. Will noch den Vorgang eines Kavernbaues schildern: Die aus 3 Mann bestehende Bohrpartie bohrt in 12 Stunden circ. 10 - 40 cm tiefes Loch in den Fels, hernach werden sämtliche Bohrlöcher mit Ekrasit-Dynamit oder Clorat etc. gestopft. In die Sprengmasse hinein kommt eine mit einer Zündschnur versehene Kapsel. Alles muss sich decken! Die Ladungen werden entzunden und Detonat. auf Detonation erfolgt, man ist in nächster Nähe durch losgesprengte Steine sehr gefährdet und darf erst nach dem Ruf "Fertig!" aus dem Versteck. Solch heftige Detonationen mit hochausfahrenden grauen Rauchwolken kann man den ganzen Tag an dieser Front beobachten.

Noch eifriger arbeitet der Feind in den Fels hinein. Der Feind hat für diese Mineurarbeiten eine Menge Bohrmaschinen und auch auf feindlicher Seite kann man dies Manöver beobachten.

15. April 1917
Ein grusliges Wetter, eiskalt und heftiges Schneewehen. Die täglich ausgefassten 4 Scheite Holz genügen nicht, die Unterkunft genügend zu wärmen. Von den Decken tropft ständig Wasser von den am Dache liegenden 3 m hohen Schneemassen herunter.

Am Vorm. lässt mich mein Komp. Kmdt. zu sich rufen und beordert mich mit den nötigen Befehlen zum Verein M. G. Pferdestaffel nach Cra Larice als dienstführender U. Offz. In den ersten Nachmittagstunden marschiere ich im heftigsten Schneesturm bis zum Gefechts-Train (Oblt. Grey) übernachte dort.

16. April 1917 Auf dem Marsche nach Cra Larice

Die steilen lawinengefährlichen Hänge der CimaVerdi glücklich passierend, gelange ich über Sosso del Fine zur ital. Festung Portille. Die Straßenpolizei warnt mich vor den gefährl. Lawinenhängen des Kempel, so bin ich gezwungen von Portule bis ins Tal nach Eshertele über ein Schneefeld im Sause hinunterzufahren, ohne Unfall lande ich im Tale. Um 6 h abends komme ich in erschöpftem Zusand beim Pferde – Staffel in Cra. Larice an.

Kamerad Niederauer, der nach Schladming auf Urlaub fährt, gebe ich für mein Bräutchen einen Brief mit ausführl. Bericht meines Befindens mit.

17. April 1917 beim Pferdestaffel in Larice

Mein erster Dienst ist die Besichtigung der Pferde, später habe ich bei den Tragtierführern eine Musterung vorzunehmen. Gewitterdonner und heftiges Wetterleuchten verkünden das Nahen eines schweren Gewitters.

Zeitungen bringen freudige Nachrichten über einen Sonderfrieden mit Russland.

Seit meinem Aufenthalte im Felde bin ich von meinem Millerl noch immer ohne jede Nachricht, bin sehr besorgt.

18. April 1917 Cra. Larice

Feindl. Flieger umkreisen unser Lager; werfen Flugschriften ab.

19. April 1917

Ein schwerer Traum von Sicherh. Nadeln, roten Ameisen, weibl. Aut und vermummten Männern macht mich erwachen.

20. April 1917

Langsam kommen die grünen Rasenflächen zum Vorschein, allmählich schwindet der Schnee.

Am Abend gibt es unter Kameraden gemütliche Unterhaltung und große Teeschlacht bis Mitternacht.

Hallo! Die erste Post! 2 Karten von Millerl.

21. April 1917 beim Pferdestaffel in Larici

Als Dienstführender des gesamten Staffels bin ich mit schriftl. Arbeiten vollauf beschäftigt; lasse mir eine neue Hütte bauen, kann dieselbe noch heute beziehen! Von meinem Millerl bekomme ich endlich 1 Brief und 4 Karten auf einmal.

22. April 1917

Feindl. Schrapnells krepieren in unserer Nähe. Feindl. Flieger umkreisen uns; vom Komp. Kmdo aus der Stellung bekomme ich den Befehl, dorthin als dienstführender U. O. einzurücken. Lt. Hoffmann annuliert diesen Befehl durch das Regmts. Komdo. ich verbleibe in Larice.

23. April 1917

Infolge Genusses gefrorener Möhren, welche wir als Zuspeise hatten, hatte ich mir den Magen verdorben, bekomme heftige Leibschmerzen. Aus der Front hört man heftiges Artillerie- und Gewehrfeuer.

24. April 1917

Begünstigt durch herrliches Wetter umkreisen unser Lager feindl. Flieger, die alsbald durch das heftige Feuer unserer Abwehrbatterie das Weite suchen mussten.

Von Millerl eine Karte erhalten.

25. April 1917 Pferdestaffel Larice

Herrliches Wetter, allmählich schwindet der Schnee, die grünen Hänge treten zu Tage.

Durch einen Zufall treffe ich meinen alten Freund Rappler.

26. April 1917

Düstere Nachrichten von Millerl bekommen. Die Oma ist ganz betrübt. Der Inhalt des heute erhaltenen Briefes deutet auf eine unausbleibliche Mutterschaft meines Bräutchens. Arme Millerl! Ich teile mit dir deinen Kummer! Obwohl ich noch stark an deiner Mutterschaft zweifle, ich kann dir noch nicht glauben.

27. April 1917

Trübes Wetter, dichter Nebel umhüllt unser Lager. Abends bekomme ich Brief und Karte von Millerl, sandte an ihre Adresse per Fldp. Amt 70 Kronen.

28. April 1917

Durch den Gesang der Vöglein im nahen Wald werde ich schon zeitlich morgens wach, im Walde höre ich schon seit einigen Tagen einen Auerhahn balzen. Erinnerungen an meine grüne Heimat werden in mir wach.

Am Abend verlautbare ich der mir unterstellten Mannsch. das verschärfte Standrecht.

Abends bekomme ich von der Stellung telegraphisch den Einrückungsbefehl, nun werde ich unverzüglich zur Komp. einrücken müssen. Dennoch setzt es Lt. Kollenz beim R. Komdo. durch, mich weiter in Larici zu belassen.

29. April 1917
Mein Erstes ist die Erledigung der Post an mein armes trostbedürftiges Bräutchen.

Nachm. erledige ich Dienststücke und bringe 15 erholungsbedürftige Pferde für das Pferde-Rücklassdetachement in Posentino zum Abtransport. Von Tag zu Tag häufen sich meine Arbeiten, müde gehe ich in später Nachtstunde zur Ruhe.

30. April 1917
Gemütliche Zusammenkunft bei Kamerad Schlager. Essen Pferdegulasch und Schnitzerl.

1. Mai 1917
Wie ich einst in goldenen Friedenszeiten am Ersten des Wonnemonats die Musik mit klingendem Spiele durch die Gassen ziehen hörte, so höre ich heute als Tagrewell das Summen feindl. Fliegermotoren, welche uns schon am frühen Morgen besuchen. Von Milly bekomme ich Brief und Bild, bin überglücklich, wenn ich von meinem Bräutchen Post bekomme; obwohl ich die zu erwartenden Nachrichten mit spannender Sorge erwarte. Golden geht die Maiensonne unter, die noch schneebedeckten Bergspitzen stehen in gig. Beleuchtung.

2. Mai 1917 Larice
Noch ein schöneres Wetter als gestern herrscht heute.
Die zunehmende Sonnenwärme nimmt noch den letzten Schnee von den Hängen.

Rege Fliegertätigkeit, das 28. ITD. Kmdo. fällt einem Brand zum Opfer.

3. Mai 1917

Alle Arbeiten am Lager laufen programmmäßig fort. Von der in der Nähe stehenden Drahtseilbahnstation hört man den ganzen Tag das Rattern und Surren der Maschinen, große Hunte bis zu 1000 kg beladen, rollen über das 800 m lange Seil bis zur Festung Portule.

Wegen eines Defektes der Drahtseilbahn in Mte. Rover bleibt die ersehnte Post schon einige Tage aus.

4. Mai 1917

9 h vorm. stehe ich eben vor meiner Hütte und sehe auf einen Arbeiter, welcher auf einem Drahtseilstützbalken stehend eine Reparatur an der Stütze vorzunehmen hatte; im Moment rollt aus der Station ein mit Bauholz beladener Hunt herauf. Der Mann überhört das Signal und ehe ich den Armen noch warnen konnte, stürzte der Mann kopfüber mit der Holzladung auf den noch gefrorenen Erdboden. Mit gebrochenem Genick und Gliedmaßen liegt ein Familienvater von 5 Kindern tot fern seiner Heimat, fern seiner Angehörigen.

5. Mai 1917

Fernsicht trüb: ein feiner Regen rieselt nieder. Stimmung getrübt, man spricht von Unruhen im Hinterlande, gebe dem die Schuld über das Ausbleiben der lbn. Post aus der Heimat, wohl bekommen die Chargen regelmäßig ihre Post. Sehnsüchtig sehe ich nach der Seilbahnstrecke nach den Postkisten, endlich Gott sei Dank! Die Post kommt, ich bekomme endlich mal ein Schreiben von meiner lbn. Braut aus Öblarn.

6. Mai 1917

Nebel – Regenwetter

7. Mai 1917 Regen, Stimmung minder;
Sämtliche Wege sind in eine Kotmasse umgewandelt, unsere armen Pferde haben unter den denkbar schlechtesten Wegverhältnissen furchtbar zu leiden, mir tun die armen Tiere leid, bekommen fast gar keinen Hafer, durchwegs Heu und Melasse und dies musste man vom Train stehlen.

8. Mai Regenwetter
Nach Diensteszulässigkeit stelle ich die Arbeiten früher ein und beschäftig mich privat.

Am Abend finde ich mich bei der Lager Sängerrunde, welche unter Leitung des Fch. Nell steht, ein.

9. Mai 1947 Regenwetter.
Den ganzen Tag über leide ich an einem heftigen Kopfschmerz, ungehindert dessen habe ich eine Unmenge schriftliche Arbeiten bis zum späten Abend zu erledigen.

Aus der Stellung kommt die traurige Nachricht, dass sich unser Stabsarzt Dr. Kohlfürst erschossen hat. Die Tat dürfte mit einer im Rgtm. ausgebrochenen Epidemie im Zusammenhang sein.

10. Mai 1917. herrl. Wetter
Aus der Front Asiago lebhaftes Artilleriefeuer hörbar, rege Fliegertätigkeit

11. Mai 1917
Seit einigen Tagen hör ich aus dem nahen Walde das Balzen eines Auerhahnes. Die Jagdlust wird in mir rege, so fasse ich Entschluss und gehe mit einigen Kameraden um 3 h früh auf den Stand. Leider kann ich dem Hahn nicht in Schussnähe kommen, eine tiefe Felsschlucht hindert mein weiteres Anschleichen.

12. Mai 1917 *schönes Wetter*
Rege Fliegertätigkeit, Artillerieduell; mittags bekomme ich telegraph. Befehl, sofort zur Kompanie in die Stellung einzurücken.

Nun muss ich endgültig in die Stellung abgehen, ordne alle Dienststücke für die Übergabe an meinen Nachfolger (ein Trainsoldat hat den R. R. Krautwahl geohrfeigt).

13. Mai 1917
Vorbereitungen für meinen Abgang in die Stellung. Ungern scheide ich von meiner schönen Hütte, dem schönen grünen Wald. Zuletzt lasse ich mich noch mit meinem Lieblingspferd „Osman" fotographieren.

14. Mai 1917
Ein schweres Gewitter geht nieder, warte dieses ab und bei angenehm kühler Temperatur trete ich den Marsch an, um 9 h abds. erreiche ich Gheertell, zufällig treffe ich dort die alten Kameraden Gutjahr, Nager von Lir. 3, übernachte bei ihnen.

15. Mai 1917
7 h vorm. Weitermarsch mit Kamerad Nager durch den Galmarar- Graben zum Ruchenstaffel der Lir. 3. Dort treffe ich wieder viele Kameraden, es folgen herzl. Begrüßungen. Um 12h mittag komme ich in die vom Lir. I. besetzte Stellung am Mte. Mocciach. Dort treffe ich meinen Schwager Lt. Hubert Mayerhofer. Ein freudiges Wiedersehen im Schützengraben. Verweile bis zum Abend bei meinem Schwager, beim Kuchenstallgipfel übernachte ich.

16. Mai 1917
Vorm. um ½ 7 h gehe ich über die schneebedeckten steilen Hänge des Galmararo, nach 2 stündigem Marsch gelange

ich auf die mit Nebelschwaden umhüllten Höhen des Mte. Rocollo, treffe meinen Freund Glatz. Ganz erschöpft gelange ich in den Graben meiner Komp.. Melde beim Komp. Kmdtn. Obl. R. Weinlich mein Eintreffen. Von Offz. und Kameraden werd ich als neuer Dienstführender herzlich willkommen geheißen.

17. Mai 1917 Am Corno di campo bianco

Den heutigen Tag benütze ich zur genauen Orientierung im Stellungs-Abschnitt. An der Front Ruhe.

18. Mai 1917 Corno di Campo bianco

Wetter schön. Eigene Artillerie schießt sich auf die ital. Feldwachen ein, man hört Jammern von Verwundeten. Täglich muss ich mit meinem Komp. Kmdtn. die eigenen M. G. Stellungen inspizieren und Kom. täglich den Rapport erstellen.

Am Abend besuche ich Lt. A. Farkai in seiner Unterkunft.

19. Mai 1917

An dem Ausbau der Stellungen wird fieberhaft mit Aufbietung aller Kräfte gearbeitet. Ganze Berge von ausgeworfenem Schotter häufen sich vor den Stellungen, nachm. um 3 h 50 beschießt unsere Artillerie heftig die vor uns liegenden feindl. Stellungen; feindl. Artillerie erwidert das Feuer mit allen Kalibern auf den vom 4. /27. Baon besetzten Mte. Forno.

Abends um 7 h wird ein Vorstoß in die feindl. vorgeschobenen Linien geplant, zu diesem Unternehmen melden sich vom Baon 70 Mann freiwillig, adjustieren sich mit Hemd und Unterhose über die Montur gezogen, um 10 h nachts schleicht die Patrouille mit Handgranaten, Karabinern und Dolch bewaffnet, bis zum Drahtverhau der ital. Stellungen.

Durch die Wachsamkeit der ital. Posten wird eine Überrumpelung vereitelt, ein heftiges Handgranatfeuer folgt auf unsere Patrouillen, an der ganzen feind. Linie heftig. Gewehrfeuer auf unsere zurückgehenden Patrouillen, die im Schutze der stockfinstern Nacht bis auf einen Toten glücklich zurück kommen.

20. Mai 1917
Von meiner Milly und Schwester Nachricht bekommen. Schwester Fini weilte in Öblalrn bei meinem Bräutchen.

Schwache feindl. Artillerie- Aktion auf dem Mte. Forno. Am Morgen heft. Gewehrfeuer.

21. Mai 1917
Den ganzen Tag über bin ich beschäftigt mit Montur aufteilen auf die Komp. Vor 2 h früh kann ich nicht zur Ruhe kommen.

22. Mai 1917
Während der Nacht hat es heftig gewettert, tagsüber herrl. Wetter, nach dem Rapporte besorge ich meine schriftl. Arbeiten. Die Post bringt mir von Millerl 2 Karten.

Ein heftiger Kopfschmerz zwingt mich schon um 10 h nachts ins Lager.

23. Mai1917
Die Nacht verlief ruhig, um 6 h 30 vorm. muss ich 20 Mann zum baden stellig machen; rege Fliegertätigkeit, reges Plänklerfeuer. Der Ausbau unserer Stellungen geht rasch von statten. Der Schnee schwindet allmählich. Die durchschnittliche Schneehöhe beträgt nur mehr 1 m 20.

24. Mai 1917

Herrliches Wetter. An der Front auffallend Ruhe, nachm. bekomme ich eine Menge Post. Milly bestätigt mir den Erhalt von 80 K: um 3 h n. sehe ich in einer beträchtlichen Höhe Brieftauben über unsere Stellungen fliegen, am Abend will ich Schwager Franz in seiner Stellung (Mte. Forno) besuchen, leider ist er nicht anwesend. Gebe einem Urlauber (Frieß Liezen) für Milly meine alte Post und sonstige Feld- Erinnerungen mit.

25. Mai 1917 Wiedersehen mit Franz im Schützengraben.

Herrl. Tag: Eigene Flieger werden von feindl. Artillerie heftig beschossen. 10 h vorm. geben wir mit unserm Kasematt Geschütz 3 Schuss auf die feindl. Burgstellung ab.

Ein feindl. Flieger läßt Brieftauben aus; übernehme während der Beurlaubung des R. U. O. die Geschäfte desselben. Am Abend treffe ich meinen Schw. Franz, ein freundl. Wiedersehen im Felde.

26. Mai 1917

Oblt. Weinlich fährt auf Urlaub, Oblt. v. Winternitz übernimmt das Komp. Kmdo. Ich übernehme beim Kuchen Staffel die Agende des R. U. O.

Die Kuchen stehen in geschützter Lage, anschließend die Unterkünfte des Prov. N. O. und der R. U. O. überall herrscht peinliche Ordnung und Reinlichkeit, interessant ein Sprüchlein, welches auf einer Unterkunft geschrieben stand:

Wer in Hinkunft über seine Herkunft keine Auskunft geben kann, bekommt in Zukunft keine Unterkunft!

27. Mai 1917 Als R. U. O. Stellv. Como die campo bianco
Pfingstsonntag. An der Front Ruhe. Vorm. habe ich beim
Garnskmdo. Dienststücke zu erledigen, am Nachm. halten
wir Schützengraben Concert, ein gemütlicher ruhiger Tag.
Abends erledige ich die Post an meine Milly.

28. Mai 1917
Aus der Front schwaches Plänklerfeuer hörbar. Obst. Doro-
tka wird Brigadier der 12. Brigade. Obstlt. Siegl übernimmt
das Rgmts. Kmdo. Am Nachmittag beginnt es zu schneien
und zu regnen. Bekomm von Schwager Mayerhofer eine
Karte.

29. Mai 1917
Gruliches Wetter. Alles ist in schlechter Stimmung. Der
Krieg dauert uns zu lange, täglich müssen tausende junge
Männer ihren Geist aufgeben. Fluch den Kriegshetzern.
Das junge Leben zieht dahin und kommt man glücklich in
die Heimat, ist man ein gebrochener geistig und körperlich
geschwächter Mann! –

Am Nachmittag muss ich zum Liguid. nach Dosso, kommen in strömendem Regen in später Nachtstunde ins
Quartier: Knapp vor mir krepiert eine feindl. Schrapnelll.
Nur mit raschem Sprung konnte ich mich vor den todbringenden Kugeln retten.

30. Mai 1917 Como die campo bianco
Unser neuer Rgmt. Kmdt. Obstlt. Siegl besichtigt die Stel-
lung und die Kuchen. Ich melde mich bei ihm als R. U. O.
Stellv., darauf sagt Obstlt. zu mir „auch ein Alter"

Von meiner Millerl bekomme ich 4 Karten, meine einzige
Freude, wenn ich von meinem Bräutchen Post bekomm.

Abends beginnt es tüchtig zu hageln, empfindliche Kälte mit sich bringend.

31. Mai 1917

Regenwetter, dichter Nebel liegt über das ganze Kampfgelände, eine recht unfreundliche düstere Zeit. Nachm. muss ich mit 3 bei uns zugeteilten Atill. Protokoll aufnehmen, in der Strafsache gegen den Oblt. Nebesan vorm. Werch „Lusern"

1. Juni 1917

Der Abschluss des Monatsaktes macht mir bis 2 h vorm. zu schaffen, todmüde werfe ich mich auf Lager. An der Front Plänklerfeuer, Inf. Maier wird an der Schulter verwundet.

2. Juni 1917 Am Como di campo bianco

Um 9 h vorm. erwache ich nach einem festen Schlaf, um 10 h vorm. bringe ich den abgeschlossenen Monatsakt zum Baons. Adj. Oblt. Pollak. Das Begehen der Schützengräben ist heute sehr gefährlich. Der Feind schleudert seit 2 Stunden schon 24 cm Minen in den Graben. Man vermutet eine größere Aktion seitens des Feindes. Nachm. werd ich von heftigem Kopfschmerz befallen. 17 feindl. Flieger erscheinen. Obstl. Siegl inspiziert die Stellung und die Küchen. Unsere Küchen waren in klaglosem Zustand, ich werde belobt.

3. Juni 1917

Herrliches Wetter, rege Fliegertätigkeit, erledige einige Schreiben an Millerl und Eltern.

4. Juni 1917

Rege Fliegertätigkeit. Ein franz. Flieger fliegt im rasenden Tempo über unsere Stellungen, schwere feindl. Artillerie beschießt höheres Kmd. Ein Mann wird durch eine Schrapnellkugel am Arm verwundet. Meine Gedanken weilen stets bei meinem lb. Millerl in der schönen Heimat; entschließe mich für eine Geldsammlung für Notleidende des Bezirkes Gröbming. Viele Kameraden, die aus dem Ennstal sind, sind bereit, einige Groschen für diese Sammlung zu spenden, so ist es mir möglich, in kurzer Zeit einen Betrag von k 54, 50 h an die Bezirkshauptmannschaft Gröbming per Feldpost abzusenden.

Nachfolgendes Schreiben ließ ich mit dem Geld nach Gröbming abgehen.

An die löbl. K. K. Bezirkshauptmannschaft Gröbming.

Über Anregung der hier an der Front stehenden Ennstaler übernahm ich mit Freuden eine Sammlung. Wunsch aller nachstehend Verzeichneten ist, den durch die Sammlung erzielten Betrag durch gütige Vermittlung der K. K. Bez. Hptmschft. Gröbming einer Armenkasse des Bezirkes zuzuführen. Der kleine Betrag entspricht zwar nicht, den vielen durch den Krieg in Not Geratenen wirksam zu helfen. Doch sei der kleine Betrag ein sichtbares Zeichen unserer innigen Zuneigung zur lbn. Heimat, wie stetes Gedenken der armen Hinterbliebenen und Waisen.

Feldpost 369, am 8. Juni 1917

Erl. v. R. Kmdo. am 4. Juli 1917

Fortführung v. 4. Juni 1917
Abermals bot sich Gelegenheit, meinen Schwager Franz in seiner Unterkunft zu besuchen, traurige Nachrichten kommen vom Pferdestaffel Larice, am 3. Juni beschießt feindl. Artillerie mit 28 cm Granaten das Lager von Larice. Ein Korp. meiner Komp. welcher beim Staffel als Sattler

beschäftigt war, (Pocner) wurde von einem Granatsplitter tödlich verwundet; die Stallungen wurden demoliert.

5. Juni 1917

Schönes Wetter, schwere feindl. Artillerie schießt auf die schroffen Wände des Como und auf das Baonskmd. Steine und Sprengstücke fliegen heulend bis zu den Küchen zurück. Täglich erwarten wir einen Angriff der Italiener. Nachm. Ruhe an der Front.

6. Juni 1917

Schönes Wetter, wie alle Tage gehe ich auch heute mit Dienststücken zum Baonskmdo. Über den ital. Stellungen schwebt heute ein Fesselballon. Die feindl. Beobacher haben in unserem Graben guten Einblick. Gewehrkugeln schnalzen knapp ober meinem Kopf in die Wand des Grabens, eine schwere Granate krepiert mit furchtbarem Krach vor dem Baons-Kmdo. Mit knapper Not entkomm ich den niedersausenden Sprengstücken; - glücklich komm ich in meine Unterkunft zurück. Aus der Front schnalzen vereinzelt Gewehrgeschoße über das Gelände, bin mit meinen Arbeiten fertig, will mich ausruhen, kann nicht, meine Gedanken weilen bei meiner Millerl. Gedenke der herrl. verbrachten Stunden bei meinem Bräutchen. Namenloses Weh überfällt mich. Gott gebe, dass dieser entsetzliche, menschenmordende Krieg bald sein Ende nimmt.

7. Juni 1917 Fronleichnam.

Selige Erinnerungen, in schöner Friedenszeit wurde dieses Fest mit klingendem Spiel in herrlichem Blumenschmuck gefeiert. Heute hör ich Granaten sausen, rings umher sieht man nichts wie kahle Felswände. Das wenige Grün auf dem Gelände ist von Granatsplittern zersetzt und macht nur einen traurigen Anblick.

Hass! Geldgier! und Länderneid haben diesen furchtbaren Krieg heraufbeschworen. Nicht der Millionär, sondern der Arme muss sein Hab und Gut, Weib und Kind verlassen und unter entsetzlichen Qualen, noch ferne der Heimat sein Leben lassen! Wo ist die Gerechtigkeit!?

Vorm. besonders heftiges Artilleriefeuer, wie durch ein Wunder bleibe ich von den ober meinem Körper krepierenden Schrapnellstücken verschont und komme mit dem bloßen Schrecken davon. Schwere Granaten erschüttern den Laufgraben zum Baonskmdo. Schweißtriefend wie ein gehetztes Wild laufe ich über Schutt und Baumstämme, immer ärger schießt die feindl. Artillerie auf unsere Stellungen. Ein ital. Überläufer berichtet uns von einem Granatangriff. 3 Tage bin ich von der Heimat ohne Nachricht, bin traurig gestimmt. Doch groß meine Freude am Abend, als mir die Post 3 Karten von meiner Herzliebsten bringt.

8. Juni 1917

Um 10 h vorm. unternehme ich wieder den lebensgefährlichen Gang zum Baonskmdo. Die feindl. Artillerie verlegt ihr Feuer auf unser Rgmts. Kmdo. Schwere Granaten fahren zischend knapp vor unseren Küchen in den Boden, wir stehen in größter Gefahr! Beim Rgmts. Kmdo. ist bereits ein Mann tot, ein Mann schwer verwundet. Während des heftigen Artilleriefeuers such ich mit meinen Kameraden in der nahen Kaverne Schutz. Noch immer steht das Rgmts. Kmd. und dessen Magazin unter schwerem feindl. Artilleriefeuer.

Es gibt schon Tote und Verwundete. Die Magazine mit großen Petroleum- und Rauchwarenvorräten sind in Trümmer Geschoßen. Große Vorbereitungen für eine Offensive sind beim Feind im Gange. Gegenmaßregeln unsererseits wur-

den getroffen, Tag und Nacht werden Handgranaten und
Inf. Munition in die Stellung geschafft. Ein ital. Überläufer
sagt uns, dass ein engl. Offizier die ital. Stellungen besichtigt hätte, an den feindl. Drahtverhauen sieht man bereits
Lücken zum Durchbruch für die feindl. Inf. – Vollkommen
angekleidet lege ich mich ins Bett, um beim Trommelfeuer
in der Nacht fluchtbereit zu sein.

9. Juni 1917
Beginn des ital. Trommelfeuers auf dem Mte. Forno und
Como di campo beanco.

Halb schlafend halb wachend verbrachte ich die Nacht. Aus
der Stellung bringt man abermals 5 ital. Überläufer, die von
einem feindl. Angriff aussagten. Nach Erledigung meines
Dienstganges komme ich todmüde in meiner Unerkunft
an. Das für heute erhoffte feindl. Trommelfeuer unterbleibt.
Gott sei Dank! Wohl herrscht an der ganzen Front eine
unheimliche Ruhe. An den italien. Drahthindernissen kann
man große für den Ausfall der Inf. bereitgehaltene Lücken
sehen. Von meinem Millerl bekomme ich schon seit 4 Tagen keine Nachrichten, furchtbar düster und traurig kommt
mir vor. - Am Abend schnalle ich meine Habseligkeiten in
ein Bündel zusammen, um im Falle einer feindl. Artille-
rie-Aktion flüchten zu können, sorgenschweren Hauptes
leg ich mich ins Bett.

10. Juni 1917 Corno di campo beanco Trommelfeuer
5. 11 h vorm. das gefürchtete feindl. Trommelfeuer setzt
ein, vor der Hütte krepieren schon schwere Granaten, ein
ohrenbetäubend sausen, Heulen und Krachen der feindl.
Geschoße. Wie von einer Tarantel gestochen schnell ich aus
dem Bett und erfasse meine bereitgemachten Bündel und
eile mit meinen Kameraden in die nächstliegende Kaverne

– alles flüchtet und rennt unserer Kaverne zu. Hageldicht sausen die Geschoss- und Steinsplitter umher. Noch rechtzeitig können wir uns retten, Mit 18 Mann zusammengekauert verbringe ich 25 Stunden in dieser qualvollen Lage. Zweimal wird mir unwohl, der Magen knurrt, können uns nicht einen Tropfen Wasser beschaffen. - Schwere Granaten poltern auf die Decke unserer Kaverne, bei jeder Detonation lösen sich Steine von der Decke los, mit Grauen fürchten wir verschüttet zu werden.

11. Juni 1917

Gott sei Dank! Das furchtbare Artilleriefeuer verstummt teilweise, mit blassen angstverzerrten Gesichtern kriechen wir einzeln aus unserer Felshöhle und sehen mit Grauen die furchtbaren Verwüstungen der Geschoße und Minen. Durch den eingetretenen Regen ist das ganze Gebiet mit Pikrin gelb gefärbt, nicht 2 m ebene Erde war mehr zu sehen. Sämtliche Küchen und Unterkünfte zertrümmert, unzählige Geschoßsplitter und Blindgänger liegen herum. Ein grauenhafter Anblick bietet sich am Friedhof – nach zweimaligen vergeblichen blutigen Angriffen des Italieners auf dem Mte. Forno häuften sich die Toten, circ. 80 gefall. Italiener und 40 Mann meines Rgts. werden zum Friedhof geschafft. In Zeltblättern gelegt und diese auf Stangen geknüpft trug man die grässlich verstümmelten Leichen zum Heldenfriedhof. Kann. Fldw. Karner liegt verst. unter den Toten.

2 ital. Offiziere bingt man ohne Kopf mit vielen Hinterwunden und gibt sie in ein eigenes Grab.

Alle übrigen Toten werden zu 30 und 80 in Masssengräber gelegt, mit Kalk und Erde überschüttet, auf dem Grabhügel gibt man ein Holzkreuz mit einem Sturmhelm. Feldkurat Binder nimmt die Einsegnung vor.

Der nun quälende Hunger treibt uns zu den Küchen auf die Suche nach etwas Eßbarem; ein kleines Restchen Pfeiffentabak teilen wir uns für Zigaretten auf; furchtbare Schwäche und Nervosität überfällt mich. Die einzige Post von meinem lbn. Millerl heitert mich auf. Nach Aussagen eines gefangenen ital. Fähnrichs sollte sich morgen das Trommelfeuer im erhöhten Maße wiederholen, auf höheren feindl. Befehl müsse der Mte. Forno, den das 3. te Baon meines Rgmts. besetzt hatte, unbedingt genommen werden. – Nun Gott mit uns. Vorsichtshalber tragen wir uns Stühle und Bänke und den Rest Proviant in die Kaverne, richten uns die Felsenhöhle wohnlich her. – Noch immer bringt man aus den Stellungen Tote. – Freund und Feind liegen im ewigen Schlummer mit grässlich verzerrten Gesichtern um die frisch aufgeworfenen Gräber herum.

11. Juni 1917, Forts.
Die heutige Post bringt mir einen Brief von Millerl mit der niederschmetternden Nachricht von ihrer unausbleibl. Mutterschaft – Große Wehmut und Heimweh überfallen mich. Meine arme Milly! Bin so weit von ihr! Kann dir persönlich nicht im Troste beistehen, Gott möge mir helfen, dass ich glücklich dieser furchtbaren Schlächterei entkomme und ich einst für Weib und Kind wie ein rechter Vater sorgen kann.

R. U. O. Sykora kommt vom Urlaub und übernimmt die Geschäfte von mir.

Der Abend naht, die Artillerie ist verstummt, total erschöpft liege ich in der demolierten Unterkunft auf der Pritsche.

12. Juni 1917 Corno di campo bianco
Danke Gott, dass ich die Nacht ohne Störung schlafen
konnte. ½ 6 früh beginnt die feindl. Artillerie mit leich-
tem Schrapnellfeuer auf das rückwärts gelegene Regmits.
Kmdo. zu feuern. Dichter Nebel fällt ein, man sieht nicht
20 Schritte, im Schutze des Nebels gelange ich glücklich in
die Stellung und übernehme wieder die Agende des Dienst-
führd. U. O.

13. Juni 1917 in Stellung als Dstf. U. O.
Um 3 h früh lasse ich von den Küchen das Frühstück (Kaffee mit Polenta) holen. An unserm Abschnitt hat der Feind
keine Aktion unternommen, wohl hatte die feindl. Artillerie am Mte. Forno fürchterlich gehaust, sämtliche Laufgru-
ben sind verschüttet; eine Menge Leichen von gefall. Ital.
liegen noch vor den Stellungen.

Heute stürmt der Feind die Höhen Portule-pori, die vom I.
R. 17 und den Jäger 7 hartnäckig verteidigt werden.

In meinem todähnlichen Schlaf hatte ich einen schönen
Traum. Meine Millerl kommt mir mit einem dickbackigen,
lieblich lächelnden Buberl an der Hand entgegen.

12 h 05 I. m. beginnt ein heftiges Artillerieduell, nach einer
kleinen Pause beschießt uns feindl. Artillerie mit schweren
Granaten bis zum Abend, bekomme heftigen Kopfschmerz.
12 h nachtds, schreibe an Milly einen Brief.

14. Juni 1917 In Stellung am Corno di campo bianco.
Bis ½ 9 vorm. hatte ich gut geschlafen, infolge des schönen Wetters war die feindl. Fliegertätigkeit eine rege, über
die Cima Dodice werden 2 Caprone – Flieger von unserer
Artillerie abgeschossen.

Die Italiener beginnen sich wieder zu verschanzen und ziehen wieder Stacheldraht vor ihren Stellungen. Von 3 h 30 n. bis 4 h n. beschießt feindl. Artillerie mit Schrapnell unsere Gräben. Unsere demolierten Stellungen sowie Unterkünfte werden in kurzer Zeit wieder renoviert. – Gewisse Anzeichen deuten auf eine neuere gewaltige Aktion des Feindes hin. Wir sind mit Munition und Leuchtmittel gut versorgt. Dank der großangelegten Kavernen können wir einen feindl. Ansturm stets abwehren.

15. Juni 1917 In Stellung

Vollkommen angekleidet schlief ich die ganze Nacht auf einer Bank. Am linken Flügel Portule Pori wütet ein heftiger Kampf, unsere Artillerie aus dem Galmarara arbeitet ohne Unterbrechung, leider konnten unsere Braven die Stellung Portule Pore nicht behaupten und mussten sich zurückziehen. Nur kurze Zeit konnten die Italiener ihre Trikolore auf den blutig erkämpften Stellungen flattern lassen, unser schneidige Hptm. Kratochvill entriss sie mit seinen braven Stürmern und Flammenwerfern.

An unserm Abschnitt entspannt sich ein heftiges Artillerieduell, dauert bis 5 h nachm. Um 12 h nachts übermannt mich der Schlaf.

16. Juni 1917

Um 3 h früh werde ich zu Lt. A. Farkas, welcher soeben vom Urlaub kam, gerufen. Vorm. mäßiges Artilleriefeuer.

Die nun einlangenden Nachrichten von Millerl machen mich gemütskrank. Am liebsten würde ich zu ihr fliegen und sie im Troste beistehen.

Vom 4 ten Baon werden 4 Mann durch Gew. -Granaten getötet, nun bekommt jeder einzelne Mann eine Gasmaske deutschen Systems. Allseits ist die Stimmung eine gedrückte. Alles sehnt sich nach dem lbn. Frieden! Wir wissen heute nicht mehr, für was und für wen wir armen Erdwürmer im Schützengraben stehen. So mancher teure Kamerad im jugendlichen Alter, so mancher Familienvater hat seinen Geist für seine Heimat aufgeben müssen.

Von 10 h 30 nachts bis 11 h schießt unsere Artillerie auf die feindl. Gräben. Aus der Burgstellung des Italieners sausten mehrere M. G. Serien zu uns herüber.

17. Juni 1917
Ein herrlich schöner Sonntag, wir hoffen für den ganzen Tag Ruhe! Um 9 h vorm. besuche ich meinen Schw. Franzl in seiner Hütte bei der 11. Feldkompanie. Franz ist wohlauf, um 10 h wird Kavern – Alarm angesagt. Wir eilen in unsere Felslöcher, bald heulen unsere 30. 5 cm Geschoße über uns in die feindl. Gräben. Ein unsriger Flieger kreist über den Stellungen der Italiener, um die Schusswirkung der 30. 5 cm Geschoße zu beobachten. Als Revanche beschießt die feindl. Artillerie unser Terrain. Um 11 h nachts rückt unser Oblt. R. Weinlich vom Urlaub ein.

18. Juni 1917 Trommelfeuer auf unsere Stellungen Mte. Forno u. Corno di campo bianco
Um 8 h nachm. beginnt das furchtsbarste Artilleriefeuer auf unsere Gräben. Granaten aller Kaliber und 25 cm Torpedominen krepieren mit ohrenbetäubender Detonation vor unseren Unterständen. Das III. 27. Baonskmdo. am Mte. Forno wird in Brand beschossen. Der ganze Baonsstab und der Stab meines Komp. Kmdos. sitzt in der gut ausgebauten Baons-Kaverne des II. Baons am bianco. Der Aufenthalt in der nasskalten Kaverne ist ein sehr unangenehmer, mich schüttelt es vor Frost am ganzen Körper.

Von den heftigen Detonationen werd ich schon ganz taub. Der Kopf brummt mir wie Feuer, ununterbrochen poltert und donnert die feindl. Artillerie auf unsere Stellungen. Die Geschoße kommen so massenhaft, dass man sie nicht mehr zählen konnte. Stockfinstre Nacht – Regen. Das Trommelfell droht mir zu zerspringen.

19. Juni 1917 Trommelfeuer

Mit erhöhter Heftigkeit setzt der Feind sein Trommelfeuer fort. Sämtliche Telephonleitungen bis auf eine sind abGeschoßen. Unsere braven Sanitätssold. bringen im heftigen Feuer Verwundete zum Baonshilfsplatz. Chefarzt Dr. Petrosy versieht trotz des heftigen Feuers unermüdlich seinen ärztlichen Dienst.

Mir wird angesichts der Schwerverwundeten unwohl. Setze mich dem Kaverneneingang näher, - von unserer schönen neuerbauten Unterkunft war nicht mehr viel übrig, sehe nur mehr Holztrümmer, grauenhaft die Verwüstung! Sitze kaum zwei Minuten, plötzlich ein furchtbarer Krach! Ein Schreien, ich kollere über die Stiege hinunter, für einige Minuten verlier ich meine Besinnung… nachdem ich mich etwas erholt habe, blicke ich verwundert um mich, kann aber infolge des Pulverrauches nichts sehen, wohl höre ich vor mir einen Verwundeten stöhnen, ich bin wie durch ein Wunder mit heiler Haut davongekommen. Mache nur einen Blick nach rückwärts zum Kaverneneingang und sehe einen Mann am Rücken liegen. Ich krieche hinauf und sehe zu meinem neuen Entsetzen, dass dem Armen durch ein Sprengstück durch die Stirn die ganze Gehirnmasse in der heruntergeschleuderten Mütze liegt. Der Tod musste sofort eingetreten sein. Ein junger Bursch mit 18 Jahren (Puckarthofer Thondorf) hatte in treuer Pflichterfüllung als Reliposten sein Leben ausgehaucht; einen Kameraden, der vor mir saß, ging ein Granatsprengstück in den rechten Oberschenkel. –

27 Stunden wütet schon das furchtbare mörderische feindl. Artilleriefeuer. Kein Tropfen Wasser, kein Bissen Brot konnte uns zugeführt werden, wir sind lebend eingeschlossen, ein furchtbarer Kopfschmerz erhöht meine Qualen! Im Laufe des Tages erscheinen feindliche Flieger und werfen Flugzettel in drei Sprachen ab, auf den Zetteln war zu lesen: Wer den 18. und 19. Juni überlebt, überlebt auch den Krieg! Das sind wohl Phrasen der Italiener!

2 Baone italienische Infanterie geht unter eigenem schweren Artilleriefeuer, von ihren Offizieren mit Pistolen getrieben, zum Angriff auf den Mte. Forno über; von unserm Geschützstand „Furchtlos und Treu" konnten wir dem anstürmenden Feinde furchtbare Verluste beibringen, ohne etwas zu erreichen verbluten die Angreifer. Circa 800 Tote und Verwundete liegen vor unseren Drahthindernissen.

Gott sei Dank! Das Artilleriefeuer verstummt! Eine Totenstille an der ganzen Front! – Nach 2 tägigier Einschließung in der Kaverne kriechen wir matt und elend ans Tageslicht. Sofort werden Telephonleitungen gelegt, die total verschütteten Schützengräben werden freigemacht und das Wichtigste, die Verbindung mit den Küchen, hergestellt.

20. Juni 1917
Ruhe an der ganzen Front – schönes Wetter. Der Feind hat trotz seines zweitägigen Trommelfeuers nicht 1 m² Boden erreicht. Alle Stellungen in Portule Porre, Forno Cebio blieben in unserm Besitz, an allen Linien herrscht Ruhe! Gott sei Dank, nach zwei Tagen bekommen wir wieder etwas Warmes zum essen. Für unser wirkungsvolles Eingreifen

212

während des feindlichen Angriffes auf den Mte. Forno bekommen wir vom Baons-Kmdo die vollste Belobung.

Zu meiner Freude bringt mir ein Urlauber von meinem Millerl ein Paket mit Zigaretten und Schokolade. Sandte noch heute einen ausführlichen Bericht an mein Bräutchen. Am Nachm. beginnen wir mit dem Ausbessern unserer von der feindl. Artillerie demolierten Unterkünfte. Das ganze Terrain ist mit Geschoßsplitter und Blindgänger übersät. Im Stillen danken wir dem Allmächtigen, dass wir dem mörderischen Artilleriefeuer heil entkommen sind; jeder Mann wird mit einer Gasmaske beteilt.

Ein Gefreiter (Heilsam) meiner Komp. geht zum Gefechtstrain des Rgs. und soll unsere Post holen. Auf dem Weg nahe dem Blockhaus wird der Arme von einem feindl. Schrapnell tödlich getroffen.

Am Abend Artillerieduell, um 11 h nachts komme ich zur Ruhe.

21. Juni 1917
Wetter schön. Feindl. Artillerie beschießt die Zufahrtsstraßen zum Brigade- und Rgmts. Kmdo. Flieger umkreisen in geringer Höhe unsere Stellung. Wir nehmen sie mit den Maschinen-Gewehren unter Feuer. Nachm. an der Front Ruhe; sitze am Dache meiner Unterkunft und schreibe an meine Lieben. Von neuem geht das Gerücht durch die Stellungen, dass der Wellische morgen abermals mit einem Trommelfeuer kommt. Vorsichtshalber packen wir unsere Habseligkeiten in die Kaverne und warten nun mit Bangen auf das dritte Trommelfeuer; mein Kmdt. gibt mich dem Rgmts. Kmdo. zum Titel Feldwebel ein, nach 2 Jahren Zugsführer hoffe ich, dass die Beförderung durchgeht.

An der Front vollkommene Ruhe, bekomme den Befehl, die Gasmasken anzupassen.

Feindl. Überläufer sagen aus, dass das Rgmt. J. R. 27 das tapferste und kaltblütigste Rgmt. der Österreicher sei.

Ein ital. Befehl sagt: dass in technischer und Artillerie Beziehung der Krieg bei ihnen erst begonnen habe. Weiters erfahren wir, dass uns gegenüber die 6. It. Armee steht.

22. Juni 1917 Corno di campo bianco
Das Trommelfeuer des Feindes unterbleibt, wir sind allesamt froh. Von Milly bekomme ich gute Nachricht.

Phonogramm der 6. I. D. Nr. 122 an I. R. 27
Ein Überläufer vom I. R. 214 Mte. Forno gibt an, bei den Italienern ist es üblich, beim Angriff in das eigene Artilleriefeuer hineinzulaufen, um den Gegner in den Kavernen zu überraschen. Angriff gegen Mte. Forno den 19. d. M. erfolgte ebenfalls wie auf Artigaro, scheiterte aber durch die Kaltblütigkeit der Verteidiger I. R. 27, die noch während des feindl. Artilleriefeuers ihre M. Gew. gegen den Angreifer stellten (Gefr. Cerne gold. T . M.) Nach dem Befehle der ital. Offiziere hat nach Artillerie und techn. Mittel ihrer Armee der Krieg erst jetzt begonnen. Offz. Verluste des I. R. 214 sehr groß, it. Baonskmdt. Mj. Nisoletti gefallen. Der Offz. sagt weiter, dass das öst. I. R. 27 eines der tapfersten und kaltblütigsten Regimenter in der ital. Armee Berühmtheit hat.

G. I. Y. op V 62/8. No. 473 v. 11. I. Brigade. -I. R. 27

Beim Korps. Kmd. wurden 2 Offz., 14 Mann des I. R. 4, 214 M der alpinen Baone Valdora Matoria Verona eingebracht.

Der Angriff der Baone wurde am 16. d. M. 6 h vorm Rote 2071 gegen Mte. Ortigaro angesetzt und im ital. Atill. und Minenwerferfeuer durchgeführt. Die Mannschaft wurde vorher darüber unterrichtet, dass sie in das ital. Feuer hineinlaufen muß, damit die österreichische Besatzung in den Kavernen festgehalten wird. Das schwere Artillerie- und Minenwerferfeuer dauert an, bis die Italiener auf 40 m an die österreichischen Kavernen herangekommen waren. Dann setzt noch das Artilleriefeuer fort. Österr. Vedetten waren sämtliche tot. Vom Mte. Artigaro wurde eine Links- schwenkung vorgenommen. Das weitere Vordringen je- doch durch flankierendes M. G. Feuer vom Campo Goletti zum Stehen gebracht. Am Angriff haben noch 4 alpine Ba- one teilgenommen. Sämtliche Angreifer der Baone erlitten schwere Verluste.

11. Inf. Brig. 23. Juni 1917
An der Front allgemeine Ruhe. Wir machen uns am Abend bei Zitherklang recht gemütlich. Ein schweres Gewitter mit Hagel geht nieder.

24. Juni 1917
Schöner Sonntag, rege Fliegertätigkeit. Feindl. Artillerie schießt auf die Straße zum Gef. Train, nachm. ruhen alle Arbeiten. Ich lege mich auf 3 Stunden zur Ruhe. Schweres Atill. Feuer – Um 6 h nachm. werden alle Zugskomman- danten und meine Person zum Kmdo. befohlen. Bespre- chung über die morgen um 2 h stattfindende Artillerie-Ak- tion auf die feindl. Stellungen. Von Stellung Cartule Tocco greifen die Rgmt. IR 17, J 7 an. In der Nacht kommen 2 ital. Offiziere als Parlamentarier zum III. /27 Baon und bitten um einige Stunden Waffenstillstand, dass sie ihre Toten, die vor den Stellungen liegen, beerdigen können. Die 2 ital. Offze. vom Alp. Rgmt. 6 bitten recht freundlich, man möge

nicht schießen, nachdem sie unser Rgmt. schon kennen, auch sie werden nicht schießen.

Ich werde schon nervös, man ist in der Stellung – ein offensives Vorgehen in diesem Train nicht möglich – Der Feind ist ruhig. Dennoch beginnt unsere Artillerie den Feind zu reizen, dahin ist die wohltuende Ruhe! Am Abend verlegt die feindl. Artillerie das Feuer nach rückwärts auf die Zufahrtsstraßen.

25. Juni 1917

Nach dem Frühstück um 2 h früh Kavernen Alarm. Unsere Artillerie beschießt die ital. Stellungen; wirksame Atill. Unterstützung auf Portele Pozze. Die Italiener werden von Portule Pozzi zurückgeworfen (Hptm. Kratochwill mit Sturmbaon). Nachm. beschießt unsere Stellungen schwere feindl. Artillerie. 4 h nachm. feindl. Granaten krepieren in meinem Unterkunftsbereich. Inf. Haider wird durch ein Granatsprengstück am Kopfe schwer verwundet. – 5 h nachm. die Mannschaft befindet sich draußen vor der Hütte bei der Kaffeeausgabe. Eine feindl. Granate krepiert neben den Leuten, die zum Glück mit dem bloßen Schrecken davonkommen. Nur der gute Kaffee – unser Lebensgeist im Felde – war mit Schutt und Staub verunreinigt. Wir begeben uns in die Kavernen. Die feindl. Artillerie schießt weiter auf unsere Stellungen.

Nach Aussagen von Gefangenen soll der Italiener schwere Minenwerfer (französisches System) in Stellung bringen.

26. Juni 1917

Um 2 h früh kommt der Kaffee, als Zubuße Polenta dazu. 11 h vorm. schießt sich unsere Artillerie auf die feindl. Stellungnen ein. Auf Portulle Pozze werden 20 ital. Offz. und 1000 Mann gefangen. Ein ital. Feldkurat sagt mir, dass das ital. Heer ganz demoralisiert sei und sich bei jeder passenden Gelegenheit fangen ließe.

Über Mittag Ruhe! Nachm. mit Inf. Wagner auf dem Wege von der Küche durch ein feindl. Schrapnell am Auge verwundet. 5 h nachm. krepieren 2 feindl. Granaten vor unserer Hütte. Wir flüchten uns in die Kaverne.

27. Juni 1917

Die empfindliche Kälte in den hohen Bergen lässt mir kein Auge zum Schlafen schließen.

Phonogramm vom 3. IR. Kmdo. Nr. 397 v. 26. 6. 1917

Bin 7 h nachm. in Larice eingelangt. Ein Geistlicher des Baons Pizzoca, ferner 1170 Mann des I. R. 10 Bersagliere 9 Barne Bassano Micica, Strozzia, Beluno, Farmaro, Stelvia, Stura, M. G. Rgt. 22, M. G. Komp. 819, 692, 699, 654, 622, 691, 693. Dann das Genie Rgtmt Nr. 1 – 41 Komp.

Gebirgsbatterie 44, 45, 47, 18, 62. Einbruchstelle war besetzt von Süd nach Nord von Baone Miccocoa, Bassano, Strozzia, ein Baon I. R. 10 Bersagliere B. 9.

In Reserve standen: Stelvio bei Pelina I. R. 9. Die Gefang. der Barne Furka und Tarnaro gehören Trägerkompanien an. Von Artillerie war in Stellung Batterie 44, 47 und 62 mit je 4 Geschützen, Batterie 48 mit 3, Batterie 45 mit 1 Geschütz, zusammen 16 Detto! Per Geschütz waren 300 Schuss vorhanden.

Die Italiener hatten die Absicht, am 26. 6. 1917 vor Corno di campo bia. anzugreifen. Der ihnen wegen Flankierung schon dort in Flanke und Rücken sehr lustig war. In den letzten Tagen wurden Batterien und Minenwerfer, welche gegen Mte. Ortigaro gewirkt hatten, in den Raum Pacaloe abdirigiert. – Zentrum des ital. Nachschubes ist Raum westl. Malga di Morcesine (westl. Porteluna. Dort wurde Brigade Iser zuletzt gesehen. 8. /6.) Brig. Jona und Campo basso wurden nach einzelnen Angaben eines intelligenten U. O. im Raume westlich Malga die Morcesine gesehen. Bersaliere 14 wurden am Grenzkamm nicht gesehen, sollen vor 20 Tagen bei Asiago gestanden sein. Die Gefangenen des I. R. 10 behaupten noch immer, der 21. Division anzugehören. Sämtlichen Einvernommenen sind voll Bewunderung über den Plan des heutigen Angriffes, Erfolg größtenteils durch Umzingelung. Geistlicher gibt an, dass ital. Soldaten demoralisiert und keinen Widerstand gegen Gefangennahme leisten.

Bisher festgestellte Zahl beträgt:

1700 Gefangene, 30 M. G., 4 Geschütze.

11. l. Brigade

Mittags Artilleriefeuer in unserem Abschnitt. Nachm. von 3 – 4 h geht ein schweres Gewitter mit Hagel nieder. Nun sind wir wieder für einige Tage mit Wasser zum kochen, trinken und waschen versorgt.

28. Juni 1917 Corno di campo bianco.
Gott sei Dank ist nach den aufregenden Zeiten wieder mal ein ruhiger Tag. Kann bis 7 h vor. schlafen, schönes Wetter, Fliegertätigkeit rege. Hallo! Von meiner Milly kommt Post! – Die Nachtposten melden, dass man von feindl. Seite schweres Fuhrwerk und Autogerassel hört. An ihrer Stellung bauen sie emsig, jedenfalls fürchtet der Feind einen Angriff unsererseits! Unsere Artillerie schießt sich auf die feindl. Sammelplätze ein. Wir visieren unser Kasematt Ge-

sch. und die beiden M. G. auf die feindl. Ausgangspunkte ein.

29. Juni 1917.

Herrlicher Tag, nach 14 Tagen mit angezogenen Schuhen verspüre ich heftige Fußschmerzen. Kote 2007 wird von den Unsrigen genommen. 2 Kompanien Alpini gefangen. - 11. I. Brig. nachm. von 6 – 8 h schießt sich unsere Artillerie auf die feindlichen Stellungen ein.

30. Juni 1917

Die Nacht in Ruhe verbracht. Herrliches Wetter, an der ganzen Linie Ruhe, mittags beschießt schwere feindliche Artillerie die Drahtseilbahn Doseo del fine. Freudig überrascht kam mir meine Beförderung zum Titel – Feldwebel. – Offiziere und Kameraden gratulierten mich zur Beförderung – nachm. Gewitter mit Hagel. Schwager Franz wird auch Feldwebel und zuzüglich die T. M. II. Klasse verliehen.

1. Juli 1917 Sonntag

Nach einem guten ungestörten Schlafe erwacht, an der ganzen Front sonntägige heilige Ruhe. Noch mit knapper Not kann ich mir etwas Wasser zum reinigen des Körpers verschaffen. Aller Schnee ist schon zerronnen, so müssen wir uns das Wasser in Butten 3 Stunden weit herbeischleppen.

Hallo! Die Post kommt. Von meinem Millerl bekomme ich ein Schreiben, berichtet mir von Reserl, dass sie einen gesunden Knaben entbunden hat. Die Braut eines gefallenen Kameraden (Heilsam) dankt mir für die Verständigung vom Tode ihres Bräutigams.

Bei der Komp. befindet sich ein gemeines Individuum, welches während des Trommelfeuers dem Komp. Kmtn. Wein und Schnaps gestohlen hatte. Demnach mussten die Leute den ganzen Tag Gewehrgriffe machen, bis sich der Dieb meldet. Leider konnte man den feigen Dieb nicht eruieren.

Am Nachmittag geht ein heftiges Gewitter mit Hagel nieder. Am Abend bei heiterem Wetter ließ ich mich mit Kamerden beim Baonshilfsplatz fotographieren.

Feindliche Artillerie schießt in Intervallen zum Rgmts. Kmdo.

2. Juli 1917 Am Como di campo bianco
Regnerisch. 11 h vorm. kommt B. Kmdt. Obstlt. Siegl, Baons. Kmt. Novak mit Hptm. Righetti unseren Geschützstand"Furchtlos" und „Treu" besichtigen. Bis 5 h nachm. musste die Mannschaft ihr auferlegtes Strafexerzieren durchmachen und noch hat man den Dieb nicht eruieren können. –

In der Nacht wird vor den Stellungen gearbeitet.

3. Juli 1917
Schönes Wetter. An der Front Ruhe. Stimmung der Mannschaft entsprechend. Kamerad Grieser fährt auf Urlaub. Gebe ihm für Schw. Fini Almrausch und für Vater Tabak mit. Abends um 8 h krepiert unter heftiger Detonation eine schwere feindl. Granate knapp vor unserer Hütte. Hernach Ruhe. Vom III. Baon am Mte. Forno hört man jedoch die Wallischen rufen „Bravo Austria" herüber.

4. Juli 1917
Regenwetter. Feindl. Artillerie schießt auf den Laufgraben zum Baonskmdo, nachmittag schönes Wetter. Gern würde ich den ganzen Tag vor der Unterkunft sitzen und die herrliche Alpenflora mit Almrausch betrachten. Doch stetes

feindl. Artilleriefeuer gönnt mir diesen Anblick für längere Zeit nicht.

5. Juli 1917

Greuliches Regenwetter, an der Front Ruhe. Abends Fotzhobelkonzert.

6. Juli 1917.

Von 10 – 11 vorm. mache ich den eingelangten M. G. Zügen meine Visite, die mir als Feldwebel oblagen. Werde beim Rgmts. Kmdo. um eine offene Order nach Trient bittlich, will das Grab meines dort tödlich verunglückten Bruders Hans besuchen. Zu diesem Zwecke lasse ich ihm einen Kranz aus Reisig und Almrausch binden. Dichter Nebel umhüllt die Stellungen – an der Front Ruhe.

Abends bekomme ich heftige Kopfschmerzen, werde schwach.

7. Juli 1917

Herrliches Wetter, fühle mich wohler.

8. Juli 1917

Fahrt nach Tient: in Pergine treffe ich meinen Schwager Hugo, in Trient angekommen, gilt mein erster Besuch dem Grabe meines Bruders Hans, nach langem Suchen unter den 1000 Heldengräbern finde ich das Grab Nr. 67 meines Bruders. Mit feuchtem Auge, voll Wehmut lege ich den Kranz auf den Grabhügel. Schweren Herzens trenne ich mich vom Grab. Am Abend nehme ich mir im Hotel zum schwarzen Adler ein Zimmer und lege mich gleich zur Ruhe.

9. Juli 1917 Trient

Vormittag besorge ich Einkäufe für meine Kameraden in der Front. Nachmittag nehme mir im städtischen Bad ein Wannenbad. Am Abend besuche ich nochmals das Grab meines Bruders.

10. Juli 1917

Fahre ich von Trient nach Pergine, verweile dort bei meinem Schw. Hugo bis 9 h abends. Fahre dann weiter bis nach Caldonazzo. Bei stockfinstrer Nacht tritt ich den gefährlichen Aufstieg nach Mte. Rover an. Auf der halben Höhe des steilen Berges mache ich einen Fehltritt und stürze mit Sack und Pack den Hang hinunter, nur ein Haselnussstrauch war meine Rettung. Über eine Stunde habe ich mich an den Strauch festgeklammert und schrie aus Leibeskräften um Hilfe. Zufällig kommt ein biederer Tiroler des Weges, welcher mich mit Hilfe eines Stockes aus der entsetzlichen Lage befreit. Todmüde komme ich im Soldatenheim Mte. Rover an und übernachte dort.

11. Juli 1917

Fahre in der Früh 7 h von Vezzena bis Ghertele mit der Drahtseilbahn, am Abend komme ich bis zur Pferdestaffel des Regimentes.

12. Juli 1917

Bei herrlichem Wetter bestieg ich die Höhe des ital. Mandriolo nördlich Larice, pflücke dort Edelweiß und Kohlröserl. Um 12 h nachts komme ich todmüde in die Stellung.

13. Juli 1917

An allen Gliedern steif von dem gestrigen Gewaltmarsch erwache ich um 8 h vorm. von einem todähnlichen Schlaf. Während meiner Abwesenheit von der Kompanie hatte sich eine Menge Post von der lieben Heimat angesammelt. Darunter auch ein Brief von meinem Bräutchen Milly mit der niederschmetternden Nachricht, dass mein armes Millerl nun ohne Zweifel Mutterfreuden entgegensieht. Gott, furchtbar ist mir zumute und ich weile so fern von Millerl. Nun heißt es stark sein, schreibe noch heute an Millerl und dessen Eltern je einen Brief.

Übernehme wieder die Geschäfte des Dienstführenden. An der Front Ruhe, Wetter kühl.

14. Juli 1917
Herrliches Wetter, rege Fliegertätigkeit, an der Front bis auf einige M. G. Serien Ruhe.

15. Juli 1917
Ein herrlicher Sommersonntag. Vormittag mit der Mannschaft Schule über M. G. Dienst. Feind beschießt den Mte. Forno mit 10 cm Granaten. Warte nun mit Bangen auf die weiteren Nachrichten von Millerl. Nachts besuche ich meinen Schwager Franz bei der 11. /27. Kompanie.

16. Juli 1917 Corno di campo bianco
An der Front Ruhe. Wetter trüb, Höhennebel reißen über die Höhen. 10 h vorm. schwaches feindliches Artilleriefeuer. Hüben und drüben ertönen Sprengschüsse. Nachmittag sitze ich bei hellem Sonnenschein vor meiner Hütte und erledige meine Privat-Korrespondenz. Sorgenschweren Hauptes leg ich mich um 9 h nach. zur Ruhe.

17. Juli 1917.
Bei vollkommener Ruhe und schönem Wetter an der Front erwache ich, klettere von meiner Liegestatt herunter, trinke meinen schwarzen Kaffee und setze mich gleich an meine schriftlichen Arbeiten, die mir als Dienstführender obla-

gen. Nachmitttags fertige ich Heimatsurlauber ab, ganz glückselig eilen sie aus der Stellung. Bis auf die schweren Sprengschüsse hüben und drüben herrscht an der ganzen Linie Ruhe. Am Abend kann ich ruhen, fortwährend weilen meine Gedanken bei meinem armen Millerl. Mit Bangen warte ich schon auf die weiteren Nachrichten.

18. Juli 1917

Die Nacht ohne Störung verlaufen, Wetter schön, aus den Lüften hört man das Surren der feindlichen Flugzeugmotoren. Während meines üblichen Ganges durch die Stellungnen ist die feindliche Artillerie ziemlich rege. muss mich beeilen, eine schützende Kaverne zu erreichen. Die Mineur-Arbeiten im Graben werden infolge des feindlichen Artilleriefeuers eingestellt, schöne Abendruhe.

19. Juli 1917 Corno di campo bianco

Herrlicher Tag. Auf Befehl des Komp-Kmd. schießt sich unser 6, 5 cm Kasematt- Geschütz mit 30 Schrapnell auf die feindliche Vorstellung ein. Fast sämtliche Schuss waren Treffer – Großer Wassermangel macht sich fühlbar. Wer leiden an Durst. Am Abend lassen wir uns mit unserm Komp. Kmdt. fotographieren, nachher setzten sich unsere beliebten Schützengraben-Schrammeln zusammen und musizierten bis zum späten Abend.

20. Juli 1917

Um 1 h früh werde ich geweckt, muss 20 Mann der Kompanie zum Baden bestimmen. Konnte nachher keinen Schlaf mehr finden, noch dazu verspürte ich Rheumaschmerzen. Zur Tagwache stehe ich auf, verrichte meine feldmäßige Morgentoilette. Das Wetter ist herrlich. 3 eigene Flieger umkreisen unter heftiger Beschießung die feindlichen Stellungen. Von diesen Posten wird gemeldet, dass in der

Nacht italienische Offiziere mit den Unsrigen Gespräche über einen kurzen Waffenstillstand führten. Von Zuhause kommt die Nachricht, dass Bruder Richard auf Urlaub weilt. Abends halten wir Schrammelkonzert.

21. Juli 1917
In frühen Morgenstunden geht ein heftiges Gewitter nieder. Die Post bleibt aus, weil ich mein Bräutchen in diesem Zustande weiß, kann mich nichts mehr aufheitern. Habe stets schlechten Appetit. Mein Herr Lehrchef gratuliert mir zur Beförderung. Gewitter. An der Front Ruhe.

22. Juli 1917
Ein herrlich schönes Wetter, angenehm warme Luft. Zu meiner Aufheiterung bekomme ich eine Menge Post. Vom Hinterlande kommt die Todesnachricht von unserm Ers. Baonskmdten Obst. Reimann. Die Komp. sendet eine Geldsammlung statt eines Kranzes für W u. W. Fond. Mein Komp. Kmdt zensuriert die in die Heimat abgehende Post. So wurde er auf meine Verhältnisse aufmerksam, später fragte mich mein Komp. Kmdt, wie es mit meiner Braut steht. Ich berichte ihm alles genau. Der Oblt. spricht mir Mut zu und verspricht mir, zur Seite zu stehen.

23. Juli 1917
Schönes Wetter, an der Front Ruhe. Wir alle hoffen mit Zuversicht auf ein baldiges Kriegsende.

24. Juli 1917
Bei schönem Wetter erwacht, fühle mich wohl. Unser Komp. Kmdt. bekommt das M. V. R. III Cl., ich gratuliere ihm. Nachm. werden sämtliche dienstführende U. O. telephonisch zum Regmts. Kmdten befohlen. Auch mein Schwager Franz findet sich ein, circ. 24 U. Offze. stehen

dichtgedrängt in dem kleinen Raum des Rgmts. Kmds. Eine furchtbare Schwüle herrscht im Raum des Regmts. Kmdtn.

Mir wird schwarz vor den Augen, taumle nach rückwärts. Werde von furchtbarem Unwohlsein befallen. bei den Küchen lasse ich mir einen frischgebrauten Kaffee geben, nachher wird mir leichter und wohler. Komme in die Stellung und berichte meinem Komp. Kmdten über die vom Regmts. kmdten erhaltenen Weisungen. Am Abend machen wir unserem Komp. Kmdten ein Standerl anlässlich seiner Dekorierung mit M. V. R. -. Anschließend gratulieren wir Lt. Vater Ahrer zu seinem Namenstag. Wir bekommen Zigaretten und Wein.

Die Italiener rufen zu uns herüber, dass bis in 7 Wochen der Krieg aus sei. – Soeben kommt der Pressebericht, dass Stanislau von den Russen brennend entsetzt – in unserem Besitze ist. Mit Heilrufen begrüßen wir die Meldung von der Einnahme Stanislaus.

Wir hoffen mit Zuversicht, die heurigen Weihnachten in Frieden zu verbringen. 10 h nachts bekomme ich Appetit, brate mir Rindfleisch mit Brotsamen in Speck, mundet ausgezeichnet. An der Front Ruhe.

25. Juli 1917
Nach dem gestrigen Unwohlsein beim Rgmts. Kmdt. ward es mir die ganze Nacht nicht gut. Hatte schwere Träume. Kühles Wetter, Himmel stark bewölkt. – An der Front Ruhe. Komp. Kommandant spendet allen Offz. und Chargen der Kompanie vollstes Lob über den raschen Fortschritt der Mineur- Arbeiten. Tatsächlich leistet unsere Inf. Großartiges in derlei Arbeiten. Um 10 h vorm. beginnt es zu regnen. An unserm Abschnitt fällt den ganzen Tag kein Schuss.

26. Juli 1917

Drei Jahre im furchtbaren Weltringen sind voll, das 4 te beginnt. Immer noch hoffen wir noch auf eine baldige Beendigung des Krieges. Gott mit uns!

Endlich bekomm ich von meiner armen Millerl Nachricht. Die Arme erbarmt mir furchtbar. Nachm. trübes Wetter, feindl. Artillerie beschießt unsere Stellung. Dessen ungeachtet schreibe ich an mein Bräutchen einen Brief.

Am Abend wird es empfindlich kühl, habe meine dienstl. Arbeiten beendet – meine Gedanken weilen in der grünen Heimat. In schöner Friedenszeit konnte ich noch im Familienkreise an dem Namenstagsfest meiner Mutter teilnehmen.

27. Juli 1917

Werde mit dem Karl-Truppen-Kreuz dekoriert. Bei herrl. Wetter erwacht, nachmittag um 3 h werde ich mit noch einigen Kameraden mit dem K. T. K. dekoriert. Während des Aktes beschießt uns feindl. Artillerie mit Schrapnell.

Am Abend musiziert unsere Schützengraben Schrammel. An der Front vollkommene Ruhe, bis auf den Wachdienst begibt sich alles zur Ruhe.

28. Juli 1917

Die Nachtruhe wird durch fortwährendes Telephongerassel gestört. Unter anderem kommt ein Phonogramm von der 6. I. Division, 3 h früh. I. R. 27, dringend Auf 11. A. R. op. 1889. Nach einer dem A. R. aus guter Quelle vorliegenden Nachricht ist es möglich, dass der Gegner für den 28. 7. 17 eine Angriff Aktion (Gasangriff) oder Sonstiges unternehme, namentlich in Val. Sugana geplant. Große Wachsamkeit besonders der Artilleriebeobachter ist geboten - 9 h vorm.

bis jetzt hat sich noch nichts Verdächtiges von feindlicher Seite gezeigt. An der Front Ruhe. Abermals wird mir übel, ich wanke in die Unterkunft, lege mich nieder, ein rasender Kopfschmerz stellt sich ein, nehm 3 Pillen ein. Die vielen geistigen Arbeiten bei der Kompanie ruinieren meine Nerven – die Pflicht zwingt mich trotz meines heftigen Kopfschmerzes an mein Millerl einige tröstende Zeilen zu schreiben.

29. *Juli 1917*

Erst gegen Morgengrauen finde ich die schmerzstillende Ruhe. 8 h vorm. beginn ich mit meinen programmmäßigen dienstlichen Arbeiten. An der Front Ruhe – Wetter herrlich.

Die Post bringt mir eine Karte von meinem Bräutchen und eine Karte von Schwägerin Mizzi. 10 h saust eine schwere feindliche Granate, zum Glück Blindgänger, knapp vor meiner Hütte in den felsigen Boden. Nachm. ist die Temperatur 21 Grad Celsius.

Am Abend mache ich einen Spaziergang durch die Stellungen zur Komp. Küche. Recht wohl tat mir der Ausflug, ward mal für einige Stunden meiner dienstlichen Sorgen entbunden. Mein Oblt. empfängt mich höchst unfreundlich und schellt mich aus, warum ich so spät eintreffe. Ganz gewaltig frappiert mich dieser Anschnauzer, wollte mir doch in ehrlichster Absicht an dem heutigen Sonntagnachmittag einige Stunden der Freiheit gönnen. Traurig von meinem Komp. Kmdten, dass er seinem Unteroffz., der die ganze Woche oft Tag und Nacht strengen Dienst hat, nicht einmal 2 Stunden Freiheit gönnt.

Um 11 h nachts kommt telephonische Meldung, dass bei dem 5. /27. Komp. Kmdo. 3 italienische Überläufer angekommen sind. Sie sagen aus, vom Alpine Rgmt. 6 und 1 zu sein und wegen tätlicher Misshandlung seitens ihrer Offiziere desertiert zu sein.

30. Juli 1917

Herrlicher Tag, an der Front Ruhe. Die Arbeiten gehen flott von statten. Die Leute arbeiten über ihre Kräfte mit Bohrer und Schlögl oder schleppen 3 Stunden weit Holz oder Baumaterial in die Stellung. Dennoch hatte sich unser Komp. Kmdt. geäußert, die Leute arbeiten nichts, die Chargen sollen mehr einwirken auf die Leute. Natürlich ward es unserm strebsamen Komp. Kmdtn. nur um eine Auszeichnung für seine Person zu tun, nicht aber um das Wohl und Wehe der ihm unterstellten entkräfteten Kämpfer; bei ruhigen Zeiten ist es der dumme Steirer, im Kampf ein Löwe und weiß Gott was für Gewaltige genannt – doch wehe wenn sie losgelassen!

Mittags bringe ich Ausrüstungsgegenstände zur Verteilung an die Züge. Die heutige Post bringt mir von Millerl frohe Botschaften denn ja – Gott sei Dank!

Nachm. Artillerie Duell.

Abermals wettert unser Komp. Kmdt. mit dem Kmdten des III. Zuges, auch dort hatten ihm die Leute zu wenig geleistet. Es ist wirklich schon unerhört, was dieser Komp. Kmdt. von armen Leuten verlangt, geradezu – Unmenschliches!

9 h 15 bis 9 h 40 geht ein heftiges Gewitter mit Hagel nieder – kommt uns wie gewunschen, hat man wieder Wasser zum Kaffeekochen und waschen. 10 h 20 nachts wird eine italienische Patrouille von unserer Feldwache mit Gewehrsalven vertrieben.

31. Juli 1917

Unaufhörlich wettert es den ganzen Tag fort, hatten fleißig an den hochliegenden Hagelkörnern zu schaufeln. In den Kavernen stehen ½ m tiefe Wasserlachen. Eine empfindliche Kälte tritt ein. Auf keiner Seite fällt ein Schuss.

1. August 1917 *Corno di campo bianco*

Nah dem gestrigen Gewitter wird die Luft rein und klar – herrliches Wetter. Freund St. Glatz fährt auf Urlaub, gebe seinem Diener Tagebuch und Windjacke für meine Eltern mit. An der Front Ruhe, heute keine Post bekommen. Abermals ergießt sich von 10 h bis 12 h nachts ein heftiger Wolkenbruch, brausend und schäumend stürzen die Wildbäche durch den engen Schützengraben und die Wassermassen dringen bis in meine Hütte, so dass ich bis über die Knöchel im Wasser stehe. Endlich bis Mitternacht hört es auf zu regnen. Ich leg mich zur Ruhe.

2. August 1917

Klares schönes Wetter, kein Wölkerl zu sehen. An der Front vollkommene Ruhe. Hüben und drüben wird eifrig an dem Bau von Unterkünften gearbeitet.

Infolge des gestrigen Unwetters konnte keine Post in Stellung gebracht werden. Die Roccolo-Batterie feuert einige Schuss auf die italienischen Stellungen. Nach langem fassen wir wieder mal pro Mann ¾ lt. Wein und 2 Birnen. Abends musizierte unsere beliebte Schützengraben-Kapelle. Herrliche Vollmondnacht, lange stehe ich draußen auf der Brustwehr und träume nach Norden meiner Heimat. In Gedanken weile ich bei meinem Bräutchen.

3. August 1917

Ein herrlich schönes Wetter, ganz friedensmäßig geht es bei uns zu infolge der Ruhe an der Front. Pünktlich um 6 h vorm. kommt der Kaffee, zugleich ist Tagwache. Disziplin und Ordnung lassen nichts zu wünschen übrig, nur ahnten wir im Hinterland nichts Gutes, nachdem schon den 2 ten Tag Zeitungen und Post ausbleibt. Man hört von Revolte in Betrieben und Demonstrationen.

An der Front Ruhe. Infolge Unwohlseins gehe ich früher zur Ruhe.

4. August 1917
Wetter trüb. Während einer Besprechung beim Kompanie Kmdo. wird mir schwarz vor den Augen, man führte mich in die Unterkunft.

Von meinem Millerl bekomme ich gute Nachrichten, Gott sei Dank. Am Nachmittag zeigt sich unser Komp. Kmdt. äußerst nervös. Ein junger Mann mit kaum 23 Jahren gibt Befehle über Befehle, dass wir armen Chargen selbst ganz kopflos werden. Gott! Mach diesem elenden Krieg bald ein Ende, sonst werden wir, wenn von feindlichen Geschoßen verschont, noch wahnsinnig! Abends an der Front Ruhe, ja Ruhe! Die tut mir sehr not. Der arme Infanterist hat sie noch weniger. Rastlos muss gearbeitet werden. Man wollte nichts sagen vom unbedingt notwendigen Stellungsausbau, aber Promenade Wege – Garten Anlagen und so dergleichen Sport betreiben heißt, die ohnehin körperlich schwachen Leute – schikanieren.

Herr verzeihe ihnen! Denn sie wissen was sie tun! Der Abend ohne jede feindliche Störung, lege mich zur Ruhe.

5. August 1917
Ein herrlich schöner Sonntag. An der Front Ruhe. Zugskommandanten halten mit der Mannschaft über den M. G. Dienst - Ganz ungerechter Weise gibt mir mein Komp.

Kmdt. beim Rapport einen Verweis wegen Nichtbefolgen eines Befehles (Uhrzeit), fühle mich in meiner Ehre tief gekränkt. Nachmittag kommt mir vor ich müsse auf und davon. Einzelne Postenschüsse fallen, sonst Ruhe.

Um 6. 15 h nachm. lässt unser Rgmts. Kmdo 2 Papier Ballons mit Flugzetteln über die feindlichen Stellungen schieben. Am Abend unterhalten wir uns großartig mit unserm Komp. Comiker Karl Hajek. Aus Versehen schüttet er zum reinigen seines Gewehrlaufes meinen Wein statt Petroleum in den Lauf. Bis 12 h nachts beschäftige ich mich mit schriftlichen Arbeiten.

6. August 1917 am Como di campo bianco
Herrliches Wetter, an der Front Ruhe

Um 8 h vorm. stelle ich den Komp. Rupperl vor. Hernach gehe ich mit dem Komp. Kmdtn. die M. G. Züge inspizieren.

Beim Gefechts Train zerstörte uns eine feindliche Granate 6 Faß Wein. Nachm. um 2 h wird vom Rgmts. Kmdo. abermals ein Papier-Ballon mit Flugtzetteln über die feindliche Stellung abgelassen. Die Italiener empfangen den Ballon mit mörderischem Gewehrfeuer. Tatsächlich schießen die Italiener den Ballon ab. Für uns gab es ein Mordstheater.

7. August 1917
Schönes Wetter. 10 Mann gehen in die Heimat auf Urlaub. Nicht zu schildern, wie glücklich immer solche Leute sind. Die Nacht bis 9 h vorm. grimmig kalt. Nachmittag hatte ich vollauf zu tun mit der Übernahme des III. M. G. Zuges als Zugskmdt. Unbehindert meiner Dienste als df. U. O. musste ich das Zgs. Kmdo. führen. So bleibt mir nur mehr die Nacht als freie Zeit übrig. Ablöse, an der Front Ruhe.

8. *August 1917*

Schönes Wetter. Vom Rgmts. Kmdo. wird der Besuch unseres Divisionärs v. Mezzenseffi gemeldet. Alle Ublikationen und Stellungen müssen tadellos gereinigt werden.

9. *Augut 1917*

Schönes Wetter. An der Front Ruhe.

10. *August 1917*

Regenwetter. Einzelne feindliche Artillerieschüsse fallen. Von Millerl und Müller Post bekommen, gute Nachrichten. Vorm. regnet es heftig, empfindliche Kälte mit sich bringend. – Das Positive: nachmittag herrlich warmes Wetter. An der Front Ruhe.

Aus dem A. W. vom 8. August 1917 schneide ich den Artikel "wir unehelichen Mütter", sandte Silben an Milly. Ruhe und schönes Wetter beschleunigen den Fortschritt unserer Kavernarbeiten. Können im Tage circa 80 – 100 Sprengungen machen.

Unsere Artillerie beschießt den vom Feinde besetzten Mte. Palo. Am Abend nach Einstellung der Arbeit spielen Kameraden mit der Zither und Gitarre. Bin ich nicht zu müde und abgehetzt lese ich bis zum Morgengrauen einen Roman.

11. *August 1917*

Schönes Wetter. An der Front Ruhe. Rege Fliegertätigkeit. Schwere feindliche Artillerie schießt auf unsere Stellungen. Abends schön – vollkommene Ruhe.

12. *August 1917*

Schönes Wetter. Nachmittag umkreisen feindliche Caproniflieger unsere Stellungen, welche alsbald durch unsere

Abwehrbatterien vertrieben, das Weite suchten. Treffe Anordnungen für die 16. und 17. d. Md. stattfindende Kaiserfeier. Bei Einbruch der Dämmerung klettere ich auf den Gipfel des Como, bei mondheller Nacht habe ich herrlichen Ausblick auf die italienische Ebene.

13. August 1917

Herrliches Wetter. In der Nacht kommt ein italienischer Überläufer vom Alpione Rgmt. Nr. 1. Er sagt aus, ihre Stellung sei schwach besetzt und ein Geschütz wurde von unserer Artillerie zerstört. Fieberhaft arbeite ich an den Vorbereitungen für den 17. August. Hatte das ganze Arrangement über. An der Front Ruhe. Heute keine Post bekommen. Fühle mich wieder wohl und gesund. Gott sei Dank! Bis Dato entkam ich noch allen Gefahren. Der Abend ist schön – Ruhe an der Front. Der Nachtmahlkaffeewirbel ist vorüber – Feierabend. Man setzt sich in Gruppen zusammen, raucht sein Zigarettl, wenn man welches hat, erzählt sich von vergangenen Zeiten aus der schönen Heimat.

Abends um ½ 10 h halten wir Gesangsprobe für die Kaiser-Geburtstagfeier.

14. August 1917

Schöner Tag, ein heftiger Sturmwind in der Nacht brachte uns schönes Wetter.

10 h vorm. schießt schwere feindliche Artillerie zum Train. Fliegertätigkeit sehr rege. R. T. K. lt. Rgmts. Komdo. Bef. Nr. 127 vom 13. 8. 1917

Temperatur sehr schwül, bin matt – Gesangsprobe.

15. August 1917

Herrliches Wetter. An der Front vollkommene Ruhe. Die technischen Arbeiten gehen rasch vonstatten. In kurzer Zeit werden wir den Ausbau der Kavernen vollendet haben.

Mit Sehnsucht erwarte ich schon die Post aus der Heimat. 2 feindliche schwere Flieger umkreisen unsere Stellungen, schwere feindliche Artillerie beschießt unsere Zufuhrstraße, feindliche Schrapnelle krepieren vor unseren Stellungen. Ein Gstbsobst. inspiziert unseren Geschützstand.

Unsere Feldartillerie beschießt die feindliche Burgstellung, man hört das Schreien Verwundeter. Eine schöne Nacht, um 10 h wird es hüben und drüben recht lebhaft. Die Welschen schreien und pfeifen zu uns herüber. Auch unsere Posten im Schützengraben sparen es nicht, nicht gerade schön. Die schönsten Kosenamen in Deutsch und Welisch gemischt schallen hin und wider. Später werden unsere Stellungen von 7 feindlichen Scheinwerfern taghell beleuchtet.

16. August 1917.

Wetter heiter – kühl. An der Front Ruhe. Von Millerl bekomm ich einen Brief. Bis 4 h nachmittag fegt ein eisigkalter Sturmwind über unsere Stellungen. Herrlich schön der Ausblick auf die italienischen Dolomiten-Fassanen. Schmale Schneestreifen von der niedergehenden Sonne glitzern wie Diamanten herüber. Kann mich an dem schönen Anblick nicht zu lange freuen, ein feindlicher Posten schnalzt herüber. Noch am Abend werden 6 Mann mit dem R. T. K. dekoriert.

Endlich hatte ich die letzten Vorbereitungen für die Kaiserfeier beendet. Aus den im Rücken gelegenen hohen Bergen starren bereits hohe Scheiterhaufen für das Höhenfeuer herunter. Am Mte. Palo gerät eine feindliche Unterkunft zum brennen. Wir schießen mit 2 Maschinen-Gewehren auf das brennende Objekt; italienischeMannschaft rennt hin und her und flüchtet schließlich vor unseren krepierenden Artillerie- Geschoßen.

Anlässlich der Geburtstagsfeier S. M. K. Karl dekorierten wir die Hütte unseres Obersts mit Reisig und Almrauschgirlanden. Als zweite erfreuliche Überraschung bringen wir ein mit dem gemeinsamen Wappen gezeichnetes Transparent zur Aufstellung. Mit Öllämpchen beleuchtet, machte dies Transparent, aufgestellt zwischen den Reihen der aufgestellten Züge, einen feierlich schönen Eindruck. Gebe meinem Komp. Kmdtn. Rapport, darauf erschallt das Lied „Wie ein stolzer Adler". Noch einige steirische Lieder werden zum Vortrag gebracht, freudlich überrascht tritt unser Komp. Kmdt. auf mich zu, reicht mir die Hand und dankt mir für das Arrangement.

Von den Bergeshöhen leuchten die Höhenfeuer mit hochauflodernden Flammen, Salven von Leuchtraketen werden abgeschossen. Wider unserem Erwarten verhält sich der Italiener ganz ruhig. Nicht ein Schuss fällt. Die Italiener rufen zu uns herüber Bravo Austria!

Vom Rgmts. Kmdo wird ein Papier Ballon mit „K" in die Höhe gelassen.

17. August 1917
Herrliches Wetter. Schon um 3 h vorm. ziehen wir mit unserer Musikkapelle, bestehend aus Ziehharmonika, Gitarre und Violine durch den Schützengraben, allgemeine Tagreveille mit klingendem Spiel. Vor der Hütte unseres Kom. Kmdtn. wird Halt gemacht. Die Sängerriege singt die Volkshymne. Hierauf bringen wir auf unseren Monarchen

ein dreifaches Hurra! Nach der Tagreveille kommt der Kaffee, sage und schreibe ein „Weißer" mit Kondensmilch. Um 5 h vorm. sind alle Züge angetreten. Unser Komp. Kmdt. erscheint: ich trete vor und halte an ihn folgende Ansprache:

Anlässlich der Geburtstagsfeier unseres allerhöchsten Kriegsherrn sage ich im Namen aller für alles in Liebe entbotene den innigen Dank! Gott gebe, dass wir siegreich wie bisher an Seite unseres Herrn Oblt. aus allen uns bevorstehenden Kämpfen hervorgehen mögen, auf eine glückliche siegreiche Heimkehr! Dies walte Gott!

Hierauf erschallt ein dreifaches Hurra! auf unseren Oblt. Während ich die gefassten Zubußen, bestehend in Speck, Käse, Wein, Zigaretten und Pflaumen an die Mannschaft verteile, spielt draußen vor der Unterkunft unsere Schützengraben-schrammel. Ein gottvoll herrlicher Tag und die Musik bringt uns in reinste Freudestimmung wie noch nie, vergessen ganz, dass wir den Feind visavis haben. 6 Kameraden werden noch mit T. M. dekoriert.

Während der ganzen Kaiserfeier verhält sich der Feind ruhig, nicht ein Schuss fällt. Wohl ein kleiner Zwischenfall, in der feindlichen Burgstellung gerät ein Munitionsdepot des Feindes in Brand. Circa 3 Stunden lang steigen hohe Rauchsäulen in die Höhe. Nachmittag herrlich schönes Wetter, Ruhe tut mir not, lege mich auf einige Stunden nieder. Den Schlussakt bildeten die komischen Vorträge unseres beliebten Comikers Karl Hayek. Zufällig treffe ich meinen Cousin Waidlahner.

In allerbester Stimmung findet die Kaiserfeier ihren Abschluss – Die Nachtposten werden aufgestellt.

18. *August 1917 Como di campo binco*

Herrliches Wetter. Feindliche Artillerie schießt einige Salven zum Divisions Kmdo. Ein feindlicher Flieger überfliegt
unsere Stellungen. Unsere Abwehrgeschütze bringen ihn
zum Absturz. Telephonisch kommt die Meldung, dass die
Italiener ihre Vorstellung teilweise räumen.

Vom I. /27. Baon gehen Erkundigungsabteilungen vor und
dringen in die verlassenen Gräben ein. Aus der Richtung
des Isonzo hört man heftigen Kanonendonner, man hat
noch nichts Genaues über das freiwillige Räumen der ersten feindlichen Gräben gehört. Wir schießen uns mit den
M. G. auf die feindlichen Stellungen ein. Eine Patrouille
von der 10. Komp. dringt in die feindliche Burgstellung ein.

19. *August 1917*

Um 3 h früh ist aus südl. Richtung ein kurzes heftiges Inf.
Feuer mit Handgranatendetonation hörbar. Vorm. bringt
mir die Post ein Brieferl von Millerl. Aus der Grazer-Ta-
gespost lese ich unter 15. d. Mts. die Silb. Hochzeit meiner
Eltern. Während ich die einzelnen M. G. Züge inspizie-
re, umkreisen schwere feindliche Flieger die Stellungen.
Schwere feindliche Artillerie schießt nach Dosso del fine.
Am Abend unterhalte ich mich mit dem Oblt. privat über
Familienangelegenheiten.

20. *August 1917*

Schönes Wetter, an der Front Ruhe. Unheimlich zumute
wird uns, nachdem wir hören, dass beim Feinde Cholera
ausgebrochen sei. Schon nachmittags müssen wir uns einer
Cholera-Impfung unterziehen. Am Baonshilfsplatz treffe
ich meinen zweiten Cousin Hermann Waidlahner Fch. St.
R. Heso rückt zur Kompanie ein.

21. August 1917

Schönes Wetter, an der Front Ruhe. Die linke Brustseite schmerzt mir noch vom impfen. Schwere feindliche Artillerie beschießt den Galmarara, leichte feindliche Artillerie beschießt den Mte. Farno. Bis zum Abend lebhaftes feindliches M. G. und Geschützfeuer.

22. August 1917

Herrlicher Tag, an der Front Ruhe. Um 12 h mittags marschiere ich mit 20 Mann nach Dosso zum Felddampfbad. Ein Mann meiner Kompanie bekommt einen Kopfstreifschuss.

Am Abend rufen die Italiener zu uns herüber: Austria Kaputi! Eviva Trieste! Wir lassen uns aber nicht einschüchtern, wissen ganz gut, dass die gegenwärtigen Kämpfe am Isonzo schwerer Natur sind. Der Italiener wurde am Isonzo offensiv.

23. August 1917

Schönes Wetter. Feindliche Artillerie schießt auf unsere Stellung. Eine Granate krepiert mit ohrenbetäubender Detonation vor meiner Hütte. Ruhe an der Front.

24. August 1917

Laut Komp. Kmdo. Befehl muss ich um ½ 6 h vorm. mit einem Infanteristen zum Divisions-Gericht als Zeuge fahren mit einem Lastenauto unter feindlichem Artilleriefeuer die gefährliche Straße nach Dosso del Fine.

Der Feind beschießt nachmittags mit kleinkalibrigen Geschützen das II. /27. Baons. Kmdo. 2 Verwundete. Der neueste Befehl von heute, sämtliche angekommene Post aus der Heimat muss vom Komp. Kmdtn. geöffnet und gelesen werden. War etwas Jammer vom Heimatland drinnen, so musste der Brief vor den Augen des zu Empfangenden zerrissen werden. O wir Armen der niedrigsten Stufe! So hat man nicht mehr auf die Schreiben seiner Angehörigen ein Recht darauf. Auch sämtliche Pakete werden aufgemacht und visitiert. Heil uns! Man veranstaltet eine Sammlung für „Notleidende Kinder"

Abends um 11 h feindliches M. G. Feuer, sonst Ruhe. Die Italiener sind guter Laune. Fortwährend rufen sie „Eviva Savoyen!

25. August 1917
Schönes Wetter. Feindl. Artillerie beschießt unser Baons-Kmdo. Aus der Richtung Ortigaro feindl. Artilleriefeuer hörbar. Abends Ruhe. Besuche meinen Schwager Franzl und Cousin Ferdl in der Stellung.

26. August 1917
Schönes Wetter. Der 3te Jahrestag meiner Feuertaufe in Galizien.

10 h vorm. krepieren feindl. Schrapnell über meiner Unterkunft.

27. August 1917
Oblt. v. Winternitz übergibt das Komp. Kom. an Lt. Hess. Infolge Regen und Nebel fällt an der ganzen Linie kein Schuss. In allerbester Stimmung bringt mich ein Brief von meinem Bräutchen.

Nachm. um 6 h wird es heiter, der Nebel verzieht sich, feindl. M. G. Feuer.

28. August 1917
Schönes Wetter. An der Front Ruhe. Schablonenmäßig nehmen die techn. sowie sonstigen Arbeiten ihren Fortgang. Feindliche Flieger zeigen sich über unseren Stellungen. Feindl. Atill. beschießt das Baons. Kmdo. Um 10 h 30 nachts heft. Demonstration des Feindes mit Handgranaten, M. G. Feuer. Der Feind macht dies öfter, um bei uns den Glauben zu wecken, ihre Stellungen seien stark besetzt.

29. August 1917
Trübes Wetter. Dichte Nebelschwaden ziehen über unsere Stellungen, an der Front Ruhe. Gehe mit Lt. Hess die Stellungen inspizieren. Nachm. heftiges Gewitter.

30. August 1917
Empfindlich kaltes, stürmisches Wetter. An der Front Ruhe. Gegen Mittag klärt sich der Himmel, Fernsicht rein, man sieht bis zur Marmolada Gruppe. Feindl. Flieger umkreisen uns, ganz deutlich beobachte ich arbeitende Italiener vor ihren Stellungen. Ich schieße mit dem M. G. einige Serien hinüber.

31. August 1917
Um 2 h vorm. haben wir Kavern-Alarm. Schlaftrunken taumle ich in die nasskalte Kaverne. Eigene schwere Artillerie beschießt die feindl. Stellungen bis 4 h vorm., bis 8 h vorm. konnte ich, in Decken gehüllt, schlafen. Die heißersehnte Post aus der Heimat blieb heute aus. Immer stärker wird meine Sehnsucht nach der lieben Heimat, meinem liebsten Bräutchen. Gott möge meiner armen Milly in ihrem Mutterschmerz beistehen. Nachm. besuche ich meinen Schwager Franzl, finde bei ihm Post und Aufmunterung. Am Abend gehe ich die techn. Arbeiten am Como inspizieren – Herrliche Mondnacht.

1. September 1917

Schönes Wetter. An der Front Ruhe. Im Gegensatz der schweren Kämpfe am Isonzo dank ich Gott, hier in Stellung zu sein. 10.20 nachts beobachte ich auf 1807 ein brennendes feindl. Grabenstück, wir nehmen den brennenden Teil unter M. G. Feuer.

2. September 1917

Schöner Sonntag. 10 h vorm. schießt feindl. Artillerie gegen Mte. Rocollo, am Nachm. trübes kaltes Wetter. Bin sehr schlechter Stimmung, bekomme schon durch 14 Tage keine Post von meinen Lieben aus der Heimat.

3. September 1917.

Schönes Wetter. Oblt. Weinlich kommt von Trient. Endlich bekomme ich von der Heimat Nachrichten. Sandte an Millerl 50 Kronen als Namenstag-Geschenk. An der Front herrscht vollkommene Ruhe. Ist mir nichts angenehmer wie das, mein Nervensystem hat schon ziemlich gelitten.

Am Nachm. schreibe ich an Milly, Mutter und Richard.

Feindl. Artillerie beschießt die Zufahrtsstraßen zum Prov. Train. Schon um 7 h nachm. geht die uns wohltuende Sonne, die schneebedeckten Bergspitzen golden beleuchtend, unter. Es ist schon empfinddlich kühl.

4. September 1917

Neblig, kühles Wetter. Mein Schulkamerad Lt. H. Glatz besucht bei uns den M. G. Kurs. Das Wetter wird am Nachm. heiter.

An Zubußen fassen wir nun täglich Obst, es kommen durchschnittlich auf einen Mann 2 Birnen oder Äpfel. Nach einem eben eingelangten Befehl sollen wir unsere M. G.

Stellung nach dem rechten Flügel verlängern, nachdem das B. h. I. R. 2 abgezogen wird.

5. September 1917

Schönes Wetter. Am Vorm. gehe ich mit meinem Komp. Kmdt. die neue M. G. Stellung auf dem Rocollo besichtigen. Im Laufschritt müssen wir über ein dem Feinde eingesehenes Terrain. Heftiges feindl. Atill. Feuer zwingt uns, in eine Kaverne zu flüchten.

6. September 1917

Sehr kalt, aber heiteres Wetter. An der Front Ruhe. 15 Mann meiner Kompanie fahren auf Urlaub. Man kann ihnen die Freude vom Gesichte ablesen. Nach 6 Tagen bekomme ich von meinem Bräutchen wieder ein Schreiben.

Von 9 bis 10 h vorm. beschießt feindl. Artillerie stark unsere Laufgräben. Durch das reine Wetter begünstigt ist reger Fliegerverkehr.

7. September 1917

Frühmorgens um 4 h hatte ich die abgehenden Urlauber abzufertigen. Der Abschnitt des I. / 27 Baons wird von der feindl. Artillerie unter heftigem Beschuss genommen. Blutrot zeigen sich die ersten Sonnenstrahlen über das Kampfgelände. Zeitweise hört man einen ital. Posten ein Liedl pfeifen.

Nachm. trübes Wetter. Besuche meinen Freund Lt. Glatz. An der Front Ruhe.

Bei völliger Finsternis fertige ich ein Holzsammel-Detachement ab, die hatten Baumstämme für den kommenden Winter zu sammeln. Alles Holz, welches gesammelt wird, wird genau evident geführt und sorgfältig geschlichtet.

8. September 1917

Gedenktag der Schlacht bei Grodek. Das klare Morgenwetter verheißt einen schönen Tag. An der Front Ruhe. 7 h vorm. stelle ich meinen Komp. Kmdtn. den Rapport vor. Hernach gehe ich mit meinem Oblt. die M. G. Stände kontrollieren. Nachm. geht ein heftiges Gewitter nieder. An der Front Ruhe. Beim Komp. Kmdtn. erbitte ich mir die Erlaubnis, meinen Schwager Lt. Mayerhofer bei Sch. 3 auf dem Mte. Mocciach besuchen zu dürfen- - Um 6 h nachm. hört es zu regnen auf. Unsere Bottiche und Fässer sind mit Wasser gefüllt. Wir sind nun für längere Zeit mit Koch- und Trinkwasser versorgt.

Stockfinstre Nacht, zeitweise sieht man eine Leuchtrakete emporsteigen. Die Italiener rufen zu uns herüber: „Austria kaputt. Eviva Trieste!"

9. September 1917

Um 6 h früh bei schönem Wetter trete ich mit meinem Schwager Franzl den Marsch zum Sch. R. 3 an. Ordentlich wohl tut mir die gute Höhenluft, für einen Tag bin ich mal von meinen geistigen Arbeiten als Dienstführender befreit. Der Marsch geht über die Höhe des Mte. Roccollo durch den Galmarara und gelangen um 8 h vorm. zu den Stellungen der Schützen 3. Freudig das Wiedersehen mit Schwager Bertl auf dem Mte. Mocciach. Bis 7 h abends verweilen wir bei Bertl. Nach einem herzlichen Abschied treten wir den Rückmarsch auf dem Como die camp bianco an.

10. September 1917

Schönes Wetter. Nach einem guten Schlaf erwacht, gehe um 8 h vorm. mit meinem Oblt. die Stellungen inspizieren. An der Front Ruhe.

Große Sorge macht mir mein armes Millerl. Mit Angst und Bangen erwarte ich täglich die Post. Mein Leben gebe ich her, um das meiner Milly angetane Leid wieder gut zu machen. Nachm. schönes Wetter. Schreibe an Schwester Fini und Millerl. Am Abend werden neue Monturen gefasst. 8 h abends bricht ein heftiger Wolkenbruch los, in kurzer Zeit ergießen sich die Wildbäche unaufhaltsam in unsere Unterkünfte, bis zu den Knöcheln stehen wir im Wasser. In später Nachtstunde erst hört es auf zu regnen.

11. September 1917

Schönes Wetter. Vorm. gehe ich im Baons-Abschnitte die M. G. Stellungen visitieren. Komme mit meinem Komp. Kmdt. in Konflikt. Die geistige Überanstrengung macht mich noch kopflos.

12. September 1917

Schönes Wetter. Vor Gram und Ärger konnte ich die ganze Nacht keinen Schlaf finden. Um 8 h vorm. beginne ich mit meinen dienstl. Arbeiten. 11.30 vorm. wird die 5. und 8. Komp. von der feind. Artillerie unter heftiges Feuer genommen. Die Post bleibt schon einige Tage aus, bin schon in Aufregung.

Reißende Nebelschwaden ziehen über den Como. Unsere 10 cm Feldkanonen erwidern ein heft. zielsicheres Feuer auf die feindl. Gräben. Bei der 5. Feldkomp. wird eben Menage verteilt. Eine Gruppe von 30 Mann steht um den Menage-Kessel herum. – Plötzlich saust mit ohrenbetäubender Detonation eine feindl. 18 cm Granate 5 m vor der Gruppe in den Erdboden. Erdknollen und Eisenteile sausen herum – doch wie durch ein Wunder wird von den 30 Mann nicht einer verwundet. Nur ist die im Kessel befindlicheMenage durch Schmutz und Erde unbrauchbar geworden. Die Leute kommen mit dem bloßen Schrecken davon. Am Abend Ruhe an der Front. Lt. Kahoun kommt zum 4/27 Baon, welches die Assa-Sperre besetzt hält.

13. September 1917

Stürmisches Wetter, sehr kalt, Regengüsse. Feindl. Artillerie beschießt unsere Gräben. Vom I/27 Baon geht ein Kadett-Aspirant zum Feind über und verrät die ganzen Atill. Inf. Stellungen. Folge davon, dass wir den ganzen Tag unter schwerem feindl. Artilleriefeuer stehen.

Ein eisig kalter Wind pfeift über das Kampfgelände. Der gefürchtete Hochgebirgswinter ist nicht mehr allzuferne.

14. September 1917

Kalt – klares Wetter. Bekomme Post von meinem Bräutchen. Reger Fliegerverkehr, über unseren Stellungen findet ein Fliegerkampf statt. Seit gestern nachts ist Inf. Joh. Haas abgängig. Man nimmt an, dass er zum Feinde desertiert ist. Mein Komp. Kmdt. nimmt 10 sich freiwillig meldende Leute für eine Patrouille und geht am Abend vor das Gelände, um den vermissten Mann zu suchen – währenddessen kommen 2 ital. Überläufer in unsere Stellungen und rufen unseren Posten mit Servus 27er an, man bringt die beiden Überläufer zum Baons. Kmdo., wo sie aussagten, dass gestern ein Mann unseres Regiments zu den Italienern überlief.

15. September 1917

Schönes Wetter, sehr kalt. An der Front Ruhe. Habe ein Protokoll über den zum Feinde desertierten Inf. Haas zu schreiben. Unser Obelisk „Furchtlos und Treu" gemauert aus Zement wird heute vollendet. Ich besorge noch die botanischen Arbeiten für das Denkmal. Um 6 h 30 nachm. krepiert ein feindliches 15 cm Schrapnell ober meiner Unterkunft. Wir erwarten größere Unternehmungen seitens des Feindes. Besonders auffällig ist die zunehmende Zahl der ital. Überläufer.

Bin den ganzen Tag so mit dienstlichen Arbeiten überhäuft, dass mir keine Zeit bleibt, einen ausführlichen Brief an mein Bräutchen zu schreiben.

16. September 1917
Herrliches Wetter, an der Front Ruhe. Eigene Flieger überfliegen die Stellungen. Man hört etwas läuten von einer Ablösung von dieser Front und sollten auf einem anderen Abschnitt offensiv werden.

Nachmittag bei herrlichstem Wetter findet die feierliche Enthüllung unseres Abelisk „Furchtlos und Treu" statt. Rgmts. Kmdt. Obstlt. Siegl Novak, dessen Adj. Hptm. Righetti Moll, Hptm. Walland und mein Komp. Kmdt. finden sich ein, freudig überrascht von dem schönen Obelisk gibt Herr Obstlt. Novak einem jeden von uns die Hand und bedankt sich bei jedem Einzelnen. Lt. A. K. Befehl ist der Urlaub für unbestimmte Zeit eingestellt. Am Abend besuche ich meinen Schwager Franz.

17. September 1917
Wetter herrlich. Um 1 h vorm. stellen wir unsere Uhren um eine Stunde zurück. An der ganzen Front auffallende Ruhe. Zu meinem Entsetzen gewahre ich in der früh, dass 2 Mann der Kompanie (zugeteilt von I. R. 28) zum Feinde desertierten. Mein Oblt. war über den neuerlichen Fall seiner Kompanie ganz trostlos, nur mit aller Überredung kann ich meinem Komp. Kmdtn. von einem Selbstmord abhalten.

Alle Unter-Abtlgn. und Kmds. werden telephonisch verständigt.

Die Folgen des schnöden Verrates hatten wir schon: feindliche Granaten krepieren um unseren Unterstand. Wir flüchten in die Kaverne und suchen im eisigkalten Felsgewölbe Schutz gegen die feindl. Granaten. Durch einen Luftschacht guckt der blaue Himmel einladend herunter. Der Feind stellt das heftige Artilleriefeuer ein. Wir können uns vor Kälte nicht länger in der Kaverne halten und Einer nach dem Anderen kriecht vorsichtig aus seinem Versteck.

Nachmittag um 4 h sind sämtliche Chargen der Komp. vor der Unterkunft im Freien zu einer Besprechung gestellt – plötzlich hör ich ein Rauschen, eine furchtbare Detonation folgt und wie mit einem Schlag liegt alles am Boden. Eine feindl. 15 cm Granate krepierte in allernächster Nähe und der heftige Luftdruck schleuderte uns allesamt zu Boden. Ein wahres Wunder, dass nicht Einer verwundet oder gar tödlich getroffen wurde. Abermals mussten wir eine qualvolle Stunde in der Kaverne zubringen. Gottlob, endlich bringt man uns schwarzen warmen Kaffee, so können wir uns wieder etwas wärmen, gierig trinken wir den Kaffee. Soeben kommt ein Befehl, dass Jeder, der einen Deserteur einbringt, einen 14 tägigen Urlaub bekommt.

6 h 15 nachm. sitze eben in der Unterkunft beim rasieren. Plötzlich eine furchtbare Detonation einer schweren feindl. Mine knapp vor meiner Hütte. Steine und Eisenteile prasseln auf das Dach unserer Hütte nieder. Wieder müssen wir uns in die Kaverne flüchten. Dort vollende ich meine Toilette. Später bringt man Suppe. Strenger und gefährlicher wird nun mein Dienst, denn je nach Befehl habe ich nächtlich einmal vor Mitternacht und einmal nach Mitter-

nacht sämtliche M. G. Züge meiner Komp. zu visitieren. Patrouillen begehen die ganze Nacht den Schützengraben, um Desertionen wie sie in letzter Zeit häufiger vorkommen, hintanzuhalten.

18. September 1917

4 h 30 früh aus dem besten Schlaf werden wir durch heftiges Artilleriefeuer geweckt. Der Italiener überschüttet uns mit Trommelfeuer, man erwartet einen feindlichen Inf. Angriff.

Eisige Kälte in der Kaverne treibt mich ungeachtet des feindl. Artilleriefeuers in die Unterkunft hinauf – oben ein herrlicher sonnenklarer Tage. Leute, die sich freiwillig melden, gehen zur Küche zurück und holen die Menage. Aus der Kaverne holte ich mir einen gewaltigen Schnupfen, Mattigkeit überfällt mich, lege mich nieder. Endlich 7 h nachm. das feindl. Artillerie- und Inf. Feuer ist völlig verstummt.

19. September 1917

Herrliches Wetter, sehr warm. An der ganzen Linie auffallende Ruhe. Vorm. habe ich bei meinem Komp. Kmdtn. dienstlich zu tun. Während ich vor meinem Oblt. stehe wird mir schwarz vor den Augen, mir wird furchtbar unwohl. 2 Kameraden tragen mich in die Hütte. Bis zum Abend habe ich mich erholt. Der strenge Dienst ruft. Eigene Artillerie beschießt eine feindliche Batterie bei Asiago. In der Nacht Ruhe.

20. September 1917

Herrliches Wetter, an der Front vollkommene Ruhe. Fühle mich heute wohler. Die Mittagshitze wird fast unerträglich. Wer nicht unbedingt draußen sein muss, bleibt gerne in der kühlen Unterkunft. 12 h mittags stürmen 2 eigene Aeroplans nach Italien.

Mit Sehnsucht warte ich schon auf Nachrichten aus der Heimat.

21. September 1917

In der Nacht kommt vom A. Kmdo. die telegraphische Meldung, dass der Feind für einen Angriff vorbereite. Strenge Bereitschaft, größte Aufmerksamkeit wird anbefohlen. – Gott sei Dank! Die Nacht in Ruhe verbracht, bei herrlichem Wetter und vollkommener Ruhe an der Front. Erwache, frohen Mut und guter Dinge machte mir die heutige Post von Mutter und meinem Bräutchen.

8 h vorm. stelle ich meinem Komp. Kmdtn. den Rapport von 5 Mann vor. Durch das klare Wetter begünstigt, hatte der feindl. Atill. Beobachter Einblick auf unser Train. Soeben erteilte der Komp. Kmdt. den am linken Flügel stehenden Manne eine Rüge – als ich einen Abschuss eines mir bekannten feindl. Geschützes hörte. Ein Sausen und Zischen und im Moment krepiert mit fürchterlicher Detonation eine schwere ital. Granate in nächster Nähe. Wie durch ein Wunder kommen wir mit dem bloßen Schrecken davon. Noch 6 Granaten schoss der Feind auf unseren Rayon ab, ohne einen Schaden zu machen.

Bis 12 h mittag Kavernalarm, nachm. Ruhe. So ruhig und angenehm der Aufenthalt in der Unterkunft früher, so besorgter und unruhig der Aufenthalt jetzt. Alles hatten wir diesen schnöden Deserteuren unserer Komp. zuzuschreiben, die nicht einmal ihre Kameraden verschonten und sämtliche Stellungen sowie unseren M. G. und Geschützstand „Furchtlos und Treu" verraten hatten – außer den üblichen Steinsprengungen hüben und drüben fällt kein Schuss.

In der Nacht unheimliche Stille!

22. September 1917
Schönes Wetter, an der Front Ruhe. In der Frühe rufen die Italiener zu uns herüber: „27er kommts herüber, wenns a Schneid habts." In unserem Baonsabschnitt kommt bayr. Mil.. Bayr. Geb. Truppen demonstrieren tagsüber vor dem Feinde.

23. September 1917
Herrl. Wetter, rege Fliegertätigkeit. In Intervallen heulen schwere feindl. Granaten über unsere Stellungen zurück zu den Trains und Atill. Stellungen. Am Nachm. ruhen alle techn. Arbeiten im Schützengraben, bis auf den Dienst hat alles Sonntagsruhe. Die dienstfreie Mannschaft legt sich hinaus ins Freie und schreibt an ihre Lieben.

Bis zur Verteilung der Fassung hab auch ich Ruhe, meine Gedanken weilen in der fernen Heimat bei meinem lieben Millerl, was mein armes Bräutchen wohl tun wird, habe schon große Sehnsucht nach der lieben Heimat.

Korp. Miglautz ertappe ich bei einem Kameradschaftsdiebstahl. Mache meinem Kmdtn. sofort Meldung. Deutsche Patrouillen streifen das Vorterrain ab. Gute Nachrichten über einen baldigen Frieden ermutigen uns.

24. September 1917
Herrl. Wetter, rege Fliegertätigkeit, an der Front Ruhe. Der Postverkehr nach dem Hinterlande wird auf unbestimmte Zeit eingestellt. Sandte an Mutter 20 K. Ein deutscher Flieger steuert über die ital. Stellungen, die Italiener eröff-

nen ein mörderisches Feuer auf den Flieger. In der Nacht herrscht eine empfindliche Kälte.

25. September 1917

Herrl. Wetter. Feindl. Flieger umkreisen den ganzen Tag unsere Stellungen. Ein deutscher Offizier in Begleitung des Rgmts. Komdtn. und Mjr. Fröhlich besichtigen unseren Geschützstand.

Mittags furchtbar heiß, am Nachm. schießt sich feind. Artillerie vor ihren Inf. Stellungen ein. Die Italiener fürchten unsererseits einen Angriff. 8 h abds. Der Italiener zieht mehr Truppen an die Front.

Mein Freund San. Fähnr. Hans Glatz wird San. Lt.

26. September 1917

Herrl. Wetter. Die Post bringt mir Nachrichten von meinem Millerl. Vorm. gehe ich mit dem Komp. Kmdtn. die Stellungen inspizieren. Eine fast unerträgliche Hitze lagert um Mittag auf unscrm Gcländc.

6 h nachm. bei der Einvernahme zweier ital. Überläufer erfahren wir, dass der zum Feinde desertierte Inf. Joh. Haas den ganzen Tag von Ital. Offizieren auf dem Mte. Paolo herumgeführt wurde und unsere Stellung anzeigte. In der Nacht Ruhe.

27. September 1917

Herrl. Wetter, an der Front Ruhe. Schon die 3te Nacht kann ich nicht schlafen, meine Gedanken weilen bei meinem lieben Millerl.

Ein halb. M. G. Zug unserer Komp. wird auf den Mte. Rocollo dirigiert. Um 8 h nachm. beschießen 8 feindl. Feldgeschütze die Zufahrtsstraße nach Dosso del fine.

28. September 1917

Herrl. Wetter. In der Nacht konnte man in den feindl. Stellungen am Mte. Palo einen großen Brand beobachten. Schwere Träume während der ganzen Nacht ließen mir keinen Schlaf zu. Eine Menge Post von meinem Millerl heiterte mich vollends auf, die Arme ist um mich recht besorgt, besonders jetzt während der Postsperre dürfen nur gedruckte Karten mit „Bin gesund, geht mir gut" schreiben. So ein Blödsinn.

8 h vorm. rege Fliegertätigkeit, ansonsten Ruhe an der Front. Der Feind bringt 28 cm Geschütze zur Aufstellung und beschießt das Feldbad in Dosso del fine. Die Hitze von 12 h m. bis 4 h nachm. ist fast unerträglich. Bei ruhigen Zeiten hatte ich Gelegenheit, mich zweimal am Tage waschen zu können, aller Schnee ist geschmolzen, so musste man sich das Wasser zwei Stunden weit in Butten hertragen.

Der Urlaub wird für die gesamte Front eingestellt, wir erwarten blutige Kämpfe – abermals ein Menschenmorden bevorstehend.

Am Abend besuche ich meinen Schwager Franzl, eine ruhige unheimliche Nacht!

29. September 1917

Wetter herrlich, an der Front Ruhe. Fliegertätigkeit rege. Lt. Giovanelly kommt mit 7 Mann vom M. G. Kurs Bondone. 9 h Abermals kann man in den feindl. Stellungen einen großen Brand beobachten.

30. September 1917
Wetter herrlich. Mit furchtbarem Zahnschmerz und bangem Gemüt gehe ich vorm. zum Baons-Chefarzt Dr. Petrozy und lass mir einen Zahn ziehen, bekomme heftigen Kopfschmerz. Zahlreiche feindl. Flieger kreisen über unserm Rayon.

1. Oktober 1917 am Como di campo bianco
Schönes Wetter. Nach dem Komp. Rapport gehe ich mit meinem Kompanie- Kommandanten die Züge inspizieren. An der Front Ruhe. Von Millerl bekomme ich 3 Karten. Gottlob fühlt sie sich noch wohl. Habe furchtbar viel Arbeit, meine Nerven sind überspannt. Urlauber vom schönen Ennstal rücken ein, ich lass mir von der grünen Heimat erzählen. Freund und Feind arbeiten eifrig an wetterfesten Unterkünften für den nahenden grimmigen Winter.

8 h abds. demonstriert eine bayrische Patrouille vor den feindl. Gräben.

2. Oktober 1917
Schönes Wetter. 4 h vorm. hatte ich zum M. G. Kurs nach Sardagna abgehende Leute zum abfertigen. An der Front Ruhe. Kameraden, die vom Urlaub einrückten, bringen mir von meinem allerliebsten Millerl Zigaretten und Schokolade. Bis in die späte Nacht hinein erledige ich noch die Privatpost.

3. Oktober 1917
Schönes Wetter, an der Front herrscht Ruhe.

4. Oktober 1917
Feindl. Artillerie beschießt heftig unsere Straßen. Ein ital. Überläufer kommt mit Brotsack auf den Mte. Rocollo. Nachm. zieht ein dichter, frostiger Nebel über das Gelände.

Bei Anbruch der Dunkelheit unternimmt eine bayr. Patrouille vor den feindl. Stellungen auf dem Mte. Palo eine Demonstration. In der Nacht Regen.

5. Oktober 1917

Trübes, kaltes Wetter. Feiner, eiskalter Regen rieselt hernieder. Trotz des dichten Nebels schießt die feindl. Artillerie heftig auf die Rgts. Kmdo Straße, ein Mann bekommt einen Zünder mitten durchs Herz und war sofort tot.

6. Oktober 1917

Heftiges Frösteln machte mich zeitlich erwachen. Zu meinem Schaudern gewahr ich das Gelände verschneit, der erste Schnee! Ein eisigkalter Wind bläst durch die Hüttenfugen, dass uns die Zähne klappern. Mir graut schon vor dem gefürchteten Hochgebirgswinter hier in dieser unwirtlichen Gegend. Feindl. Artillerie schießt heftig auf die Zufahrtsstraßen und auf den Como di campo bianco.

Nachm. kommt die traurige telegr. Meldung, dass unser beliebter Divisionär Gen. v. Mezzenseffy bei einer Autofahrt unweit Blockhaus von einer feindlichen Granate getötet wurde.

7. Oktober 1917

Schneefall, sehr kalt, an der Front Ruhe. Endlich mal eine Karte von Mutter. Den ganzen Tag kann ich kaum ein Stündchen ruhen. Hatte vollauf zu tun. Die heutige Proviantfassung ist besonders reichhaltig. Schoko, Pflaumen, Speck, Zigaretten, Brot. So sind die Leute nach einer guten Fassung besonders gut gelaunt. – Heute findet das Begräbnis des gefallenen General v. Mezzenseffy in Trient statt. Allmächtiger! breite deine hilfs- und segenbringenden Arme aus und gebiete dem furchtbaren Völkermorden Einhalt!

Hätte soviel meinem Millerl zu berichten. Doch leider stockt infolge des starken Schneefalles der Postzuschub vom Hinterland.

Das Wetter heitert sich auf, doch ist es grimmig kalt, von den umliegenden Bergspitzen leuchten die Neuschneestreifen herunter. Beim Bauen unserer neuen Unterkunft kommen wir noch auf einen Schneestreifen vom Vorjahr. In der Nacht Ruhe.

8. Oktober 1917
Schneewetter. Von meinem Bräutchen bekomme ich endlich mal Nachricht. 2 deutsche B. G. M. G. werden uns zugewiesen. In der Nacht bemerke ich auf dem vom Feinde besetzten „Lotsen" einen großen Brand. Himmelhoch lodern die Flammen empor.

9. Oktober 1917
Klares Wetter, Fernsicht rein. Feindl. Artillerie beschießt unsere Stellungen, trotz heft. eisigkalten Sturmwindes wagte sich ein feindl. Flieger ober unser Gelände. Ganz unglaublich, fast eine ¼ Stunde stand der feindl. Aeroplan ober uns. Am Nachm. hört man vom rechten Flügel starkes Artilleriefeuer. An unserm Abschnitt wird nur gesprengt, ansonsten Ruhe. Unaufhörlich fegt ein eiskalter Sturmwind über die Stellungen.

Überaus strenge Befehle kommen betreffs Deserteuren. Als Nachfolger des gefallenen Divisionärs kommt der ehem. Brigadier Brenford, Oberstlt. wird Brigadier, Rgmts. Komt. ist Obstlt. Novak, Baonskmdt. Hptm. Wolf.

10. Oktober 1917
Kaltes Wetter, Fernsicht rein. An der Front Ruhe. Unser feindl. Vis-a-vis pflegt etwas länger zu schlafen als wir.

Präzis 6 h vorm. bringt man den „Schwarzen" und um 7 h vorm. beginnen die Arbeiten.

Gottlob, von meinem Millerl kommen 3 Karten. Sie fühlt sich noch wohl, die Arme! Doch mit Bangen sehe ich ihrer bevorstehenden Niederkunft entgegen.

10 h vorm. zieht plötzlich dichte Nebel über die Höhen, man sieht kaum 3 Schritte weit. Bis 1 h früh Regen.

11. Oktober 1917
Trübes, frostiges Wetter, an der Front Ruhe.

Sämtliche Arbeiten im Graben mussten eingestellt werden infolge des „Unwetters". Die Unterkunft ist mit Leuten angepfropft. Beim Telephon blitzt und schnalzt es – ich habe furchtbaren Kopfschmerz.

12. Oktober 1917
Grimmig kalt, eine glitzernde Schneedecke liegt über dem Gelände. 9 h 30 krepiert in unmittelbarer Nähe eine schwere feindl. Granate. Schnee und Erdknollen umherschleudernd. Nachm. wird schönes Wetter. Lt. Aussage gefangener Italiener besitzt der Feind neue Teleph. Abhorch-Apparate, womit er unsere ganzen Telephongespräche abhorchen kann.

13. Oktober 1917
Schönes, heiteres Wetter. Feindl. Artillerie schießt. Mittag instruiere ich Lt. Ahrer im M. G. Dienst. Schwere feindl. Granaten krepieren in nächster Nähe, sodass unsere Hütte bebte. In der Nacht weht ein eisig kalter Nordost, Schnee und Regen rieseln hernieder. Ganz ungewollt konnte ich hohes Lob über meine Person von Oberlt. v. Wintenitz

meinem Komp. Kmdten gegenüber belauschen. Goldmensch-feinsinnig nannte er mich.

14. Oktober 1917
Regenwetter. An der Front Ruhe. Bis 2 h nachm. hält der Regen an. Feindl. Artillerie beschießt unser Baons. Kmdo. . Nachm. wird schönes Wetter. Um 8 h nachm. sandte ich die Postordonanz zum Gefechtsstrain um die Post. Mit Sehnsuch und Bangen erwarte ich schon die weiteren Nachrichten meines Bäutchens -Sugsesive bereite ich schon eine bessre Montur für den zu erhoffenden Urlaub vor.

15. Oktober 1917
Schönes Wetter. 10 h vorm. schießt eigene Artillerie auf die feindl. Stellungen. Nachm. besuche ich meinen Freund Lt. Glatz.

16. Oktober 1917
Wetter rein, kalt. 11 h 30 beschießt uns schwere feindl. Artillerie, nachm. Ruhe, die Kälte nimmt zu.

17. Oktober 1917
Starker Schneefall, mittags Tauwetter. An der Front Ruhe. Bin von meinem Weibi schon den dritten Tag ohne Nachricht, bin in Sorge. – In der Nacht Tauwetter – Regen. Für meinen Oblt. muss ich ein Gesuch an das K. M. Berufsaufnahme in die Fliegerschule machen.

18. Oktober 1917
Schönes Wetter. Seit 1 h früh lebhaftes Atill. Feuer. Von meiner Millerl bekomm ich 3 Karten – gottlob ersah ich aus ihren Zeilen, dass sie noch frisch und munter ist.

Trostlos die Zeitungsberichte, noch immer kein Tau von dem heißersehnten Frieden. Wie lange mag wohl dieser aufregende, unheilbringende Krieg noch dauern? Die Italiener fürchten einen Generalangriff von uns! Ich selbst! – Nach verlässlichen Aussagen hat der Feind 8 neue Geschütze, darunter zwei amerik. 30 cm Geschütze in Stellung gebracht. Unsere Feldruf und Losungen werden in letzter Zeit öfter kompromittiert, nachdem der Feind neue Abhorchapparate hat, mittels denen er sogar unsere Gespräche im Schützengraben abhorcht.

19. Oktober 1917
9 h vorm. beginnt es zu schneien, an der Front Ruhe.

20. Oktober 1917
An der Front Ruhe. Den ganzen Tag über heftiger Schneefall, alles arbeitet an der Freilegung des Schützengrabens. Oblt. v. Winternitz scheidet von uns, kommt zur M. G. Schule nach Trebynie.

21. Oktober 1917
Klares Wetter, sehr kalt. Einzelne Schüsse fallen nur. Auf dem Heldenfriedhof des Rgmt. wird eine Feldmesse abgehalten.

22. Oktober 1917
Schönes Wetter. Rege Fliegertätigkeit, ansonsten Ruhe an der Front. Nachm. kommt Obstl. Siegl unseren Geschützstand besichtigen. Ein neues Übel stellt sich noch ein, in unserer Hütte hatten sich Ratten eingenistet, nichts war mehr sicher. Montur und Brot fraßen uns diese ekelhaften Tiere an. In der Nacht führten diese Ludern wahre Balletttänze auf unseren Schlafstellen auf. Noch spät in der Nacht bringt man die liebe Post. Gott, wie glücklich ich bin, bekomm gute Nachrichten von Millerl.

23. Oktober 1917

Schönes Wetter. Der Schnee schmilzt allmählich zusammen. An der Front Ruhe. Man hört zwar von gewaltigen Aktionen seitens der Ententemächte – bei diesen Witterungsverhältnissen halt ich aber dies für ausgeschlossen, oder soll der Krieg noch nächstes Jahr wüten ? Gott verhüte dies.

11 h vorm. lebhaft. Atill. Duell, mäß. feindl. M. G. Feuer. Obstlt. Siegl inspiziert die Stellungen. Strenge Befehle ob des schlechten Salutierens kommen heraus. Heute gibt es wieder eine gute Fassung. Z. B. Marmelade, Speck, Tabak, Obst und das tägl. Brot. Verschiedene Wahrnehmungen lassen auf eine bevorstehende große Aktion schließen. Um 9 h 30 nachts beschießt eigene Artillerie den Raum Portele – pocce. Vom Mte. Palo heftiges M. G. Feuer.

24. Oktober 1917

Schon am frühen Morgen beginnt es stark zu schneien, an der Front Ruhe. Die angekündigte große Offensive seitens der Entente wird durch den starken Schneefall vereitelt. Nachm. heft. Schneesturm. Bis 6 h nachm. liegt vor unserer Hütte ein Meter Schnee, grimmige Kälte, fürchterlicher Sturmwind in der Nacht.

25. Oktober 1917 am Bianco 2750 m

Klares Wetter, sehr kalt. Alle Telephongespräche werden eingestellt. Sämliche Meldungen werden durch Ordonanzen übermittelt. Über die momentane Lage ist man noch im Unklaren. Allgemein wird eine größere Aktion seitens des Feindes erwartet. Gott mit uns! Schon der grimme Winter kostet einen harten Kampf. Durchschn. Schneehöhe ein Meter, die Kälte nimmt zu. Fassen heute Winterausrüstung. Von meinem Bräutchen bekomme ich Verständigung

behufs Behebung der R. A. Zinsen bei der Eskompte –
Bank.

26. *Oktober 1917*
Während dem Morgengrauen desertieren abermals 2 Mann
von der Feldwache zum Feinde. Schlechte Kost und grobe
Behandlung soll die beiden zur Flucht bewogen haben.
Einer der beiden Deserteure – ein älterer Mann - hatte bei
derselben Komp. seinen Ziehsohn, der als er von der Flucht
seines Ziehvaters erfuhr, bitterlich weinte. – Wetter schön,
Artillerie- Duell, Fliegertätigkeit. 7 h nachm. kommt der
Pressebericht mit dem erfreulichen Inhalt vom siegrei-
chen Vorgehen unserer Truppen am Isonzo. Im Abschnitte
Bainsizza wurden bis jetzt 70. 000 Mann gefangen, 700
Geschütze erbeutet, 17 Brigaden haben sich ergeben. – Wir
erwarten an unserer Front eine Reaktion des Feindes.

Von Millerl Brief mit guten Nachrichten erhalten.

27. *Oktober 1917*
7 h vorm. gehen 2 eigene Patrouillen zur Dekognos. ins
Vorgelände. Unser neuer Divis. heißt Schiglhavsky. Der
Abend ruhig. Schreibe an Millerl und deren Eltern. Aus
der Isonzofront kommen stündlich gute Nachrichten vom
siegreichen Vordringen der öst. ung. Truppen mit ihren
Verbündeten. 8 h nachm. beginnt es zu schneien.

28. *Oktober 1917.*
Abscheuliches Wetter, Schnee und Regen. Nicht einmal
heute, einem Sonntag, kann ich mir die mir gebührende
Ruhe gönnen. Heute früh haben unsere Truppen Görz besetzt, vom Kastell wehen nach einjährig. feindl. Herrschaft
wieder wie seit vorigem Jahrhundert österr. Fahnen. Die
Italiener sind über den Isonzo geworfen. Doberav und San.

Micheli in unserem Besitz, die ital. Südarmee ist in heilloser Flucht begriffen.

Das Unwetter hält an, unaufhörlich regnet und schneit es. Freudestrahlend gehen 12 Heimaturlauber meiner Kompanie ab.

Telephonisch erfahren wir die freudige Nachricht, dass unsere Truppen Görz aus Feindeshänden entrissen, nachfolgendes Phonogramm 6. Div. Nr. 780 am 28.10.17

Österr. Pressebericht v. 28. Oktober 1917

Gestern ist von unserer Isonzofront die letzte Fessel einer seit 2 ½ Jahren ebenda glorreich als opfervoll glorreichen Verteidigung gefallen. Sowohl auf der Karsthochfläche als im Görzer Abschnitte wurde zum Angriff übergegangen. Die Italiener hielten unserm Ansturm nirgends stand. Am Südflügel wurde Monfalcone von unseren Truppen genommen. Oberhalb von Gradiska erstürmten in der 3ten Morgenstunde Mjr. Mazari an der Spitze seines Cöseger Jäger Baons Nr. 11 über die brennende Isonzobrücke hinüber und entriss dem Feind den Mte. Fortin.

Auf dem Castell von Görz hissten Abteilungen des Karlovater I. R. Nr. 96 um 2 h früh unsere Fahnen. In rascher Verfolgung wurden westl. der Stadt Görz der Isonzo überschritten und die Höhe Podgora erstürmt. Die Hochfläche von Beimiera und Hlg. Geist liegt mit den Mte. Kuck inbegriffen hinter uns, bei Plava erzwangen sich unsere Truppen in erbitterten Kämpfen den Flußübergang. Cividale ist in deutscher Hand. Ungestüm vorwärts dringend, allen Widerstand des Feindes brechend, gewannen unsere Verbündeten den Ausgang in die Venetianische Ebene. Die geschlagenen Armeen des Herzogs von Chosta und der Gin. Capelle haben an 80. 000 Mann

Gefangene eingebüßt, die Zahl der erbeuteten Geschütze wird gering auf 600 geschätzt.

Chef des italienischen Generalstabes - Luigi Cadorna
Bericht vom 28. *Oktober 1917*
Der fehlende Widerstand von Teilen der I. Armee, welche sich ohne zu kämpfen weit zurückgezogen oder sich dem Feinde ergaben, erlangten österr. -deutsche Kräfte unseren linken Flügel der Julischen-Front zu durchbrechen. Den Anstrengungen unserer tapferen Truppen gelang es nicht, den Feind auf unserem heiligen Boden Halt zu gebieten. Unsere Linie zog sich ordnungsmäßig zurück. Magazine und Depots der geräumten Dörfer sind vernichtet worden. Die während 2 ½ Jahren von unseren Soldaten in vielen denkwürdigen und siegreichen gezeugten Tapferkeit dem höchsten Kommando das Vertrauen die Ehre und die Rettung der Heimat anvertraut ist, auch diesmal seine Pflicht nachkommen wird.

Cadorna m. p.

29. Oktober 1917
Trübes Wetter, an der Front Ruhe. Von der 8. Komp. kommt der junge Rpl. Fladischer beim Sprengen um sein Leben. 4 h 30 nachm. kommt die freudige Nachricht von der Einnahme der befestigten Stadt Cormans dann Ponteba, die Unsrigen stehen vor Udine.

30. Oktober 1917
Mäßiger Schneefall, an unserer Linie Ruhe.

Österr. Pressebericht vom 29. 10. 1917

Ital. Krieg. Um 4 früh begannen die öst. ung. Streitkräfte des Gen. Otto v. Belows und der Nordflügel des Generals von Borevics ihren Angriff. Gestern am Abend des 5ten Schlacht-

tages war alles Gelände zurückgenommen, welches uns der Feind, jeden km mit etwa 5400 Mann verkaufend in 11 blutigen Schlachten mühsam abgerungen hat.

Auf der Karsthochfläche stießen unsere Truppen, den Mte. San. Micheli nehmend, an den Isonzo vor, unsere Abteilungen überschritten den hochgehenden Fluß. Görz wurde im Straßenkampf gesäubert und Podgora spät abends erstürmt. Der Raum von Oslavia des Mte. Sabotin Corada bilden den Schauplatz von mitunter sehr heißen Kämpfen. Jeglicher Widerstand der Italiener war vergeblich. Die Verfolgung des in größter Verwirrung zurückgehenden Feindes führte uns über Cormons und den Mte. Garin hinaus. Deutsche und öst. ung. Truppen stehen vor Udine. Auch im Gebirgsland nordwestlich Cividale sind wir im raschen Fortschreiten begriffen. Die ital. Kärntnerfront ist in den wichtigsten Abschnitten erschüttert.

In Schnee und Sturm entrissen unsere Truppen dem Feind, die seine seit 2 ½ Jahren ausgebaute Grenzstellung südw. von Tarvis bei Pontafel im Plöckengebiet und den großen Pal. Das rasche alle Hindernisse brechende Vordringen der Verbündeten machten es unmöglich, über die Zahl der Gefangenen und die unausgesetzt wachsende Beute einigermaßen etwas mitzuteilen.

Im Raume südw. von Clava wurden allein 118 Geschütze allen Kal. eingebracht. Eine hier vorgehende Div. nahm dem Feinde in wenigen Stunden 60 Off., 3000 Mann und 60 Geschütze ab.

Was an Kriegsgeräten in der 12. Isonzoschlacht erbeutet wurde, übersteigt weit das Beute-Ergebnis der galiz. -poln. Sommeroffensive 1915.

Cadorna – Bericht vom 29. 10. 1917
Die vom Höchstkmdo. angeordneten Bewegungen vollziehen
sich regelmäßig. Die Truppen, denen der Aufrag ereilt wurde,
den Feind zu affrontieren, erfüllten ihre Pflicht, den Vor-
marsch des Feindes in die Ebene zu verlangsamen.

Cadorna Gen. m. p.

Getrübt macht mich die Anordnung von der abermaligen
Einstellung des Postverkehres auf unbestimmte Zeit.

11 h vorm. kommt die Meldung von der Einnahme der ital.
Stadt Udine.

Freund Hans Glatz fährt auf Urlaub und heiratet.

31. Oktober 1917

Kalt, trüb, Schneehöhe 50 cm. Verschiedene Gerüchte
kursieren von einer längeren Urlaubs- und Postsperre.
Man spricht von einem Vormarsch aus unserer Front sete –
communie

Österr. Pressbericht vom 30. 10. 1917 ital. Krieg
Die durch die 12te Isonzochlacht geschaffene Lage wirkt bis
in die Gebirge des Tagliamento zurück. Die Kärntner- Armee
des Gen. Obst. Krobathin jeden Widerstand überwindet,
auf venet. Boden rasch sind und westwärts Raumgewinn
gewinnt. Die Streitkräfte des Gen. d. Inf. Alfons Kraus haben
schon am 28. 10. vorm. die erste Presche in das weitauslauf.
befestigte Lager von Gemona geschlagen, den sich das tapfere
untersteirische Sch. Rgmt. 26 durch Handstreich des Pan-
zerwerkes auf Mte. Lauzza bemächtigte. Das entscheidende
Vorgehen der verbündeten Truppen des Gen. v. Belows ist
durch den Gewinn von Udine gekrönt worden. Weiter südl.
wälzen, noch gedrängt durch die noch im Küstenland folgen-

de Armee, regellose Massen des geschlagenen Feindes gegen den hochgehenden unteren Tagliamento zurück. Die Räume hinter der Front der erbündeten erhalten durch lange Gefechtszüge und durch die Kriegsbeute vielfach das Aussehen eines ital. Heerlagers.

Chef d. Gen. Stabes

Cadorna-Bericht vom 30. Oktober 1917
Unsere Truppen haben sich auf die bestimmten Stellungen zurückgezogen, die von uns durchgeführten Zerstörungen der Isonzobrücken und die erfolgreiche Aktion unserer Vorhuten haben die feindl. Vorrückung verzögert. Unsere Kavallerie hat mit den feindl. Vorposten Fühlung genommen.
Cadorna m. p.

Eine gewaltige bittere Enttäuschung erlebten unsere Urlauber. Die Armen gingen vorgestern mit freudestrahlenden Gesichtern aus der Stellung, sind tags darauf schon am Trittbrett des Urlauberzuges und mussten nach telephon. Verständigung an das Bahnhofskmdo. Trient wieder in die Stellung zum Rgmt. einrücken.

Nachm. um 4 h zieht ein Papier-Ballon mit Flugzetteln über die feindl. Stellungen. Man hört von einer Ablösung unseres Regmts., noch ist man im Unklaren. An der Front geheimnisvolle Ruhe. Beginne mit der Inventur des gesamten Materials bei der Komp.

1. November 1917
Wetter schön. Tag der Toten. Unzählige sind es schon, die von allem Weltenjammer erlöst sind.

Hatte vollauf zu tun. Trotzdem mache ich einen Ausreißer zu meinem Schwager Franz. Auch er ist ziemlich beschäf-

tigt mit Inventur. Mit der Ablöse wird es demnach ernst.
Wohin wir kommen ist uns noch geheim gehalten.

In Cr. Larice wird ein Caproniflieger mit 1 ital. Hptm. und
2 Unteroff. abgeschossen.

2. November 1917
In aller früh bin ich mit der Inventur schon beschäftigt.
Eine anstrengende Arbeit für einen dienstf. U. Offz. Der
Tag der Ablöse ist noch unbestimmt.

Am Abend hört man aus den feindl. Gräben ein Mords-
geschrei, als wie wenn diese Kerle übergeschnappt wären.
Riefen zu uns herüber „Austria kaputt, E viva Italia" usw.
Hernach ein heftiges Kleingewehrfeuer mit Handgranaten
Detonationen.

Ich verspüre furchtbaren Kopfschmerz.

3. November 1917
Wetter schön. Meine Inventur beendet. Harre nun auf die
Abmarschbefehle. Die Gebirgskanonen am Mtc. Rocollo
erhalten 430 Volltreffer.

Von meinem Bräutchen bin ich schon 5 Tage ohne Nachricht.

4. November 1917
Wetter schön. Unsere Quartiermacher gehen aus der Stellung. Wir sind marschbereit. Rege Fliegertätigkeit.

5. November 1917
Wetter schön. 5 Mann gehen in den Teleph. Kurs nach
Ravinna ab. Von meinem Millerl noch immer keine Nachricht. Bin schlecht gelaunt. In steter Marschbereitschaft. Seit
2 Tagen harren wir des Ausmarschbefehles aus der Stellung.

Corno di campo bianco Nachm. 3 – 4 heft. Artilleriefeuer. Schönes, klares Wetter bewog mich wieder mal einen Stutzen zur Hand zu nehmen. Schoss auf eine Gruppe Italiener 20 Patronen ab.

6. November 1917

Bekommen Feldp. Nr. 399. Wetter schön, an der Front Ruhe. Winterwäsche und Kerzen kommen zur Verteilung. Endlich bekomme ich Nachrichten von meinem armen Millerl. Meine bösen Ahnungen hatten sich leider bewahrheitet. Die Arme musste durch 5 Tage das Bett hüten, erlitt durch Überanstrengung Blut. Gott sei Dank berichten ihre letzten Zeilen vom besseren Befinden.

Österr. Pressebericht vom 5. 11. 1917
Am Tagliamento ist der Kampf wieder aufgenommen worden. Österr. und deutsche Divisionen erzwangen sich am Mittellauf den Übergang und gewannen festen Boden. Die Divis. des Gen. von Schwarzenberg, die seit gestern auf dem Westufer des Flusses steht, hat sich durch rasches, schwieriges Zugreifen besonders verdient um das Gelingen des Stoßes gemacht. Der Feind verlor über 6000 Mann an Gefangenen und eine Anzahl Geschütze.

Auch die Armee des Gen. Obst. v. Kroatin erzieht überall Erfolge. Im Osten und Albanien nichts von Belang.

Reger nächtl. Autoverkehr in der Valarsa und im Raume von Asiago. Der feindl. Rückzug bereits stellenweise begonnen. Im Colbrican-Gebiet räumte der Feind seine Stellung, auf dem Rücken Malga Colbrican sowie im Colbrican Sattel arbeiten feindl. Abteilungen auf der Rollestraße, dürften diese zur Sprengung herrichten.

6. November 1917

Die 94. I. Div. hat in schweren Kämpfen gestern die Höhen Mte. JRF: u: Mte: Corona beim oberen Tagliamento genommen. Dabei ca. 300 Gefangene eingebracht. Das Gros der 10. Armee im Raume Tolmezzo. Auch im drei Zinnen Gebiet hat der Feind seine Stellungen aufgegeben. Auf zahlreichen Stellungen hinter der Front Brände und Explosionen. Auf Alleghi und Cortina bemerkt man rückmarschierende ital. Truppen und Trainkolonnen. Am unteren Tagliamento scheinen nur mehr Nachhuten der II. u. III. Armee Widerstand zu leisten, während das Gros dieser Armeen bereits zurückgeht, um vermutlich sich an der unteren Ciare wieder zu stellen.

Cadoma – Bericht v. 5. 11. 1917

Der Feind, dem es gelang, beträchtlilche Truppen auf das rechte Ufer des Tagliamento zu bringen, hat seinen Druck gegen das linke Ufer begonnen. Unsere Flieger und Luftschiffe bombardierten erfolgreich in der Nacht auf den 4. u. den gestrigen Tage feindl. Truppen im Becken von Tolmein und dem linken Tagliamento Ufer. Am 3. schossen unsere Flieger außer den gemeldeten noch 3 feindl. Flieger ab, das eine in der Nähe Caldonazzo, und die anderen 2 in der Lagune di Gendr.

Cadoma m. p.

7. November 1917

Schneegestöber. Um 11 h nachts kommen Abtlg. des I. R. Nr. 81 und lösen uns ab, marschieren lautlos aus unseren Gräben und im Schutze der Nacht bis nach Dosso del fine.

8. November 1917

Abends verbringe ich meinen Namenstag unter Ach und Weh im Felde. Alle Glieder tun mir noch weh und neuerdings kommt der Abmarschbefehl nach dem Galmarara 981. Im heftigsten Schneegestöber auf grundlosen Wegen erreichten wir den anbefohlenen Raum. Eine Unmasse Truppen aller Gattung hatten sich schon gesammelt. Hungrig und frierend sind wir dem fürchterlichen Wetter preisgegeben. Man hat für uns keine Quartiere, alles überfüllt. Mussten so in diesem Wetter die halbe Nacht unter freiem Himmel zubringen, bis man endlich durch Vermittlung einiger Kameraden eine Unterkunft fand. Alle Herrn Offze. saßen bei Wein und heißem Tee in Pracht Logis. Kein Teufel kümmerte sich um uns armen Leuten. Wir Unteroffiziere mussten für Mann und Post sorgen, dass die Armen etwas Dach bekamen. Dies bei I. R. 27, II. Baon.

9. November 1917
Galmarara 981, Winteroffensive im Abschnitt Asiago gegen Italien.

Packung und Bereitstellung des M. G. Materials, fortwährend kommen neue Truppen, Geschütze. Nun Gott mit uns! Mein armes Millerl. Unsere Lieben in der Heimat haben keine Ahnung, was uns bevorsteht.

An der Offensive in den sete eumune beteiligen sich nachstehende Rgmter.

Öst. I. R. Nr. 35, 17, 27, 49, 81. T. Sch. I. u. II. Jäg. 7, 22, Sch. 36

Honved. 311, Ldstm. 1, 4, 6, 4/II , 4/23,

kgl. bayr. Rgmter 22, 23, 25, 26, 29, 31. u. 32

Furchtbare Bauchschmerzen zwangen mich aufs Lager, wusste mir vor Schmerzen nicht zu helfen, wie ein Wurm krümme ich mich im Stroh.

Aus der lbn. Heimat bekomme ich eine Menge Post. Aus der Front dringen gute Nachrichten. Der Feind geht zurück, oder ist das nur Manöver? Asiago vom Feinde frei.

10. November 1917

Um 3 h früh mein Sohn Johann Siegfried zur Welt gekommen.

Vormarsch in den sieben Gemeinden.

Bei heftigem Schneegestöber marschieren wir im Verbande des II/27. Baons. um 11 h vorm. von Galmarara ab. Der mühsame Marsch geht über den Mte. Mociach, Mte. Cebio, den alten Stellungen der 3 er Schützen. Nördl. Inderotto begegnen uns schon die ersten Verwundeten des I. /27. Baons, welches bereits zur Offensive überging. 700 gefangene Ialiener bringt man. Nach Schilderungen der Verwundeten ist die Lage für uns eine „Trostlose". In einem Walde circa 1 Stunde außer Asiago wird Halt gemacht. I. u. III. M. G. Zug geht in Stellung vor dem Walde.

Leider muss ich nach Beobachtung konstatieren, dass wir Armen in einen mords Sack geführt sind und nun furchtbare Verluste erleiden – ohne jede Artillerie- Vorbereitung werden unsere Infant. Wellen dem gut verschanzten Feind entgegen getrieben. Viele, viele Kameraden mussten ihr junges Leben opfern, viele werden gefangen genommen. Ein heilloses Durcheinander. Mir graut furchtbar.

Nach eingelangtem Befehl beginnen wir, schwer bepackt mit M. G. Material, vor Hunger und Kälte fröstelnd, den furchtbar mühsamen Aufstieg auf den steilen Hängen des Mte. Cebio. Schnee und Kotmassen machen den Marsch derart schwierig, so dass wir armen Menschen, schlechter wie Tiere vorgetrieben, nach einer Stunde Marsch völlig zusammenbrechen, bald fallen mir die Augen zu, ungehindert der Schnee- und Kotmassen verfiel ich in tiefen Schlaf – Nach einer Weile durch die grimme Kälte erwachend.

11. November 1917
Sehe ich von meinem Baon nichts mehr, nur einige Kameraden liegen noch vor Kälte und Hunger stöhnend und ächzend im Schnee. Nochmals raffe ich mich auf und schleppe mich den Berg hinan.

Erst beim Morgengrauen erreiche ich die Höhe des Mte. Zebio und sehe Leute meines Baons die feindl. verlassenen Stellungen jenseits des Berges erklimmen. Die feindl. Artillerie bemerkt uns und Granate auf Granate donnert vor uns auf den Hang. Im Eilschritt, die letzten Kräfte taumelnd, erreichen wir den Sammelplatz des Regmts. 27, von wo aus der Vorstoß auf den Mte. Lungara erfolgen soll.

Infolge meiner Schwäche ließ mich mein Komp. Kmdt. als Munitionsstaffel Unteroffz. zurück und mit Sturmhelm, Handgranaten u. M. Gewehren geht die Abteilung ins Gefecht.

Meine Komp. ist seit nachm. im Feuer. Öfter kann ich von den Höhen des Mte. Longara ein Hurra hören. F. K. J. I. hatten die Höhe nach blutigem Ringen erstürmt.

12. November 1917
Erstürmung des Mte. Longara. Dreimal werden unsere Braven zurückgeworfen, aber bis zur Abenddämmerung

gelingt es ihnen, die Höhe des Mte. Longara im Sturm zu nehmen.

5 h nachm. kommt meine Kompanie zurück. Fassung und Menage wird verteilt. Wir haben einen Wolfshunger. Das Stückchen Brot und die dünne Suppe reichte nicht aus. Stockfinstre Nacht, abermals werden die Baone gesammelt und mit halber Kraft beginnen wir den Aufstieg. Laut Befehl sollen wir den T. K. J. zu Hilfe kommen. Der Feind macht mit überlegenen Kräften Gegenangriff. Noch dazu kommt die ganze Kolonne des I. u. II. Baons in Scheinwerferbeleuchtung. Nicht weniger wie 6 Scheinwerfer läßt der Italiener arbeiten. Wir sind entdeckt. Bald bemerkt man ein Aufblitzen und Granaten schweren Calibers fahren, krachend Steine und Sprengstücke umherschleudernd, vor uns in den Boden. Frei, ohne jeden Unterstand, sind wir einem schweren feindl. Artilleriefeuer ausgesetzt. Gott mit uns.

Wie gelähmt liegen wir noch am Boden und lassen den Hagel von Geschoßen über uns sausen. – Eine schwere 28 cm Granate rollt durch die finstre Nacht, plötzlich ein heller Feuerschein, ein Krach. Verschüttet von Steinmassen und Erde liege ich am Boden. Bald spüre ich am rechten Fuße einen heftigen Schmerz. Vor mir schreien Kameraden, die durch Sprengstücke verwundet waren. Mit meinem Kameraden Stbsfldw. Grieser und einem Verwundeten schleppe ich mich zurück ungehindert des heftigen Geschoßhagels und gelange glücklich bis zum Rgmts. Hilfsplatz.

14. November 1917
Verlasse mit einer Partie von 10 Mann den Rgmts. H. Platz und marschiere gestützt auf einen Stock bis Chertele. Vom Feldspital Chertele geht der Kranken- und Verwundeten-Transport bis zum Feldspital II/13 nach Termine.

15. *November 1917*
Bis Vezzena – von dort mit Drahtseilbahn in schauerlich kalter Nacht bis nach Caldonazzo. Am ganzen Körper steif vor Kälte gelange ich nach 24 stündiger Luftfahrt nach Caldonazzo.

16. *November 1917*
Werd ich im Krankenzug einwaggoniert, treffe auf der Strecke in Persen meinen Schwager Schatzmann, welcher mir als erster die frohe Nachricht von der Geburt meines unehelichen Sohnes Siegfried übermittelte. Alles ist gut vorübergegangen, Milly und Bubi gesund! Ich war anfangs sprachlos und wie ein Trunkener taumle ich in meinen Waggon hinein. Nur zu meinen Lieben nachhause ist mein sehnlichster Wunsch!

In Trient angelangt, werden wir zur Krankenabschubstelle gebracht.

18. *November 1917*
Komme mit anderen in das Festungs Spital Trient I. Noviziat.

Kaiser Franz Josef gestorben.

19. *November 1917*
Werd ich nach gründlicher Untersuchung in einem Spital-Zug bis Innsbruck gebracht mit nachstehender Diagnose: Im Jahr 1916 Gelenksrheumatismus durchgemacht. In letzter Zeit Schwindelanfälle, wo der Patient manchmal bewusstlos zusammenstürzt. Status präs. mittelgroß, mittelkräftig, über der ganzen Lunge leises feuchtes Rasseln, Herz erster Ton an der Spitze unrein Aktion regelmäßig. Abdomenfrei – Sehnen sehr lebhaft – zeitweilig Schwindelanfälle – Druckgefühl im Kopf.

Diagnose von Trient : Bronchial-Katarrh – Neurastenie.
Diagnose von Innsbruck Herzneurose, Peuma.

In Pradl bei Innsbruck werden alle Kranken und Verwundeten gebadet. Die Montur wird ausgebrannt.

20. November 1917
Komme mit 500 Mann nach Schwar in das Reserve-Spital
Caslau, dort bis 29. In Quarantäne.

29. November 1917
Werde in den Verw. Kranken-Zug Nr. 27 einwaggoniert.
Nach 84 stündiger Fahrt über Bayern, Salzburg, Ober- und
Niederöst. lang ich am 3. Dezember 1917 in Nyiregyhaza.
Die Menage, besser gesagt das Futter während der Fahrt
im Krankenzug spottet jeder Beschreibung. Halbausgehun-
gert treibt man uns in Doppelreihen, begleitet von ungar.
Wärtern eine Stunde bis zum Baracken-Spital Nyiregyhaza
- Ungarn. Wir alle freuen uns schon in ordentliche Spital-
pflege zu kommen. Freue mich schon auf ein anständiges
Essen. Im Lager angelangt, heißt es „Ceika" herrichten,
Menage kommt. Doch ich traute kaum meinen Augen, was
ich sah! Gefangene Russen stehen an dampfenden Holz-
bottichen, den sanitären Verhältnissen absolut nicht entsprechend, und teilen uns eine ekelerregende Krautsuppe
aus. In einem offenen Schuppen liegt ein Haufen Kraut und
gelbe Rüben, wo die Hunde des Herrn Spit. Kmtten ihren
Unrat ablegen. Mit harter Mühe bringe ich nach dem Gese-
henen einige Löffel voll dieser Suppe hinunter.

Nach dem Essen werden wir in einer Baracke gesammelt.
Darauf erscheint ein junges Bürschchen von einem Leutnant mit Augenbrillen wie Pflugräder, schrie, besser gesagt,
brüllte wie ein Schimpanse „Habt acht" und so gut es geht,
stehen alle die Kranken und Verwundeten auf ein oder dem

In einer offenen Schüppen liegt ein haufen Braun und gelbe Rüben, und die ... der ... ... ihren Unrat ablegen.

Mit harter Mühe bringen ... nach dem ... ... voll ...

Nyiregyháza   Barak tábori kórház

Baraken = Spital in Nyregyhaza - Ungarn

Nach dem ... werden wir in einer Barake ... ... ein junger ... von einem ... mit Augenbrillen ... ...

anderen Bein „Habt acht". Man ist gespannt auf die Worte des gestrengen Herrn Leutnant. Endlich bricht er los und mit ganz furchtbaren Gebärden verkündet uns dieses Herrchen in schlechtem Deutsch alle strengen Vorschriften über Ordnung und Reinlichkeit im Spital. Doch brauchte man nur auf Dielen und Betten schauen, dann wusste man, bis wie weit die Reinlichkeit geht.

Nach der feierlichen Ansprache werden wir in Partien zum Bad geführt. Nach dem Bad erhalten wir „reine Wäsche". Doch ist mir riesig leid um meine alte Wäsche, die ich für die sogenannte „Reine" abgeben musste. Die Wäsche ist noch total nass und schwarz wie ein Handfetzen. So ziehen wir fröstelnd, in Decken gehüllt, in den sogenannten Krankensaal ein. Über 100 Kranke und Verwundete sind in der Baracke untergebracht. Die Baracke selbst geht aus allen Fugen, durch denen der eisigkalte Steppenwind bläst. Wohl stehen majestätisch 2 große Ofen, geziert mit dem ungar. Wappen, im Saal, durften aber nicht mehr als 40 kg Kohlen im Tag geheizt werden.

Nach Behauptung des gestrengen Herrn Spital Kmdtn. soll die Kälte für uns Kranke gesund sein. Freilich, die darin befindlichen Ungarn und die rumänischen und ital. russ. Gefangenen als Wärter brauchen keine Kälte leiden, die „Armen" braten nahezu in ihrem extra Kabinett.

Wie besessen laufe ich die halbe Nacht auf und ab, um mich etwas zu wärmen. Den nächsten Tag kommt der Abtlgs. Arzt Dr. Blech. Ein ausnahmsweise freundlicher Mann, welcher selbst unter dem Drucke des Tyrannen von Spitalskmtn. viel zu leiden hat.

Gleich bei der Visite bitte ich den Arzt, mich baldigst in meine Heimat zu senden, will gerne auf alle ärztl. Behandlung verzichten, denn hier würde ich ja sterbenskrank. Der freundl. Arzt drückte sein Bedauern aus und sagte, er könne uns vor 8 Tagen nicht zum Kader senden und würde uns die bittre Lage gern bessern, wenn der Stabsarzt für derlei Dinge zu sprechen wäre. Nun schreibe ich sofort an meine Lieben, besonders an meine lbe. Millerl einen langen Bericht.

Gefangene Ital., Rumänen versehen den Wärterdienst, hatten auch die Menage an die Kranken zu verteilen. Da blieb ihnen natürlich soviel übrig, dass die Herrn Wärter den ganzen Tag zum Essen hatten. 2 Schwestern befinden sich auch in unserer Baracke, in Samt und Seide gehüllt, aber um etwas bitten durfte man solche „Fee" nicht.

Nach einer 5 tägigen Quarantäne erbitte ich mir einen Passierschein für die Stadt, welcher mir unter hoher Genehmigung ausgefolgt wird.

Endlich in der Stadt, kann ich meinen großen Hunger mit noch guten nur noch in Ungarn erhältlichen Speisen stillen. Gleich in der ersten Kaffeeschenke verzehrte ich 3 Schalen weißen Kaffee mit Kuchen. Gut, dass ich mich mit Geld versorgt hatte. Kann mir hier wenigstens was zum Essen kaufen.

10. Dezember 1917
Ich werde mit anderen dem Stbs. Arzt zur Musterung vorgestellt. Gott sei Lob und Dank: darf morgen schon abreisen – endlich mal! Kann die ganze Nacht vor Freude und Aufregung keinen Schlaf finden, meine Gedanken weilen bei meinen Lieben in der grünen Mark. Versehen mit allen Dokumenten sage ich dem Spital á la Sibirien adieu auf ein Nimmerwiedersehen.

Fahre am 11. Dezember nachts ab Nyiregyhaza über Tokay
– Miskolc nach Budapest.

12. Dezember 1917

Ich fahre um ½ 4 h nachm. von Budapest ab der Heimat zu.

14. Dezember 1917

Ich komme glücklich nach Graz. Es gibt ein freudig Wiedersehen bei den Eltern. Endlich daheim!

Nach Einrücken zur Rekonv. Abtlg. des I. R. 27 erbitte ich
mir dortselbst einen 3 wöchigen Erholungsurlaub.

Am 20. Dezember fahre ich mit meinem Schwager Hubert
nach Öblarn.

Ein überaus freudiges Wiedersehen am 21. Dezember 1917

Als junger Papa weile ich in glücklichster Stimmung bei
meinem „Jüngsten". Nun gibt es viel, viel zu erzählen.

Die Weihnachten, die schönsten seit meiner Kindheit, ver
bringe ich im Kreise meiner Lieben in Öblarn.

Kriegsjahr 1918

Nach Konstatierung meines im Felde zugezogenen Nerven-
leidens bekomme ich den Befund „B"und komme am 14.
März 1918 zur Heeres – Wach – Komp. nach Andritz bei
Graz, Kmdt- Oblt. - Bauernberger.

Eskorte – Reise nach Dalmatien vom 18. bis 28. Mai 1918

Mit 3 Deserteuren, die ich in Zelenica zu überstellen habe.
Fahre ich am 18. Mai um 5 h 30 nachm. von Graz ab. Teils
mit Pers. Zug, teils mit Güterzug geht die Fahrt bei herrl.
Wetter über Laibach, St. Peter i. R., Abbazzia und komme
am 20. Mai 12 h n. nach Fiume.

Ein überaus mildes Klima lässt eine Nächtigung im Freien
zu. In der Zeit vom 20. bis 22. Mai besah ich mir Fiume
und das Meer. Tagsüber herrscht eine unerträgliche Hitze
bis zu 44 Grad. Miete mir ein Zimmer in der Via dei Capu-
zini. Durch vieles Bitten gelingt es mir, mich mit der Es-
korte am 22. Mai in den Schnell-Dampfer „Salone" einzu-
schiffen. Um 2 h 30 nachm. werden die Anker gelichtet und
langsam dreht sich das Schiff hinaus ins offene Meer. Bald
schwinden die letzten Häuser von Fiume und mit voller
Kraft arbeiten sich die Schiffsschrauben, mächtige Wellen
von sich schlagend, in der dunkelblauen See. „Salona" ist
mit 4 Geschützen und einem M. G. armiert, fährt deshalb
ohne Begleitung von Torpedobooten. Bei ruhiger See und
heiterem Wetter geht die Fahrt der dalmatinischen Küste
entlang. Um 11 h nachts legen wir in Zara an, Post wird
ausgeschifft. Nach einstündigem Aufenthalt dampfen wir
weiter in die von feindl. Torpedobooten gefährdete Zone.
Die auf Deck befindlichen Geschütze werden klar zum
Gefecht gemacht. Der Mond tritt aus den Wolken. Doppelte
Vorsicht!

An alle am Schiffe befindlichen Mann werden Schwimm-
westen aus Kork ausgegeben und mussten angelegt werden
für den Fall einer Torpedierung.

Glücklich entkommen wir der ersten Gefahr und legen am
23. Mai 1918 6 h vorm. im Hafen von Spalato an. Wegen
feindl. U. Boot – Gefahr bleiben wir tagsüber im Hafen von
Spalato liegen. Wir dürfen das Schiff verlassen und in die
Stadt gehen. Sehe mir die Sehenswürdigkeiten, die herrlichen Steinbauten und Palmengärten von Spalato an.

Um 5 h nachm. werden wir wieder eingeschifft und bald
steuern wir in die offene See. Die Wachposten am Mast und
Bug halten scharf Lugaus nach feindl. Torpedobooten. Um
10 h nachts legen wir im Hafen von Curzolla an, nach Aus-
schiffung von Post und Passagiere fahren wir weiter. Herrlich der Anblick im Mondschein eines vorbeifahrenden
Jachtenbootes, welches mit der Flagge grüßt. Der Kmdt.
des Schiffes bestimmt mich für den Schiffs-Inspektordienst
und habe strenge darauf zu achten, dass an Deck niemand
raucht. Auch werden alle Lichter am Schiff, die uns feindl.
Schiffen verraten könnten, verdeckt.

Am 24. Mai 1918 erreichen wir pünktlich unser Ziel und
legen um 8 h vorm. im Hafen von Zelenika (Dalmatien) an.
Nach Erledigung meines Dienstes bin ich frei und gehe auf
die Suche nach dem Torp. Boot 89 F, wo sich mein Bruder
„Riehara" befindet.

Eine beträchtliche Anzahl öst. ung. Kriegsschiffe sowie
U-Boote liegen im Hafen. Nach vielen Fragen erfahr ich,
dass das Boot 89 Bereitschaft hat und in Portoroz an der
Boje liegt. Tatsächlich sehe ich an der jenseitigen Küste das
Tb. liegen, mein Bruder ist in meiner Nähe und weiß von
meiner Anwesenheit nichts. Endlich um 6 h nachm. wird

das Boot abgelöst dem Heimathafen zu. Im Laufschritt verfolge ich an der Küste das Boot und schweißtriefend gelange ich zur Stelle, wo das Tb. bereits verankert liegt. Ich rufe hinüber nach meinem Bruder, der mich bald an der Stimme erkannte, ruderte mit einem Boot herüber. Ein freudiges Wiedersehen zweier Brüder fern der Heimat folgte.

Mein Bruder nimmt mich mit aufs Tb. und lud mich gleich zu einem guten ausgiebigen Seemannsmahl ein. Esse eine ordentliche Kriegsportion „Pasta mit Fleisch-Konserven". Eine fast unerträgliche Hitze herrscht in der kleinen Schiffsküche, die sich unmittelbar ober dem Maschinenraum befindet. Doch ungehindert dessen esse und trinke ich im Schweiße meines Angesichtes.

Nach 4 stündigem fröhlichen Beisammensein mit meinem Bruder verlasse ich um 9 h abends das Tb. und gehe zum Bhf. Zelenika; fünfmal werd ich am Wege von MarinePatrouillen zur Ausweisleistung angehalten. Besonders streng ist es jetzt nach den großen Marinerevolten in der Boche di Cattaro.

Am 25. Mai 1918 vorm. verlasse ich mit dem Personenzug der B. herz. Landesbahnen Zelinka. Genußreich die Fahrt durch ganz Herzegovina Bosnien. Die Fahrt geht über Mostar, Sarajevo, Agram Steinbruch und müde und sonnverbrannt komme ich am 28. Mai 1918 in Graz an.

Am 14. Juli 1918 werd ich mit noch 9 Unteroffz. zum Kmdo. der Urlauberzüge in Wien Ostbhf. abkommandiert. Nach 3 Wochen Schule über den neuen Dienst werde ich als Aufsichtsunteroffz. für den U. Pen Zg. Wien-Trient eingeteilt. Nachdem ich das erstemal in der Haupt- und Residenzstadt Wien weilte, besah ich mir die Stadt und ihre Hauptsehenswürdigkeiten wie die Kais. Burg, deren Stallungen, das Parlament, die Bilder-Galerie, Schloss Belvedere u. a.

9. August 1918 meine erste Tour nach Trient.

7 feindl. Flieger kommen über Wien und werfen Flugzettel ab.

Am 3. September komme ich nach Salzburg und fahre nun die Strecke Prag – Trient.

Oktober – November 1918

Friedensströmungen. Wilson, Präs. der Noramerik. Staaten als Diktator über den Weltfrieden der Mittelmächte. Große pol. Bewegungen in Österreich – Ungarn.

Im ganzen Land wütet die Lungen-Pest und spanische Grippe. Ganze Familien sterben aus – großer Mangel an Arzneimittel. In größeren Städten finden Hungerkrawalle statt. Gott gebe dem unglücklichen Österreich bald Friede und Ordnung.

Am 30. Oktober machte ich meine letzte Tour mit dem U-Vers Zug von Trient. Die Fahrt über den Brenner wäre mir bald zur Todesfahrt geworden, die Vakuum-Bremsen des Zuges versagten plötzlich ihren Dienst und in einem Saus ging der Zug den steilen Brenner hinunter. Wir hatten nur unserer Geistesgegenwart zu verdanken, dass einer durch Anziehen der Handbremse den Zug zum Stehen brachte und wir so vor einem schrecklichen Tod bewahrt blieben.

An der Grenze Bayerns heben die Deutschen Schützengräben aus. In Wien finden große Militär-Revolten statt. Man verlangt ein freies Deutsch-Österreich, eine Republik. Offiziere und Mannschaft reißen sich Kokarden, Adler und Portepee herunter und ersetzen die Mützen-Kokarden durch schwarz-rote goldene. Große Demonstrationen in Prag. In Trient werfen Baone von I. R. 59 u. 14 ihre Gewehre weg und weigern sich, an die Front zu gehen. In Kroatien ziehen, fallen Banden in Dörfer ein und rauben und plündern, setzen Dörfer in Brand. Die Banden bestehen aus Leuten des sogenannten grünen Kaders.

Am 30. Oktober 1918 erfolgte der schon zu erwartende Sturz der k. u. k. Regierung in Wien. Ein Soldaten-Rat wird in jeder Garnison gebildet. In Wien ist der Sitz der neuen Regierung (National-Regierung). Alle Fronttruppen fluten zügellos, raubend und plündernd zurück ins Hinterland.

Ich komme am 3. November glücklich nach Öblarn. Dortselbst ist die Gemeinde infolge der Unsicherheit im Lande genötigt, eine Sicherheits-Abtlg. zu bilden. Ich bin zum Kmdtn. Stellv. im Sicherheits-Ausschuss gewählt.

Der erste Weltkrieg 1914 bis 1918

Die Ursachen reichen bis in das 19. Jahrhundert zurück; 1882 schlossen sich Deutschland, Österreich-Ungarn und Italien zum Dreibund zusammen, dem ab 1907 die Entente mit Frankreich, Großbritannien und Russland gegenüberstand. Neben den Konflikten zwischen Frankreich und Deutschland (nach dem Krieg von 1870/71) sowie Großbritannien und Deutschland (Rüstungswettlauf zur See, afrikanische Kolonialfrage) verschärften sich nach 1903 die Spannungen zwischen Serbien, Russland und Österreich-Ungarn. Der Panslawismus, die serbischen Territorialansprüche auf dem Balkan sowie die Annexion der 1878 okkupierten ehemaligen osmanischen Provinzen Bosnien und Herzegowina 1908 durch Österreich-Ungarn und schließlich die Balkankriege von 1912 und 1913 spitzten die gesamteuropäischen Rivalitäten im Balkanraum zu.

Die Ermordung des österreichisch-ungarischen Thronfolgers Erzherzog Franz Ferdinand durch eine serbisch-nationalistische Studentengruppe in Sarajewo am 28. 6. 1914 veranlasste Österreich-Ungarn am 23. 7. 1914 zu einem Ultimatum an Serbien. Dabei wurde die Mitwirkung Österreichs an den Ermittlungen gegen die Hintermänner gefordert. Die moderate serbische Antwort wurde als unbefriedigend betrachtet und führte am 28. 7. 1914 zur Kriegserklärung an Serbien, das bereits am 25. 7. 1914 mit der Mobilmachung begonnen hatte. Am 31. 7. 1914 begannen Österreich-Ungarn und Russland mit der Generalmobilmachung. Deutschland erklärte am 1. 8. 1914 Russland und am 3. 8. 1914 Frankreich den Krieg und drang mit seinen Truppen in das neutrale Belgien ein. Am folgenden Tag kam es zur Kriegserklärung Großbritanniens an Deutschland. Die österreichisch-ungarische Kriegserklärung gegenüber Russland erfolgte am 6. 8. 1914; Montenegro hatte bereits am 5. 8. 1914 Österreich-Ungarn den Krieg erklärt. Am 11. 8. erklärte Frankreich und am Tag darauf Großbritannien Österreich-Ungarn den Krieg, am 28. 8. auch Belgien; die österreichische Kriegserklärung an Japan erfolgte am 23. 8. Italien berief sich auf die Satzung des Dreibundvertrags, wonach es nur einem Defensivbündnis angehöre, und blieb neutral.

In einer ersten Mobilisierungswelle wurden bis September 1914 etwa 1,3 Millionen Mann zur k. u. k. Armee einberufen (zusätzlich zur Friedensstärke von 415.000 Mann), eine weitere Million Soldaten wurden bis Jahresende aufgestellt.

Der für Österreich-Ungarn 1563 Tage dauernde Erste Weltkrieg hatte dem k. u. k. Heer mehr als 1 Million Tote und dauernd Vermisste (davon verstarben rund 400.000 in russischer, rund 50.000 in serbischer und mehr als 30.000 in italienischer Gefangenschaft), 1,943.000 Verwundete und 1,2 Millionen Kriegsgefangene, die oft erst nach Jahren heimkehrten, gekostet. Die Staatsverschuldung wuchs ins Unermessliche, die Inflation betrug 1914-24 1400 %. Die Verarmung weiter Bevölkerungsteile, verbunden mit tiefgreifenden sozialen und wirtschaftlichen Problemen, war die Folge.

Quelle: http://austria-forum.org/af/AEIOU/Weltkrieg%2C_Erster